释古与格义

现当代学术隅论

成 玮 著

ZHEJIANG UNIVERSITY PRESS
浙江大学出版社

图书在版编目（CIP）数据

释古与格义：现当代学术隅论 / 成玮著 . —杭州：
浙江大学出版社，2021.12
ISBN 978-7-308-21914-3

Ⅰ.①释… Ⅱ.①成… Ⅲ.①学术思想-思想史-研
究-中国-现代 Ⅳ.①B260.5

中国版本图书馆CIP数据核字（2021）第218528号

释古与格义：现当代学术隅论

成 玮 著

责任编辑 宋旭华
责任校对 蔡 帆
封面设计 浙信文化
出版发行 浙江大学出版社
　　　　 （杭州市天目山路148号 邮政编码310007）
　　　　 （网址：http://www.zjupress.com）
排 版 杭州浙信文化传播有限公司
印 刷 浙江海虹彩色印务有限公司
开 本 635mm×965mm 1/16
印 张 15
字 数 211千
版 印 次 2021年12月第1版 2021年12月第1次印刷
书 号 ISBN 978-7-308-21914-3
定 价 78.00元

目　录

小　引 / 1

第一章　现代学人的思想、生活与社会资源 / 3

第一节　开"天眼"的方法：王国维美学概念札记 / 3

第二节　只读一点点：陈寅恪怎样审查学术著作 / 9

第三节　信仰抑或研究：欧阳竟无与金陵刻经处 / 14

第四节　分道合击：冯友兰《中国哲学史》佛学部分的两篇书评 / 23

第五节　文风、学术与商业的结合：古典小说新式标点本诞生记 / 32

第六节　学理框架与艺术感悟：闻一多《唐诗杂论》的内在张力 / 40

第二章　当代学术的关怀、技艺与理论借鉴 / 50

第一节　人格修养与政治、伦理之思：从徐复观的文学史研究说起 / 50

第二节　目录提要与学术史：潘雨廷《〈道藏〉中所收〈老子〉
注本提要》的定位 / 71

第三节　社会分层视角下的南宋元明转型：史伟《宋元之际士人
阶层分化与诗学思想研究》/ 78

第四节　考据与诠释：刘成国《王安石年谱长编》/ 89

第五节　来程与去路：慈波《文话流变研究》与中国文章学 / 103

第六节　国内文史研究近况一瞥：诗歌、知识与社会 / 117

第三章　海外汉学的预设、建构与文献解读 / 135

第一节　推敲"自我"：宇文所安《中国"中世纪"的终结》与中唐再
　　　　发明 / 135

第二节　宋代诗人的理想范型：内山精也《庙堂与江湖》的诗史
　　　　建构 / 144

第三节　晚清诗的"现代性"：施吉瑞《诗人郑珍与中国现代性的
　　　　崛起》/ 152

第四节　海外汉学研究近况一瞥：禅宗与宋代文史 / 169

第四章　儒家伦理与韦伯命题——以杜维明为例 / 188

第一节　马克斯·韦伯的资本主义发生学 / 189

第二节　杜维明：商业中的个体与人际关系 / 194

第三节　韦伯思想对儒学阐释的激发与挑战 / 200

附录一　基于凿实的精微——论施鸿保《读杜诗说》的艺术阐发 / 205

第一节　论思力：深而不凿 / 205

第二节　论字面：严而不纤 / 210

第三节　论意脉：畅而不杂 / 215

第四节　余　论 / 221

附录二　西方当代批评中的"文学性"追求 / 225

第一节　一出英雄剧：哈罗德·布鲁姆的批评生涯 / 225

第二节　细读与文学之问："X射线阅读" / 230

后　记 / 234

小　引

　　本书属于学术史研究，主要借助个案细读，讨论现当代人文、社科学术中的若干著述。贯穿其间的线索，是对于中国古代文化的诠释问题及其时代背景。众所周知，现当代是西学大举进入、剧烈冲击旧有文化的时期，以往这方面研究，更注重将学人著述与所处时代的文化思潮相联系。文化思潮的影响固然无法忽略，可本书深信，文献解读、义理把握等问题，依然有其内在发展理路，不能也不必尽随文化思潮簸荡。因此不愿偏向一方，而希望兼观并览，以得其全。

　　古代文化研究中较为客观、自主的学术进步，借用冯友兰语，可称之为"释古"①。受文化思潮尤其是西学浸染而与时俱变的论点更迭，借用魏晋佛教语，可称之为"格义"②。本书透过个案深描，试图呈现这两方面相对独立而又不时互动的复杂态势。

　　在个案选择上，兼顾海内外学者，涉及学科则以人文学科为主，兼及社会学等。本书对于若干流行一时的学术思潮作了梳理，譬如对于传统儒家伦理能否促进经济活动的辩论等。对于近年若干新著，也

---

① 冯友兰《近年史学界对于中国古史之看法》，冯友兰《三松堂学术文集》，北京：北京大学出版社，1984年，第331页。冯氏所说之"古"特指上古，这里所指范围更宽，涵盖现代以前所有时段。
② 参看陈寅恪《支愍度学说考》，陈寅恪《金明馆丛稿初编》，北京：生活·读书·新知三联书店，2001年，第168—173页；汤用彤《汉魏两晋南北朝佛教史》，武汉：武汉大学出版社，2008年，第160—163页。

尽量给出公允的评价，并置之于一定学术发展脉络中观察其意义。所选不求面面俱到，但求足以窥见学术风气之流变。

在某种意义上，本书不妨视为现代以来中国古代研究的一个缩影。它企望展示现代条件下，一代代中外学人重新诠释中国传统文化的努力及得失。对于传统文化在今后的激活，或不无借鉴价值。

除最后一章外，本书各章按主题排序；主题内部，则大体按著述时间排序，酌参各节性质加以微调。海外著作依据中译本出版年月，因本书尤所关心者，在于其书对国内学术之作用，故此略作变通。识仅堪照隅隙，心方欲观衢路，疏失必多，尚祈博雅君子教之。

第一章　现代学人的思想、生活与社会资源

第一节　开"天眼"的方法：王国维美学概念札记

王国维《人间词话》里表达过一个观点："诗人对宇宙人生，须入乎其内，又须出乎其外。入乎其内，故能写之；出乎其外，故能观之。入乎其内，故有生气；出乎其外，故有高致。"①麻烦出在诗人"须出乎其外"一处，如何方能达致？譬如凌玉建先生以为："情多，故可以入乎其内而写之；智多，故可以出乎其外而观之"，"出乎其外"主要应是一种理性的思维过程。据此，王国维较重视营构"理境"，"在诗而言，已落第二义"②。由此推绎下去，自然得出结论：诗人不必也不该"出乎其外"，王国维的话不宜信从。

赞不赞成"以理入诗"，关乎个人诗学口味，无足深辨。此处要辨明的是，将"出乎其外"看作一种理性思维过程，并不符合王国维的原意。凌先生在文章里，取王国维《浣溪沙》词（山寺微茫）一阕"偶开天眼觑红尘"之句，与《人间词话》的"出乎其外，故能观之"说相互印证，这是很有见地的。可惜他未尝深究"天眼"与"观之"

---

① 王国维《人间词话》，上海：上海古籍出版社，1998年，第15页。
② 凌玉建《王国维的无心之谬》，《读书》2010年第5期，第105、106页。

的真实底蕴，遂致看朱成碧，疑所不当疑起来。

考"天眼"一语，在王国维笔下并非仅见。上引《浣溪沙》作于1905年[①]，而作于1904年的《红楼梦评论》早已用到这个词："夫人之有生，既为鼻祖之误谬矣……则夫绝弃人伦如宝玉其人者，自普通之道德言之，固无所辞其不忠不孝之罪；若开天眼而观之，则彼固可谓'干父之蛊'者也。"[②]此处"天眼"与"普通之道德"互为对立面。何谓"普通之道德"？"然自太虚中有今日之世界，自世界中有今日之人类，乃不得不有普通之道德，以为人类之法则。"[③]"普通之道德"是适用于表象世界的一类法则。相反的，"天眼"则代表了对于表象背后之本质的观照。故而"普通之道德"目为不忠不孝的斩断人伦关系之举，自"天眼"观之，却成了善继先人之志（"干父之蛊"）的真正孝道。

"天眼"之所以独能窥见事物之本质，凭借的是一种特定的直观能力。同作于1904年的《叔本华之哲学及其教育学说》称叔本华之学，"实本于一生之直观所得者。……彼以天才之眼，观宇宙人生之事实，而于婆罗门、佛教之经典及柏拉图、汗德（康德）之哲学中，发见其观察之不谬，而乐于称道之"[④]。此处"天才之眼"即《红楼梦评论》所说"天眼"。由这段话可知，"天眼"的用处全在于能直观。唯有"直观"，才是打开"天眼"的正确方法。

在王国维看来，艺术的创作与鉴赏，都建立在这种特定的直观基础之上。他在《叔本华之哲学及其教育学说》《红楼梦评论》《叔本华

---

① 陈永正《王国维诗词全编校注》，广州：中山大学出版社，2000年，第333页。
② 王国维《红楼梦评论》，王国维《静庵文集》，沈阳：辽宁教育出版社，1997年，第77—78页。
③ 王国维《红楼梦评论》，王国维《静庵文集》，第77页。
④ 王国维《静庵文集》，第57页。

与尼采》等文中，反复阐发过这个道理。兹录《叔本华之哲学及其教育学说》里一节论述如下："美术（引按：即艺术）上之所表者，则非概念，又非个像，而以个像代表其物之一种之全体，即上所谓'实念'者是也，故在在得直观之。"[①]这节论述集中体现了王国维的想法：艺术不应直接表达概念，也不应满足于描摹具象，而应借具象的躯壳，传达一种本质性、普遍性的"理念"（王氏译为"实念"）。至于创作者与鉴赏者获取"理念"的途径，则非"直观"莫属。

这种直观有两个特点：第一，直观时主体超脱于表象世界之外，不受现实利害关系的缠缚，"又观之之我，非特别之我而纯粹无欲之我也"[②]。《人间词话》说："出乎其外，故能观之"，"出乎其外"即指"无欲之我"，通过克服"特别之我"而独立于表象之外，"观之"即指这种特定的直观，前者乃是后者的先决条件。第二，直观不同于感官感受，也不同于理性思维。王国维《来日二首》其二有言："耳目不足凭，何况胸所思。人生一大梦，未审觉何时。相逢梦中人，谁为析余疑。吾侪皆肉眼，何用试金箆。"[③]金箆刮磨肉眼，类似于"开天眼"，也是"直观"的一种比喻性说法。诗里讲得明白：直观不属于"耳目"等感官的直接感受范畴，更不属于理性"思"维的范畴。后一点，正是我们这篇小文着重要澄清的。用王国维另一处的话说，直观所得，全是"不俟证明，又不能证明者也"[④]。

《叔本华之哲学及其教育学说》《叔本华与尼采》两文专述叔本华学说及其流衍，《红楼梦评论》的立论依据，大体上也"全在叔氏之立

---

① 王国维《静庵文集》，第62—63页。
② 王国维《叔本华之哲学及其教育学说》，王国维《静庵文集》，第54页。
③ 陈永正《王国维诗词全编校注》，第53页。
④ 王国维《叔本华之哲学及其教育学说》，王国维《静庵文集》，第59页。

脚地"①。可见，王国维这类言说，必须和叔本华哲学比照而观，始能得其确解。叔本华深信，表象世界背后有作为本体的"意志"在；可是，意志本身无从直接窥知，为了对于意志有所体会，须引入柏拉图的"理念"为之中介。理念是意志的表象化即客体化。意志降而为理念后，变作一种表象，一种可以成为主体认识对象的客体。理念也是表象，和一般表象不同的是，"只有意志的客体化所有那些级别的本质上的东西才构成理念"②，一般表象则无力充分映现意志之本质。理念比一般表象高一级别，只有它足以充任通往意志的适当阶梯。因此，理念兼有两重性质：虽然像一般表象一样是可直接窥知的，却又像意志一样是本质性的，不服从一般表象世界法则的管辖。既然理念处在一般表象世界法则管辖的线外，当然也就不是寻常的认识方式所能把捉，——"理念只能直观地被认识"③。

一切真正的艺术，始终围绕着理念而展开。对此，叔本华曾加以详细说明："艺术已把它观审的对象从世界历程的洪流中拔出来了，这对象孤立在它面前了。而这一个别的东西，在那洪流中本只是微不足道的一涓滴，在艺术上却是总体的一个代表，是空间时间中无穷'多'的一个对等物。因此艺术就在这儿停下来了，守着这个个别的东西，艺术使时间的齿轮停顿了。就艺术来说，那些关系也消失了。只有本质的东西，理念，是艺术的对象。"④艺术作品表现个别的东西即具象，但是这种具象，指向总体和本质，已不自限于普通具象而晋升为一种理念。认识理念的过程，则是一个自足的直观过程。叔本华爱以"天才"

---

① 王国维《静庵文集·自序》，王国维《静庵文集》，第25页。
② 〔德〕叔本华《作为意志和表象的世界》，石冲白译，北京：商务印书馆，1982年版，第255页。
③ 〔德〕叔本华《作为意志和表象的世界》，第337页。
④ 〔德〕叔本华《作为意志和表象的世界》，第258—259页。

两字指代艺术家，依他之见，"天才的性能就是立于纯粹直观地位的本领"①，而透过艺术作品，天才又"让我们通过他的眼睛来看世界"②。故无论就创作还是鉴赏活动而言，直观均构成一项必要前提。

同样的，这种直观也具备两个特征：第一，因为理念居于表象世界法则之外，所以直观时主体必先脱却一切现实关系。这时候，直观者"已不再仅仅是个体的，而已是认识的纯粹而不带意志的主体了"③。第二，因为"理念显示于个体中"④，既非抽象的道理，又非单纯的具象，而是具象与本质内容的一体化，所以对应于理念的直观，和单纯的感官感受或者理性思维都不相同。叔本华尤其强调后者，明确指出："直观的认识和理性的认识或抽象的认识根本是相对立的"⑤。

两相比较，不难发现，王国维的讲法，大抵不出叔本华思想的范围，其来历固极分明。"天眼"与"观之"的确切内涵一经剖白，则凌先生对王国维的诘难，多半皆可消弭于无形。姑举一例。上引凌玉建文写道："观堂先生曾论及'隔'与'不隔'之别，以为'语语都在目前，便是不隔'，然而倘若真如观堂先生所说，诗人必要出乎其外而观而写，要'不隔'恐怕就难了。"⑥意思是说，"出乎其外而观而写"须得动用理性思维，这一来，难免要和具体的感性形象"隔"上一层。殊不知"语语都在目前，便是不隔"系《人间词话》改定本的提法，在《词话》手稿中，原写作"语语可以直观，便是不隔"⑦。换句话说，"不隔"恰恰是"出乎其外"而"直观"方可达致的境地，"出乎

---

① ［德］叔本华《作为意志和表象的世界》，第259页。
② ［德］叔本华《作为意志和表象的世界》，第272页。
③ ［德］叔本华《作为意志和表象的世界》，第249页。
④ ［德］叔本华《作为意志和表象的世界》，第238页。
⑤ ［德］叔本华《作为意志和表象的世界》，第265页。
⑥ 凌玉建《王国维的无心之谬》，《读书》2010年第5期，第106页。
⑦ 王国维《人间词话》，第9—10页。

其外"与"不隔"两者是交相为用而不是交相为仇的。"直观"所见为
事物之本质，这是作品中哲理韵味的来源；但这种本质又总是寓于
具象之中，绝不会使作品丧失形象的生动性。反过来说，"不隔"也不
仅意味着摹写事物生动逼真，同时还意味着直探事物的本质即
"理念"①。要做到这一点，更非"出乎其外"不能为功。王国维自作
诗，"时时流露西学义谛"，却能融化无痕，不陷于理窟，如钱锺书所
称："庶几水中之盐味，而非眼里之金屑"，大概也和这种认识不无关
系。钱先生尤为推重其七律，谓"比兴以寄天人之玄感，申悲智之胜义，
是治西洋哲学人本色语"②。取径于具象的"比兴"，以进窥哲学的"玄感"
"胜义"，这一处理方式，同王国维自身所持观念正有针芥之合。

　　王国维早年的一些文学论著，"时时流露西学义谛"。他在绍述西
人学说之际，借用了不少传统语汇（有些是从日译本转手而来）。这些
语汇，首先应放到相关西方理论的脉络里去考察，而不可单凭它们的
古义、字面义作解。即如"天眼"一词，早见于汉译佛典。后秦鸠摩
罗什译《大智度论》卷五定义说："于眼得色界四大造清净色，是名天
眼。天眼所见，自地及下地六道中众生诸物，若近若远，若粗若细，
诸色莫不能照。"也有学者引它来诠释王国维的"天眼"说。然而究其
实际，王国维讲的"天眼"，主要是"天才之眼"的省称，源出于叔本
华（以及康德）的"天才"论，和佛学并无多大关联。这样子的解法，
未免是求深反惑，愈绕愈远了。这涉及研读王国维这部分文学论著时
的基本进路问题，所关匪细，因附论于此。

---

① 参看佛雏：《王国维"自然"说二题》，《扬州师院学报》（社会科学版）1981年第1期，
第40页。
② 钱锺书《谈艺录》，北京：生活・读书・新知三联书店，2007年，第72页。

第二节 只读一点点：陈寅恪怎样审查学术著作

在民国学界，陈寅恪先生声望尊崇，因而常有机会评阅他人学术著作。他长期执教于清华大学，为"清华丛书"甄选拟收之作，更加义不容辞。比较知名的有两部：一部是钱穆《先秦诸子系年》，顾颉刚推荐列入"丛书"印行，审查者三人，其一即陈寅恪。尽管最终落选，但是后者"私告人，自王静安（国维）后未见此等著作矣"[1]，评价不可谓不高。然而，一个有趣的问题是，陈寅恪究竟读了多少？

朱自清 1933 年 3 月 4 日日记，记席间闻陈寅恪称赏此书多创见，"最重要者说明《史记·六国（年）表》但据《秦记》，不可信。《竹书纪年》系魏史，与秦之不通于上国者不同。诸子与《纪年》合，而《史记》年代多误。谓纵横之说，以为当较晚于《史记》所载，此一大发明。"[2]借助《竹书纪年》纠正《史记》，主要见于其书长篇《自序》；将纵横家事迹时代移后，主要见于卷三《苏秦考》[3]。这两部分内容，陈寅恪显然曾经寓目。他认为前者"最重要"，可略窥其注意力所在。杨树达 1934 年 5 月 16 日日记，又记他"言钱宾四（穆）《诸子系年》

---

① 钱穆《师友杂忆》，钱穆《八十忆双亲 师友杂忆》，北京：生活·读书·新知三联书店，1998 年，第 160 页。
② 朱乔森编《朱自清全集》第九卷，南京：江苏教育出版社，1998 年，第 202 页。
③ 钱穆《先秦诸子系年》，上海：商务印书馆，1935 年，"自序"第 1—25 页、第 268—279 页。后来范祥雍《苏秦合纵六国年代考信》又重论苏秦事迹大端可据，范祥雍《范祥雍文史论文集》，上海：上海古籍出版社，2014 年，第 63—93 页。

极精湛，时代全据《纪年》订《史记》之误，心得极多，至可佩服"[①]。事隔一年，记忆里的重点愈发突出，枝节愈发淡漠，以《纪年》驳《史记》，在他心中一跃成为笼罩全局的大纲目，远超过实际分量。由是推想，陈寅恪审阅之际，除认真读了《自序》外，正文恐仅刺取个别篇目一览而已，未必通读。

平心而论，民国时代的学术名流，繁忙程度殊不亚于今日。教学、研究、公开或私下的同行交流，样样占时间。审查别人著作，只是他们众多事务中的一件。要求每本书从头捧读至尾，势所不能。何况受托评审之书，又时时越出专业领域，如钱穆此作所涉先秦一段，便非陈寅恪研究所及。要求意见皆周全剀切，也属苛求。以今度昔，我们自当多几分理解。可同时，对于这些审阅结论，也应抱一种实事求是的态度。惟有比读原书，方可辨明审阅者的把握程度，结论中哪些是作者原意，哪些又是他们的见解？

这就要说到"清华丛书"评审的另一部著作——冯友兰《中国哲学史》。陈寅恪先后为其上、下两册撰写审查报告，流布颇广，论者往往据以论陈氏学术思想，然耶否耶？兹取与原著作一比勘。

《冯友兰中国哲学史上册审查报告》[②]开头用"取材谨严，持论精确"二语，匆匆带过整部书，接下来全围绕其两项优点展开：第一项是对于古人学说有"真了解"。这一点何以难能可贵？"盖古人著书立说，皆有所为而发；故其所处之环境，所受之背景，非完全明了，则其学说不易评论。而古代哲学家去今数千年，其时代之真相，极难推知。吾人今日可依据之材料，仅为当时所遗存最小之一部；欲借此残余断

① 杨树达《积微翁回忆录》，杨树达《积微翁回忆录 积微居诗文钞》，上海：上海古籍出版社，1986年，第82页。
② 陈寅恪《金明馆丛稿二编》，北京：生活·读书·新知三联书店，2001年，第279—281页。

片，以窥测其全部结构，必须备艺术家欣赏古代绘画雕刻之眼光及精神，然后古人立说之用意与对象，始可以真了解。"陈寅恪列举两方面理由：（一）古人学说有其具体时代背景，必须结合背景观之，始能窥其真意。（二）不幸的是，古代史料遗佚者多，传世者少，无论如何也不可能从中直见历史全貌，只好凭借现存史料所显示的局部景观去想象整体。他进一步指出，既为想象，自然"最易流于穿凿傅会之恶习"，故而难上加难。

　　这两方面理由，都是冯友兰在上册《绪论》里提出的。前一点即《绪论》第七节所说："故吾人对于一人之哲学，作历史的研究时，须注意于其时代之情势，及各方面之思想状况。此皆研究哲学史者所宜注意者也。"①后一点即第九节所说："然史料多系片段，不相连属，历史家分析史料之后，必继之以综合工作，取此片段的史料，运以想象之力，使连为一串。然既运用想象，即搀入主观分子，其所叙述，即难尽合于客观的历史。"②这段文字论及须透过想象方可由史料片段以窥史实全景，并指明此种想象极易"搀入主观分子"，正是陈寅恪讲的"穿凿傅会"。后者将那些避免了"穿凿傅会"之失的想象，称为"了解之同情"。这五个字，如今几乎风行一世，其实在陈寅恪，无非接过冯友兰的话头，下一转语罢了。且相形之下，冯氏认定"尽合于客观"永不可得，哲学史"亦惟须永远重写而已"③，态度实较陈氏更为激进。

　　第二项优点，是对待史料真伪问题态度通达。"至于冯君之书，其取用材料，亦具通识，请略言之：……盖伪材料亦有时与真材料同一可贵。如某种伪材料，若径认为其所依托之时代及作者之真产物，固

---

① 冯友兰《中国哲学史》，上海：华东师范大学出版社，2000年，上册第11页。
② 冯友兰《中国哲学史》，上册第14页。
③ 冯友兰《中国哲学史》，上册第14页。

不可也；但能考出其作伪时代及作者，即据以说明此时代及作者之思想，则变为一真材料矣。"其后陈寅恪由之言及古人史论与诗文评所独具的认识价值，那属于他的引申。不过，一般史料真伪的相对性，却是冯著《绪论》第十一节阐述过的："伪书虽不能代表其所假冒之时代之思想，而乃是其产生之时代之思想，正其产生之时代之哲学史之史料也。"①书前《自序一》更特意提示自己处理史料的这一原则，颇自矜许。

要之，上册《审查报告》大体不出冯友兰的议论范围，且集中于《绪论》之内，未及其他。再看下册《审查报告》②，开头重复"取材精审，持论正确"的总体评语，以下涉及本册具体内容者仅一处："今此书作者取西洋哲学观念，以阐明紫阳（朱熹）之学，宜其成系统而多新解。"得出这个观感，并不困难。在第十三章《朱子》之末，冯友兰明谓朱熹哲学"非普通所谓之唯心论，而近于现代之新实在论"③。他执"西洋哲学观念"为标尺的立场，在上册《绪论》第四节，也同样早已明白揭橥："（此书）所谓中国哲学者，即中国之某种学问或某种学问之某部分之可以西洋所谓哲学名之者也。"④但是陈寅恪这篇文字的主体部分不流连于此，转而畅谈道教对宋代理学之影响，完全跳出了原书。结尾展望未来中国，"其真能于思想上自成系统，有所创获者，必须一方面吸收输入外来之学说，一方面不忘本来民族之地位"，直接表明自身文化立场，论者多注意及之。在当时，这一立场不乏同道，1943年，汤用彤发表《文化思想之冲突与调和》⑤，持论便如出

① 冯友兰《中国哲学史》，上册第16页。
② 陈寅恪《金明馆丛稿二编》，北京：生活·读书·新知三联书店，2001年，第282—285页。
③ 冯友兰《中国哲学史》，下册第273页。
④ 冯友兰《中国哲学史》，上册第7页。
⑤ 汤用彤《会通中印西》，上海：东方出版中心，2012年，第7—12页。

一口。所不同者，后者寻获的历史先例，是汉魏六朝佛教的传入与变异；陈寅恪则侧重于道教，因为"六朝以后之道教，包罗至广，演变至繁。不似儒教之偏重政治社会制度，故思想上尤易融贯吸收。凡新儒家之学说，几无不有道教、或与道教有关之佛教为之先导"。这点乃其新意所在。

综观两篇《审查报告》，均有衍伸发挥，前篇偶一为之，后篇蔚成大观。而对于原书之述评，则基本不出上册《绪论》的内容范围。且因"对于所谓玄学（按指哲学），寅恪先生的兴趣则甚为淡薄"[①]，他在《中国哲学史》里关注的重心，也是"历史"而非"哲学"。就两文推求陈寅恪的学术思想，固无不可，但在此之前，先让冯友兰的归冯友兰，陈寅恪的归陈寅恪，却是第一步应做的工作。

[①] 俞大维《怀念陈寅恪先生》，张杰、杨燕丽选编《追忆陈寅恪》，北京：社会科学文献出版社，1999 年，第 4 页。

第三节　信仰抑或研究：欧阳竟无与金陵刻经处

　　金陵刻经处是一个专门刻印、流通佛教经籍的机构，清同治五年（1866）由著名的佛教居士杨文会（字仁山，1837—1911）创办于南京，为中国近现代佛教复兴提供了重要助力。杨文会在这个机构上倾注了大量精力、物力，"经营五十年，刻经三千卷"①。他去世后，弟子欧阳竟无（名渐，以字行，1871—1943）继掌其事。关于后者主持阶段金陵刻经处的运转情形，学界现有介绍已颇翔实②。本节试在以下两方面略作拓展：第一，1937年，抗战全面爆发，欧阳竟无率刻经处人员携经版迁往四川江津，建立"支那内学院"蜀院，继续刻经、讲学事业，弦歌不辍。依我们之见，他在金陵与江津两时期的作为，应该打通来看，不宜割裂。第二，在欧阳竟无手里，佛籍刊刻始终是与佛学研习交相为用的。因此，探讨他掌管下的刻经处活动，就不能止步于史实描述，而应进一步指明，这些活动对于佛学研习而言，究竟意义何在？将这两方面合而观之，欧阳竟无时代金陵刻经处的风气变迁及其历史意义，会更清晰地透显出来。

---

① 欧阳竟无《杨仁山居士传》，王雷泉编《悲愤而后有学——欧阳渐文选》，上海：上海远东出版社，1996年，第435页。本文引欧阳竟无文字，均出此书，仅随文括注页码，不另出注。
② 参看罗琤《金陵刻经处研究》第二章第一节，上海：上海社会科学院出版社，2010年，第58—83页。

一 归宗唯识与佛学教育

欧阳竟无接掌金陵刻经处后，为之付出甚多。对此，吕澂《亲教师欧阳先生事略》一文曾举两件事为例：一件是杨文会示寂之时，"值革命军攻宁（**南京**）急，师（**欧阳竟无**）居危城中守经坊四十日，经版赖以保全"；另一件是"师既主编校，病刻经处规模未充，又乏资广刊要典，乃设研究部，只身走陇右，就同门蒯若木（**蒯寿枢**）商刻费。比返，爱女兰已病卒刻经处"[①]。由此可见，刻经处日常事务如经费、刻版等，无不有赖于欧阳竟无操持，而他也确是全力以赴，置个人苦乐于度外，可谓善继师志。但他的功绩又不限于守成。吕澂在同一篇文章中写道："初，师受刻经累嘱，以如何守成问，老居士（**杨文会**）曰：'毋然，尔法事千百倍于我，胡拘拘于是！'"[②]事实证明，杨文会慧眼无差，欧阳竟无不仅继承并且发展了他的事业。这主要表现为两点：

第一，欧阳竟无将杨文会兼综博取的佛学路向基本归约到唯识学一途上来。杨氏研治佛学，范围遍及净土、华严、禅宗、唯识等各派，门下弟子各执一节，分向发展。欧阳竟无在《杨仁山居士传》中一一罗列道："唯居士之规模弘广，故门下多材：谭嗣同善华严，桂柏华善密宗，黎端甫善三论，而唯识法相之学有章太炎、孙少侯、梅撷芸、李证刚、蒯若木、欧阳渐等，亦云夥矣。"接下来却话头一转："然其临寂遗嘱，一切法事乃付托于唯识学之欧阳渐，是亦可以见居士心欤！"（**第434页**）可知欧阳竟无专宗唯识，乃系有意为之。他在唯识

---

① 吕澂《亲教师欧阳先生事略》，王雷泉编《悲愤而后有学——欧阳渐文选》附录，第438页。
② 吕澂《亲教师欧阳先生事略》，王雷泉编《悲愤而后有学——欧阳渐文选》附录，第440页。

学理论上最大的发明，是提出法相、唯识非一。通常认为，法相与唯识异名而同义，都指一种源自于印度瑜伽行派、主张"万法唯识"即任何现象皆依傍精神实体而起的佛教学说。欧阳竟无却分辨说，法相主万法平等，立足于对现象的分析；唯识主万法一源，立足于对精神实体的分析。法相、唯识在印度瑜伽行派那里原属两系，可相摄而不可相淆。他在《百法五蕴论叙》《世亲摄论释叙》《瑜伽师地论叙》《杂集论述记叙》等文中逐渐将这个观点完善化，晚年又撰有《辨唯识法相》一篇专文畅发此义①。此说戛戛独造，时人极少有赞成者，同出于杨文会门下的太虚法师便再三加以批驳。不过欧阳竟无的论述，精细入微，就连太虚也表示："对于欧阳居士之重刻大藏经序、瑜伽师地论序、真实义品序等，实深钦重。"②这对于促使唯识学研讨走向深入，无疑起到了积极作用。

第二，欧阳竟无将杨文会在编刻佛经基础上推动佛学教育的心愿变为现实。杨文会创办金陵刻经处，除刻印、流通经籍之外，还希望进而设立一个常规教学机构。光绪三十三年（1907），他在刻经处附设学堂，名"祇洹精舍"，自编《佛教初学课本》等教材，开班招生，旋即因故中辍③。后来杨文会时代的佛学研究会、欧阳竟无时代的刻经处研究部，皆属昙花一现。直至1922年，欧阳竟无开办"支那内学院"，才算把杨文会的意图落到实处。这个学院，与太虚法师创设的武昌佛

① 参看程恭让《抉择于真伪之间——欧阳竟无佛学思想探微》第六章，上海：华东师范大学出版社，2000年，第136—160页；张志强：《"法相"与"唯识"何以分宗？——试论"法相、唯识分宗说"在欧阳竟无佛学思想中的奠基地位》，《中国哲学史》2010年第3期，第115—128页。
② 太虚：《见相别种辨释难》，太虚《法相唯识学》，北京：商务印书馆，2002年，下册第95页。
③ "祇洹精舍"难以为继的原因，或说是经费不足，如［美］霍姆斯·维慈（Holmes Welch）《中国佛教的复兴》，王雷泉等译，上海：上海古籍出版社，2006年，第8页；或说是招不到学生，如潘桂明：《中国居士佛教史》，北京：中国社会科学出版社，2000年，第841—842页。

学院、谛闲法师主讲的宁波观宗寺观宗讲舍等齐名，乃是近现代历史上影响深远的佛教教育机构之一。①

这两种动力汇聚起来，大大推进了佛理研讨的学术化进程。具体推寻起来，个中缘由大概在于：（一）唯识学辨析名相十分繁复，甚至流于繁琐，思维方式高度理性化，其本身特质原就与学术研究接近。（二）有了专门的教育机构，使得佛学研习迅速体制化、现代化，自然容易走向学术研究一路。（三）就佛学研习方法而言，欧阳竟无要求循序渐进、条理分明。他在《"支那内学院"研究会开会辞》中讲道："但宗义创自先哲，推阐亦留待后人，或详其所略，或厘其所杂，或疏失之纠修，或他义之资发；破弃盲从，革除儱侗，有果有因，整然不乱：此乃真所谓师承，与标宗定义之授受不同，亦与泛尔皈依之师弟有异也。"（第101页）可见他反对一味盲从，主张凭借详明的研究来维持信力。《法相大学特科开学讲演》又说："明清以来，随手掇拾一经一论，顺文消释，就义敷陈，如是讲坛，无时不有。兴设学校，编制学科，三乘教义抉要示人，如是规模，则向来无。世法且忌躐等，学佛自当有序。"（第104页）鲜明体现出舍弃传统佛学研习方式、详立入手次第的意向。这种习佛进路，与其说近于信仰，毋宁说更近于学术研究。（四）内学院的学员构成，以在家居士为主，和武昌佛学院的以僧徒为主不同。居士习佛，虽也多出于信仰，但由信仰转为纯学术研究，毕竟少了一层形迹上的拘碍，要便利得多。（五）内学院除了佛教信徒，也接受普通研究者到此讲课或修学，梁启超、梁漱溟、汤用彤等许多著名学者先后在此逗留。这进一步活跃了内学院的研讨氛围，使各种立场有了充分交流的平台。

---

① 参看蒋维乔《中国佛教史》，上海：上海古籍出版社，2004年，第288页。

二 佛学研习与佛籍刊刻

金陵刻经处（以及"支那内学院"）的佛学研习与佛籍刊刻，始终是相互支持的。关于佛学研习对佛籍刊刻的帮助，欧阳竟无1942年在蜀中撰《杨仁山居士传》，曾经不无感慨地总结说：

> 居士（杨仁山）尝谓，刻经事须设居士道场，朝夕丹铅，感发兴致，然后有继以渐而长。昔年同志共举刻事，乍成即歇者为多，虽砖桥①刻经不少，而人亡业败。以故设立学会于金陵刻经处，日事讲论不息。今以避难移川，而刻事犹未衰歇者，由是而来也。（第434—435页）

至于佛籍刊刻对佛学研习的帮助，更是不在话下，因为研习的首要条件，就是拥有充分的、可以信据的相关典籍。在这方面，欧阳竟无贡献极大。譬如唐代僧人文轨《庄严疏》三卷系因明学的要籍。此书在中土，长期以来仅知有卷一残本。1934年，内学院根据日本善珠《明灯钞》、明诠《大疏里书》、藏俊《大疏钞》等书所引《庄严疏》原文，订正残本第一卷的文句，又从中辑出第二、第三卷佚文，并参考山西赵城发现的残本第三卷增补阙文，刊印问世，学者自此才得以大体窥见原著面貌②。类似事例所在多有。欧阳竟无晚年在四川，又发愿编印《精刻大藏经》，为之悉心筹划，后因他病逝而未果。幸而他留下

---

① 指同治五年（1866）妙空法师（俗名郑学川）在扬州设立的"江北刻经处"。参看李声白《鲜为人知的"江北刻经处"》，《扬州晚报》2009年10月31日，B1版。
② 参看沈剑英《因明学研究》，上海：东方出版中心，1985年，第28页。

一篇《精刻大藏经缘起》，制订出确认应刊佛典书目时该做的三项工作：一曰删芜，二曰严部（严别部类）①，三曰考订，至今仍可供佛籍出版工作者参考。（第 300—301 页）其实，南京时期，欧阳竟无主持印行《藏要》（原定六辑，实仅出版三辑），已经较好地贯彻了自己的宗旨。其《赠友〈藏要〉》归纳说："窃以为整理之道，厥有三端：第一，学忌凌芜，应本西竺论说，编成一系；第二，法有真面，应将异文异议，勘定一尊；第三，读有方便，应将凡书文义，提要钩玄。"（第 294 页）相比之下，《藏要》与《精刻大藏经》都注重删芜和考订，而前者较之后者，少了严别部类的工作，多了撰写提要的任务。这是不难理解的，《精刻大藏经》计划出版六千卷，规模浩大，每书撰一提要，工作量太大，恐难实现；而且它的目的是供深入研习之用，与《藏要》的旨在接引初学有别，首附提要以当导读，相对说来也没有那么必要。反过来看，编辑《藏要》时，所涉及的佛典有限，也无须过多考虑区别部居的问题。何况《藏要》选目，本来就有所侧重，它是围绕着唯识学这一中心而编成的。这在《藏要》第一辑中，显示得尤为明显。

欧阳竟无《〈藏要〉第一辑叙》称："菩萨藏中、声闻藏中之经、律、论，西土此方著述，既抉其要分为六辑以为《藏要》，又抉经、律、论最要者为第一辑，是为要中之要，犹咒中之心中心也。"（第 282 页）足见第一辑的选目，在他眼里属于佛学核心而又核心的部分。远在唐代，唯识宗创始人玄奘法师的高足窥基，已将唯识学的经典依据归纳为"六经十一论"，即《华严经》《解深密经》《如来出现功德庄严经》

---

① 金陵刻经处的佛经分类体系有其自身特色，不尽同于常规分类。参看罗琤《金陵刻经处研究》，第 215—218 页。

《阿毗达磨经》《楞伽经》《厚严经》以及《瑜伽师地论》《显扬圣教论》《大乘庄严经论》《集量论》《摄大乘论》《十地经论》《分别瑜伽论》《唯识二十论》《观所缘缘论》《辨中边论》《大乘阿毗达磨杂集论》①。反观《藏要》第一辑②之经、论两部，经部收书十一种，内含《华严经》《解深密经》《楞伽经》，窥基所举"六经"已见其三③；论部也收书十一种，内含《瑜伽师地论》《集量论》《摄大乘论》《唯识二十论》《辨中边论》，窥基所举"十一论"已见其五。此外，《藏要》第一辑还收入《成唯识论》与《因明正理门论》。《成唯识论》系玄奘选译古印度"唯识十大论师"为世亲《唯识三十颂》所作注释，重编而成，并非印度佛典原书，故窥基未列入"六经十一论"中。可是这部书，公认为唯识宗思想学说之总汇。《因明正理门论》则系因明学要籍。唯识学在思维方法上，特别倚重因明。在中国，因明与唯识向来是一荣俱荣、一损俱损的关系（藏传因明除外）。若再加上这两部著作，《藏要》第一辑所收书中，关乎唯识之学者，数量早已过半。进而观之，唯识学的经典依据虽然为数不少，取其精要，则无非一经二论，即《解深密经》与《瑜伽师地论》《成唯识论》而已。这三部著作皆见于第一辑中。可以说，无论从收书数量还是质量来看，《藏要》都明白表露出对于唯识学的倾斜，这同欧阳竟无一贯的宗旨正相符合。

欧阳竟无整理《藏要》所遵循的三项原则，在实施中效果极佳。已出版的三辑《藏要》"因其标点、校勘和篇章提示的精到而备受国内

---

① （唐）窥基《成唯识论述记》，南京：金陵刻经处，清光绪二十七年（1901）刻本，卷一第4页。
② 详细目录见欧阳竟无《〈藏要〉第一辑叙》，王雷泉编《悲愤而后有学——欧阳渐文选》，第281—282页。
③ 其他三部佛经中，《如来出现功德庄严经》、《阿毗达磨经》未经中译，《厚严经》或说未经中译，或说即唐代地婆诃罗（日照）所译《大乘密严经》三卷。

外学者的好评"①，为佛学研究，尤其是唯识学研究建立起坚实的资料基础，意义远远超出了当初欧阳竟无《〈藏要〉第二辑叙》所宣示的"老马示途"、接引佛门后来者的初衷。

三　佛门内部的学术化趋势

金陵刻经处作为一个私人创建的佛典出版机构，维持时间之长、影响之深广，都是历来所罕见的。欧阳竟无《瑜伽师地论叙·绪言第六》大致梳理过历代私人刻经举措之源流，他说："私家刻经，始于宋元之际本，次于明武陵方册本，三于明清之际密严嘉兴本。随成随毁，荡然无存。师（杨文会）创金陵刻经处，继第四之私藏，利有情以菩提。"（第218—219页）这段叙述，史实多有舛误。"宋元之际本"指开雕于南宋、完成于元代的《碛砂藏》，但此非私家刻经之始，北宋《崇宁藏》已是私刻本。"明武陵方册本"的"武陵"当为"武林"之讹，盖指明代中叶武林（今浙江杭州）昭庆寺经坊所刻书，这是最早的方册本（即线装本）佛籍。"明清之际密严嘉兴本"指《嘉兴藏》，亦称《径山藏》，开雕于明末，完成于清初。它与《碛砂藏》等佛藏均有传本，何尝"荡然无存"②？不过撇开这些不谈，我们从这段话中，仍不难体会到私人刻经弘教的艰辛，体会到杨文会、欧阳竟无师徒两代致力于斯所耗费的巨大心力。

而传至欧阳竟无手里，金陵刻经处的面貌又与杨文会时代有所不同。不论是佛典刻印工作的系统化、科学化，研习机构的建立、壮大，

---

① 洪修平《国学举要·佛卷》，武汉：湖北教育出版社，2002年，第452页。
② 参看陈士强《中国佛教百科全书·经典卷》，上海：上海古籍出版社，2000年，第404—407、411—412、428—430页。

还是研习方法的层级化、条理化，相较之前都更上了一个台阶，也更
接近于纯学术研究的路数。意味深长的是，欧阳竟无本人对此并不乐
观其成。他依然强调应以信仰而不是以研究为本位，立场偏于传统。
其《今日之佛法研究》一文直言："一切佛法研究，皆是结论后之研
究，非研究而得结论。"（第108页）然而一旦打开了理性研究的闸门，
信仰的地位便会不可避免地遭受冲击。别人姑且不论，就连欧阳竟无
最得意的门生、奉他之命接管金陵刻经处的吕澂，主要也不再以佛教
居士，而是以专业佛学研究者名家了①。足证佛教研修的理性化、学术
化进程至此已渐成气候，绝非欧阳竟无一己之愿所能阻遏。

论者早已指出："中国近代佛教重知而不重行，重学而不重修，是
以学术研究光前裕后，载诸佛教史册的。"②需要补充的是，从信仰转
向客观研究，其间有个演变过程。在金陵刻经处（以及"支那内学院"）
这里，三代主事者杨文会、欧阳竟无、吕澂前后相贯，恰好完成了这
一转变。故而在某种程度上，可以将他们师徒三代视为中国近现代佛
教复兴进程的一个缩影。欧阳竟无本人的立场，介乎信仰与研究之间，
理所当然地成了这条演进线路上具有转折意义的一环。他执掌下的金
陵刻经处，见证了也促进了近现代佛教修治者群体从以信仰为主到以
研究为主的转型，其历史地位是相当特殊的。

---

① 吴宓在1952年9月，曾写下一段对吕澂的观感。他也察觉："盖澂属佛学而非佛教，故惟以
研究为职志云。"吴学昭整理注释：《吴宓日记续编》，北京：生活·读书·新知三联书店，
2006年，第一册第417页。
② 麻天祥《20世纪中国佛学问题》（修订版），武汉：武汉大学出版社，2007年，第332页。

第四节 分道合击：
冯友兰《中国哲学史》佛学部分的两篇书评

冯友兰晚年回顾自著两卷本《中国哲学史》，承认其弱点之一，在于"讲佛学失于肤浅"。林志钧看过书稿坦言："讲也就是这么讲，可是总觉得不是那个样子。"①冯著谈佛学，集中于东晋至唐一段，见下册第七、八、九章，十章三节又略提及②。问世后各家书评，对此大都语焉不详，惟有两位佛门弟子力辨之。二者似乎宗派不同，今述其说，以为理解冯《史》之助。

一 详略与分期：太虚的宏观批评

太虚《冯著〈中国哲学史〉略评》发表于1941年③。他未商榷具体论点，仅就内容详略、历史分期，提出若干宏观意见。

冯《史》下册凡十六章，自汉代叙至清季，统名之"经学时代"，佛学内容约占五分之一。太虚站在佛教立场指摘："汉末来之道教与北宋来之道学，则最为锢闭削弱中国民智者也。而此书反多奖许……此其故皆由于中国传承之佛学，未能充分详述，于佛学莫见其全之所致。"

———————————————

① 冯友兰《三松堂自序》，北京：生活·读书·新知三联书店，1989年，第227页。
② 冯《史》上册写成，1931年先由神州国光社单行；下册脱稿后，1934年与上册合并，由商务印书馆出版。
③ 《读书通讯》二十二期，1941年3月16日，第15页。

他认为佛学分量亟须增补，建议"改下编经学时代使三倍其量"，划为三部。依此则每部篇幅，大致相当于目前整个下册。这三部题为：诸子分期独盛时代（秦至西晋）、佛学传受化成时代（东晋至唐）、子佛融合道学时代（宋至清）。后两部均与佛教有关。佛学比例从五分之一，上升到三分之一强，绝对篇幅则至少五倍于前。

北宋以降道学日盛，虽取资佛理，却讳莫如深。梁启超说："在从前的时候，是先偷佛教教理，因不敢明白承认，反出而骂佛，宋元明都是如此的。清代的佛学是明标佛学的，这一派有彭绍升、汪缙。"①直到清乾隆朝，彭、汪等人始揭明宗旨②。此前佛学基本属于支流、潜流。太虚通过命名，使之由微而显，自是为突出佛教地位。冯《史》只在论述中唐李翱之际，稍言道学所受佛学影响③，后文再未涉及此事。相形之下，确嫌轻描淡写了点。

至于中古时期，太虚注意到："冯君亦知'东晋至唐季第一流思想者皆为佛学家'。"冯友兰原话是："南北朝时，中国思想界又有大变动。……自此以后，以至宋初，中国之第一流思想家皆为佛学家。"④双方其实所见略同，皆视佛学为主流。太虚不惬于冯《史》者，除了叙述简略，主要有二：

第一，太虚质疑"经学时代"之称，拆分下册，重新拟题。所拟三题，"诸子分期独盛时代"包含汉武今文独盛时代、东汉古文独盛时代等，夷经学入子学。新文化运动以来，经、子平等之声不绝于

---

① 梁启超《清代政治与学术之交互的影响》，《国文学会丛刊》一卷二号，1924年1月，第111页。
② 此说较粗略。事实上自晚明至清初，佛教曾一度复兴，康熙朝又形沉寂。参看陆宝千《清代思想史》，上海：华东师范大学出版社，2009年，第197—198页。
③ 冯友兰《中国哲学史》下册，上海：华东师范大学出版社，2000年，第200—205页。
④ 冯友兰语见《中国哲学史》下册，第111页。

耳①，他只是闻风而起。其余两题标示佛学，用以反对"经学"之名，貌似持之有故，实则出于误会。冯友兰所谓"经学"，并非如寻常所想，限于儒家，而是泛指一切经典之学。他有言在先："盖中国之佛学家，无论其自己有无新见，皆依傍佛说，以发布其所见。其所见亦多以佛经中所用术语表出之。中国人所讲之佛学，亦可称为经学，不过其所依傍之经，乃号称佛说之经，而非儒家所谓之六艺耳。"②佛经之学原在"经学"范围内，改题与否，认识无殊。

第二，按太虚之意，"东晋至唐季应详叙毗昙、俱舍、法相诸有宗义，及三阶教等救世苦行，与君相之佛教治化等"。救世苦行和君相治化均非思想课题，姑置勿论。在思想层面，他偏重有宗，列举毗昙、俱舍、法相三家。毗昙出小乘说一切有部。前秦建元十五年至二十一年（379—385），道安驻锡长安，"道安原亦玄学中人，但其时恰值罽宾一切有部僧人僧伽提婆等东来，道安助之传译。……后提婆南下，《毗昙》小乘学亦暂在南方流行。其时南北佛学，必稍转变。但不久而什（鸠摩罗什）至。使性空宗义又重光大"③。毗昙学流布中国，始于僧伽提婆，光焰转瞬为罗什所掩。尽管传习弗替，显然难以笼罩全局。俱舍同出说一切有部。陈代天嘉五年（564），真谛译《俱舍论》，光大元年（567）重译④，乃其学流布之始，已在南朝末期。法相宗则出大乘瑜伽行派，推玄奘为祖师，创自唐太宗朝，玄宗朝尚见于记载，"其后法相几寂然无闻"⑤，时日短暂。倘准太虚所议，聚焦上述三家，中

---

① 例如吕思勉《经子解题》开篇："经、子本相同之物，自汉以来，特尊儒学，乃自诸子书中，提出儒家之书，而称之曰经。此等见解，在今日原不必存。"上海：商务印书馆，1929年，第1—2页。
② 《中国哲学史》下册，第4页。
③ 汤用彤《汉魏两晋南北朝佛教史》，武汉：武汉大学出版社，2008年，第220—221页。
④ 汤用彤《汉魏两晋南北朝佛教史》，第594—595页。
⑤ 汤用彤《隋唐佛教史稿》，武汉：武汉大学出版社，2008年，第149页。

古佛学史许多关键段落将被淡化。太虚判摄佛法，早树立起"摄小（乘）归大（乘）而（大乘）八宗平等"的原则①，态度不偏不倚。这篇书评却透露出，他在空宗、有宗之间，内心未尝无所轩轾。反观冯《史》，南北朝论及般若学之"六家七宗"、僧肇、道生（附谢灵运），隋唐论及三论宗、法相宗、华严宗、天台宗、禅宗，虽然犹可补充（例如慧远②），但空、有兼备，远较太虚涵盖全面。

二　溯本与析义：友直的教理批评

友直《评冯著〈中国哲学史〉：关于佛学的几个问题》发表于1946年③。撰者不易确考，这里掇拾蛛丝马迹，作一推测。

两年以后，《边疆通讯》又刊载友直《关于佛教的几个问题：敬质蒋君章先生》一文④。是篇深通佛学，标题相类，文风相类，当系同一人手笔。撰者论藏传佛教，谙熟其制度、历史；对于藏僧不戒荤腥，虽洞晓缘由，而仍贬作"焦芽败种"之行。按藏传佛教传承密宗，汉地修密宗者有冯达庵，1936年受王弘愿传法灌顶，为唐密第五十代祖师⑤。冯氏斥藏密"未得云入金刚法界也。夫入金刚法界，必断肉食"⑥，不以后者茹荤为然。他无论知识结构抑或戒律观念，皆与评

---

① 释太虚《我怎样判摄一切佛法》（1940年），释太虚《太虚大师全书》第一卷，北京：宗教文化出版社，2005年，第437页。
② 冯友兰晚年撰《中国哲学史新编》，第四十五章即专列"慧远的《神不灭论》及其他"一节。北京：人民出版社，2007年，中册第523—529页。
③ 《读书通讯》一〇九期，1946年5月，第9—12页。
④ 《边疆通讯》五卷一期，1948年1月，第7—9页。
⑤ 陈雪峰《王弘愿年谱》，陈雪峰《王弘愿年谱 冯达庵年谱简编》，广州：暨南大学出版社，2018年，第115页。
⑥ 《冯宝瑛居士上王大阇黎书》，引自陈雪峰《王弘愿年谱》1934年8月1日，陈雪峰《王弘愿年谱 冯达庵年谱简编》，第112页。

蒋君章文契合。冯达庵幼弟冯宝瑑，号友直居士，殁于1926年①。署名殆借其弟之号欤？置此聊备一说。太虚敷扬显教，王弘愿敷扬密教，二家始合终暌②。撰文的友直若系后者传法之人，则适与太虚对立。

《关于佛学的几个问题》纠弹冯《史》，颇切肯綮。冯友兰以为："佛之最高境界，乃永寂不动者"，此方则重活动，"故中国人之讲佛学者，多以佛之境界并非永寂不动"，反而强调繁兴大用③。友直指出，印度笈多王朝以还，大乘佛教转向"无住涅槃"，寂而常照，非复湛然永寂之态，不待传至中国始变。其说确有据依。"无住涅槃"又称"无住处涅槃"。玄奘编译《成唯识论》卷一〇："涅槃义别，略有四种：……四、无住处涅槃，谓即真如出所知障。大悲般若常所辅翼，由斯不住生死、涅槃，利乐有情，穷未来际，用而常寂，故名涅槃。"④无住涅槃"用而常寂"，即用而寂，不离世间。个中流转作用，无时或歇。《论》文又说："一切有情，皆有初一；二乘无别，容有前三；唯我世尊，可言具四。"⑤无住涅槃为佛陀所独有，乃究竟义。《成唯识论》糅译护法等十大论师之言，十人恰当笈多时期，可证彼方佛教已重活动。

冯友兰以为："印度社会中，阶级之分甚严"，佛教因有一派说法，谓佛性非人所必具。及至东来，此方服膺"人皆可以为尧舜"⑥，"故中国人之讲学者，多以为人人皆有佛性，即一阐提亦可成佛（道生语）"⑦。友直指出："佛陀出世之后，遂以反对阶级制度相号召，结果组成'四姓出家，同为释种'的和合僧团。"众生平等、佛性遍在思

---

① 参看达庵《故弟友直居士夫妇生西记》，《海潮音》八年七期，1927年8月，"传记"第13—15页。
② 详参秦萌《民国时期真言宗回传中的显密之争》，北京：宗教文化出版社，2015年。
③ 冯友兰《中国哲学史》下册，第111页。
④ 林国良《成唯识论直解》，上海：复旦大学出版社，2000年，第708—709页。
⑤ 林国良《成唯识论直解》，第709页。
⑥ 《孟子·告子下》，（清）焦循《孟子正义》卷二四，北京：中华书局，1987年，第810页。
⑦ 冯友兰《中国哲学史》下册，第112页。

想，始终占据印度佛学主流。其实，观冯氏所举道生之例即可知。慧皎《高僧传》卷七《竺道生传》载："六卷《泥洹》（即《大般涅槃经》）先至京都，生剖析经理，洞入幽微，乃说一阐提人皆得成佛。于时大本（昙无谶译《大般涅槃经》四十卷本）未传，孤明先发，独见忤众。……后《涅槃》大本至于南京，果称阐提悉有佛性，与前所说合若符契。"①道生首揭人人自备佛性，悉能成佛，是研味六卷本《大般涅槃》，悟入精微而得。起初人共摈之，待四十卷本由北来南，取验经文，方获正名。这部经出自大乘佛教②，足见泯除阶级之义，早畅演于印度。

冯友兰以为，印度佛教主张"历劫修行，积渐始能成佛"，中国则兴顿悟之说，此生便成佛果③。友直指出："《华严》的善财，《法华》的龙女，都是一生圆证的；而《涅槃经》的屠儿广额，更是放下屠刀，立地成佛！"后期大乘佛教讲顿超，讲此生成佛，着鞭在先，中土只是赓续旧统。这点援证确凿④，更少争辩空间。

要之，佛学许多内容导源于印度，而冯《史》误认作自家无尽藏，这是友直再三致意的。

另外两条诘难，则须略加辨析。首先，友直责备冯友兰"根据《宝藏论》来说明僧肇的宇宙论与圣人观"，可此书是"唐以后的伪作"，不足为凭。此《论》固系伪造，这条却未免错置年代。《宝藏论》旧题

① （梁）慧皎等《高僧传合集》，上海：上海古籍出版社，2011年影印本，第46页。
② 陈士强《中国佛教百科全书·经典卷》，上海：上海古籍出版社，2000年，第83—84页。
③ 冯友兰《中国哲学史》下册，第112页。
④ 参看实叉难陀译《华严经》卷六二至八〇《入法界品第三十九》之三至之二一，（唐）澄观《大方广佛华严经疏》，北京：线装书局，2016年，第381—753页；鸠摩罗什译《法华经》卷四《提婆达多品》，朱封鳌《妙法莲华经文句校释》，北京：宗教文化出版社，2000年，第734—735页；昙无谶译《大般涅槃经》卷一九《梵行品第八》之六，清光绪己卯年（1879）善成、妙湛募刊本。

僧肇撰，汤用彤始发其疑牾①。然而汤著1938年初版（长沙：商务印书馆），本迟于冯《史》，不得执此为后者病。

其次，怎样看待佛家之"空"？这问题的重要性，不言而喻，友直屡就此点提出质疑。冯友兰称昔贤相信客观外界的实在性，"故中国人之讲佛学者，多与佛学所谓空者以一种解释，使外界为'不真空'（自注：用僧肇语）"②。友直评论道："冯先生以为'不真空'是在主张实在论，恐怕不是僧肇的本意吧！然观'六家七宗'与'僧肇之不真空义'两节，则似乎冯先生对于'不真空义'尚在踌躇！"在僧肇那里，"不真"与"空"是并列结构，不真故空，不真即空③。上引冯氏之语，却仿佛视作偏正结构，意为空性非真，遂指向了实在性。倘若如此，确是误读。然而冯《史》后面又说："然所谓无者，不过谓幻化人非真人耳，……此所谓不真空义也。"④此处非真人即是不真，无即是空，也认为不真等于空，并未错会僧肇之意。因而友直下语斟酌分寸，只言冯氏"尚在踌躇"，不欲直斥为非。实际上，还有一种更简单的解释：冯《史》自陈"用僧肇语"，意仅在借用字面，本无关乎僧肇原意。这一来，连踌躇也谈不到了。

冯友兰又称："当时（按指东晋南朝）讲佛学者，亦特别注意于所谓空有问题；或言有无，或言空有，空有亦即有无也。"⑤友直在尾注二中纠正道："要知佛学上所说的'空'，并不就是'无'；因为有无是相对的，而佛学上所说的'空'，乃是绝对的真实际！"佛教之"空"，

---

① 汤用彤《汉魏两晋南北朝佛教史》，第224页。参看［美］罗伯特·沙夫《走进中国佛教——〈宝藏论〉解读》，夏志前、夏少伟译，上海：上海古籍出版社，2009年，第31—32页。
② 冯友兰《中国哲学史》下册，第111页。
③ 冯友兰《中国哲学史新编》便揭明了这一点，中册第518—519页。
④ 冯友兰《中国哲学史》下册，第122页。
⑤ 冯友兰《中国哲学史》下册，第114页。

与道家之"无"有别。它在时间上并不早于"有"，而在性质上则属究竟义，远高于"有"，不是与后者对等的一个概念。由此观之，友直所言自较精确。不过，冯友兰此句限定"当时"，也可理解为还原历史上的认识，不代表他本人看法，只是语意略欠明晰罢了。后来其《中国哲学简史》《中国哲学史新编》都区分过空、无之异①。因此面对友直的批评，也不无自辩余地。

再有一处，冯友兰称佛教认为，"现象世界中诸物，皆待因缘凑合方有，因缘不凑合即灭"②。友直在尾注五中畅驳之："这话乍看似乎是对的，可是要稍微一考究，那就可以发现其错误性！因为照冯先生的意思，是把'灭'放在缘散之后的。这种见解，是不曾体会到缘起的当体即是性空的真旨的。"质言之，其失在于"把空有割裂为二"。

当体性空、空有不二，无疑乃基本教理。可是责备冯氏割裂空、有，不见得惬当。因为冯《史》上文刚刚表示："此现象世界，因其只为现象，故可谓之为假，可谓之为'无'；但既有此现象，则亦不能不谓之为'有'。"③有与无（空）均对现象而言，同时并举，何来缘散方空之说？究其根源，在于友直将"空"与"灭"两词混为一谈了。前者是事物性质，终始如一；后者在此指具体事物的坏灭，所谓"能坏名灭"④，是时间进程中的某一节点。前者不待因缘解散而始具，后者则确可以说"因缘不凑合"方有之。冯友兰论"空"论"灭"，各当其旨，并无大谬。

---

① 冯友兰《中国哲学简史》，赵复三译，南京：江苏文艺出版社，2010年，第227页；冯友兰《中国哲学史新编》中册，第519页。
② 冯友兰《中国哲学史》下册，第122页。
③ 冯友兰《中国哲学史》下册，第122页。
④ ［印］世亲造、（唐）玄奘译、智敏注《阿毗达磨俱舍论略注》卷五《分别根品第二之三》，上海：上海古籍出版社，2016年，第181页。

在友直这篇书评的映照下，冯《史》佛学部分之得失益明。它对印度情形较隔膜，以致把若干佛学通说当作中土所独有，这是其缺陷所在。但对中国佛学本身，误解并不似有些教内人士所想之多。此所以林志钧评曰"讲也就是这么讲"也。

三 余论

晚清民国思想家、学者，每于佛学有所论列，也每为佛教中人所讥弹，梁启超、章太炎、熊十力、汤用彤等人皆然，冯友兰是其中一例。这里包含几个层次的问题：首先，佛门内外存在立场差异。个中是非，未必可一言而决。太虚之攻冯氏，主要是在这个层次发力。其次，佛典解读、教理把握不同。个中是非，值得仔细推寻。上述两层问题，往往缠绕在一起。譬如以"支那内学院"为主诸人之攻熊十力，吕澂之攻汤用彤，都兼涉二者①，更须着意剖别。然而在此二者之前，先有必要注意，教中人物的批评，可能架上苛刻的眼镜，撷拾只言片语，断章取义，误读了这些思想家、学者的文字。友直对冯《史》的指责，便不乏此类情形。两造相争，听讼者必平心静气，通观首尾，得其真意，始能下一判词。教门内外的佛学论辩，也应作如是观。

---

① 参看郭齐勇《天地间一个读书人：熊十力传》，上海：上海文艺出版社，1994年，第59—65页；姚治华整理《吕澂柳诒徵〈汤用彤汉魏两晋南北朝佛教史审查书〉》，《汉语佛学评论》第三辑，上海：上海古籍出版社，2013年，第5—7页。

第五节　文风、学术与商业的结合：
古典小说新式标点本诞生记

中国古典小说的第一个新式标点本，是1920年亚东图书馆整理出版的《水浒传》。事实上，这也是"用新标点来翻印旧书的第一次"①。亚东图书馆是汪孟邹1913年在上海创立的一个出版机构，自1920年至1949年，先后印行了16部加有新式标点的中国古、近代小说，口碑甚佳。其中绝大部分出版于20世纪20年代，计有《水浒》《儒林外史》《红楼梦》《西游记》《三国志演义》《镜花缘》《水浒续集两种》《三侠五义》《儿女英雄传》《老残游记》《海上花列传》《官场现形记》《宋人话本七种》等，共13部。1932年印行的《醒世姻缘传》、1933年印行的《今古奇观》、1949年印行的《十二楼》，则不过是其余波而已。这16部书都是白话小说，除了《宋人话本七种》《今古奇观》与《十二楼》，其他13部又都是章回体。可见亚东图书馆选择出版这类书籍时，重心是放在白话章回小说上。在"亚东"标点印行这批小说的过程中，有两个人起了关键作用，一个是当时已大名鼎鼎的胡适，另一个是汪孟邹的侄子汪原放。汪原放承担了大部分小说的标校整理工作，胡适则为许多"亚东"版古典小说写了冠于书首的《考证》或《序》。

---

① 胡适《〈水浒传〉考证》，欧阳哲生编《胡适文集》第二册，北京：北京大学出版社，2013年，第339页。

一　胡适的推动作用

有意思的是，胡适和汪原放两人后来回忆起这段经历，均声称是由自己发起的。据汪原放说，他在 1920 年忽然动念，要把《水浒传》《红楼梦》《儒林外史》和《西游记》分段标点出版。《水浒》标校到一半，从陈独秀那里得知胡适正在写《〈水浒传〉考证》，陈独秀写信给胡适，促成他同意文章做完后，放在"亚东"版《水浒》书前作为序言①。胡适却说，自己从 1920 年起，直到 1937 年前，花费很多时间研究中国古典小说，"同时我也督促我们的出版商之一的'亚东图书馆'在这一方面出一点力。……最后我说服了他们来出版我们的……'有系统的整理出来的本子'"②。真实情况究竟如何，不容易遽下判断。但当时胡、汪二人对这件事都异常热心，因此一拍即合，却是不难想象的。"亚东"先后印行的古典小说中，始终浸透着两人的心血。他们亲力亲为之余，还在幕后做了不少帮衬工作。例如，1931 年，"亚东"请徐志摩给即将出版的《醒世姻缘传》作序，胡适为逼"好动"的徐志摩安心撰文，索性把他关在自己家中四天③。就连迟至 1949 年，"亚东"整理印行的最后一部古典小说——李渔的《十二楼》，也是胡适早在 1926 年就向汪原放建议列入出版计划的。而汪原放虽因故在 1936 年之后，基本不再过问"亚东"事务，但汪协如校点《十二楼》时，仍得到他的具体协助。胡适与汪原放的长期努力与密切合作，有效地保证了"亚东"版古典小说的出版品质。

---

① 汪原放《回忆亚东图书馆》，北京：学林出版社，1983 年，第 56—58 页。
② 唐德刚译注《胡适口述自传》，上海：华东师范大学出版社，1993 年，第 230 页。
③ 胡适《〈醒世姻缘传〉考证》后记一，欧阳哲生编《胡适文集》第五册，第 283 页。

　　胡适作为文化人，对出版物的质量要求自然比较严格，而他的意见，汪原放也都虚心接受。例如，1921年汪原放打算整理《西游记》，胡适在1月23日信中告诫他："《西游记》亦须早日访求好木板本。最好是无有'悟一子'批注的。切勿匆匆动手！"①汪原放1月31日即回信说："《西游》我决不轻易付排。一来因为好本子还未求得；二来因为我决定先把全书圈点好，再用几种本子校读一过，然后付排。"②有时候出于对品质的追求，"亚东"甚至不惜放弃一些商业上的利益。例如汪原放从1920年开始标点《红楼梦》，次年正式出版。其时他用的底本是道光壬辰（1832）刻本，这个本子属于"程甲本"系统。他在1920年12月11日致胡适信里写道："《红楼》已打纸版的有了七十回，这七十回中，一定有许多错处。我除兄和仲翁（陈独秀）两处，实在无处去请问了。从前兄是有病在身，我不敢来劳你的神；仲翁又因《新青年》的事，忙得不了，我又不便去多问。现在我作快件先寄上五册清校，请兄大体翻阅一过，指出谬误，以便改正。"③可知之前胡适因在病中，未曾与闻其事。而胡适本人藏有的乾隆壬子（1792）程伟元第二次排本（即"程乙本"），实较"程甲本"为优。他在1921年1月23日致汪原放信里提及此事："我若早知你们动手点读《红楼梦》，我早把我的乾隆无批本借给你了。等到我知道时，你们已排了七十回了！"言下不胜惋惜④。1927年，"亚东"终于下决心按"程乙本"重新整理出版《红楼梦》。胡适在《重印乾隆壬子本〈红楼梦〉序》中盛赞此举之难能可贵："现在他（汪原放）决计用我的藏本作底

———

① 汪原放《回忆亚东图书馆》，第68页。
② 杜春和等编《胡适论学往来书信选》，石家庄：河北人民出版社，1998年，第649页。
③ 杜春和等编《胡适论学往来书信选》，第646页。
④ 汪原放《回忆亚东图书馆》，第68页。

本，重新标点排印。这件事在营业上是一件大牺牲。原放这种研究的精神是我很敬爱的，故我愿意给他做这篇新序。"①这是一个最明显的例子。

二　文化转向与商业起色

"亚东"版古典小说新式标点本的发行，无论对胡适还是汪原放，都具有重要意义。对胡适来说，一方面，他在"新文化运动"中提倡白话文，往往把古典白话小说作为主要的传统资源提出。在那篇开"白话文运动"之先声的《文学改良刍议》中，他便曾写道："吾惟以施耐庵、曹雪芹、吴趼人为文学正宗，故有'不避俗字俗语'之论也。"②1921、1922年他在第三、四届国语讲习所和南开大学讲授"国语文学史"课程，最后一讲（第三编第七章）对此更是详加阐发："小说的发达史便是国语（按即白话）的成立史；小说的传播史便是国语的传播史。这六百年（按指明、清两代）的白话小说便是国语文学的大本营，便是无数的'无师自通'的国语实习所。"③他希望出版这类作品，能有助于巩固、发展"白话文运动"的成果。其《〈三国志演义〉序》结尾处，对于这部小说在旧时候所发挥的推广白话文、训练一般"失学国民"文字技能的功用，即有一段极为热烈的礼赞④。假如说这还仅限于回顾的话，《〈海上花列传〉序》则进一步道出了对未来的期望："我们在这时候很郑重地把《海上花》重新校印出版。我们希望这部吴

---

① 欧阳哲生编《胡适文集》第四册，第277页。
② 欧阳哲生编《胡适文集》第二册，第13页。
③ 欧阳哲生编《胡适文集》第八册，第116页。
④ 欧阳哲生编《胡适文集》第三册，第530页。

语文学的开山作品的重新出世，能够引起一些说吴语的人的注意，希望他们继续发展这个已经成熟的吴语文学的趋势。如果这一部方言文学的杰作还能引起别处文人创作各地方言文学的兴味，如果从今以后有各地的方言文学继续起来供给中国新文学的新材料，新血液，新生命，——那么，韩子云（韩邦庆）与他的《海上花列传》真可以说是给中国文学开一个新局面了。"①胡适倡导白话文，追求"言文合一"，因此很注重吸收各地方言进入书面文字系统。他在一部吴语小说的序里强调这点，是意料之中的事。而从这里也正可看出，胡适之所以大力支持亚东图书馆印行这批小说一部分原因所在。

另一方面，1920 年的胡适，正在转向"整理国故"。他这一年撰有《研究国故的方法》，文中列举整理国故的方法："形式方面：加上标点和符号，替它分开段落来"；"内容方面：加上新的注解，折中旧有的注解"②。三年后写《〈国学季刊〉发刊宣言》，又倡言现代的"古学研究"，应该扩大研究的范围③。亚东图书馆出版这批古典小说，汪原放等人作的标点、分段，是完成了"整理国故"的形式方面的任务；胡适作的一系列考证，是开始了"整理国故"的内容方面的任务。胡适 1920 年在《〈水浒传〉考证》中指出："我想《水浒传》是一部奇书，在中国文学占的地位比《左传》《史记》还要重大的多；这部书很当得起一个阎若璩来替他做一番考证的工夫，很当得起一个王念孙来替他做一番训诂的工夫。"④我们知道，胡适整理国故，最讲究"科学方法"。他为这套"科学方法"找到的已有楷模，西方是杜威的实用

---

① 欧阳哲生编《胡适文集》第四册，第 372 页。
② 欧阳哲生编《胡适文集》第十二册，第 77 页。
③ 欧阳哲生编《胡适文集》第三册，第 9 页。
④ 欧阳哲生编《胡适文集》第二册，第 343 页。

主义，中国是清代的乾嘉学派。此处举出阎若璩与王念孙两位代表性的乾嘉学者，也透露出"整理国故运动"的一些中心旨趣。与此同时，下工夫为在传统观念中向来不登大雅之堂的小说作详细的考论，并把其中一流作品的地位提得比《左传》《史记》还高，本身就流露出一种"扩大研究范围"的强烈意向。

由于"亚东"版古典小说在相当程度上贯彻了胡适的宗旨，因此1920年夏季，胡适去南京高等师范讲学之前，《水浒传》还在排印中，他就要汪原放"排几页标点、分段的《水浒》，再把《校读后记》《句读符号例》等各排一两页，订成小册子"，以供他授课时分发给学生①。他在南京高师讲"白话文学"，也讲"研究国故的方法"，而"亚东"版《水浒》的样张则是其课程参考材料。此事颇富于象征意味：在某种意义上，胡适所参与的亚东图书馆古典小说出版工作，正是"白话文运动"与"整理国故运动"之间的一个连接点，在他一生的文化活动中，占有一个十分独特的地位。

对汪原放来说，标点整理这批小说，也使他得以一偿夙愿。胡适在《逼上梁山》一文中追忆，自己1915年在美国思考古文教育时，已经意识到推行新式标点符号的重要性，同年6月更写有一篇万言长文《论句读及文字符号》探讨这个问题②。而汪原放说，次年他就在许怡荪那里读到胡适从美国寄回的《藏晖室札记》，"记得其中有《论白话》《论标点符号》等，我非常赞成，还录了一些放在手头"。③这早已为两人的合作埋下了伏线。再从商业角度考虑，因"新文化运动"而"暴得大名"的胡适为这批小说标点本做《考证》或《序》，又不啻是一个

<hr>

① 汪原放《回忆亚东图书馆》，第61页。
② 欧阳哲生编《胡适文集》第一册，第129页。
③ 汪原放《回忆亚东图书馆》，第59页。

最具吸引力的广告。当胡适的《〈水浒传〉考证》寄到上海时，卢仲农兴奋地向汪原放说："小哥，附上骥尾了！"①这句话真是一语中的。1920年，"亚东"首先推出《水浒传》和《儒林外史》，立即引起广泛注意。邵力子、陈望道，乃至远在日本的青木正儿等都写了书评。据胡适《百二十回本〈忠义水浒传〉序》说，他写《〈水浒传〉考证》时只见到七十一回本《水浒》，《考证》刊行后，引发了搜求不同版本《水浒》的风气，十个月内别人便提供给了他四种，有百十回本，有百十五回本，也有百二十回本，青木正儿又把日本所藏两种《水浒》版本的回目与序例抄录了寄给他②。"亚东"版《水浒》的影响力可见一斑。1925年胡适在《〈老残游记〉序》的"尾声"部分，更记录了一个感人的故事：同年稍前他写《〈三侠五义〉序》时，上海一位名叫龚美章的女士，因未婚夫在印刷局里任校对之职，故有机会先读到校样，读后便屡次与他通信，讨论这部小说的标点及考证问题，并做了细致的校勘表。可是6月以后，她便音信杳然。等胡适到上海，才知道她已于7月初病死了。③

由此看来，无论在知识界，还是在普通读者群中，"亚东"版古典小说都拥有不少诚挚的读者。这批书的不胫而走，也帮助亚东图书馆走出了困境。这个小型出版社自成立以来，尽管先后发行了一些颇为著名的杂志，例如章士钊办的《甲寅杂志》、傅斯年等办的《新潮》、李大钊等办的《少年中国》等，渐渐为人所知，然而财务状况却一直捉襟见肘。陈独秀想办《新青年》，起初属意"亚东"，"亚东"却因正在印行《甲寅》杂志，资金周转不开，只得推掉。创办人汪孟邹也承

---

① 汪原放《回忆亚东图书馆》，第59页。
② 欧阳哲生编《胡适文集》第四册，第305—306页。
③ 欧阳哲生编《胡适文集》第四册，第414页。

认："亚东从 1913 到 1918 年生意很不好。"①汪原放有意出版《水浒》时，汪孟邹顾虑重重，对他说："几百页的大书，不是好玩的，凶险哩！卖不掉，老本亏掉，不得了！"②不过这个险确实值得一冒，"《水浒》初版本来预备印二千部，一次次地决定加，临上架时决定加到了五千部，卖了一年才再版。《儒林外史》初版印了四千部，但只卖了三个月便再版了。"③古典小说的标校本从此长销不衰，成为亚东图书馆一个重要的盈利来源。

在古典小说新式标点本的诞生过程中，文风、学术与商业利益三者结合起来，竟形成了相互支援的态势。这在中国现代出版史上是难得一见的景象。及今思之，犹令人向往不已。

---

① 汪原放《回忆亚东图书馆》，第 33 页。
② 汪原放《回忆亚东图书馆》，第 57 页。
③ 汪原放《回忆亚东图书馆》，第 63—64 页。

第六节　学理框架与艺术感悟：
闻一多《唐诗杂论》的内在张力

　　"五四"以后，随着新观念、新方法涌入中国，传统文史研究领域发生了巨大变化。先秦与元明清两段在当时成为研究热点。用科学方法重新整理上古史、还《诗经》以乐歌本来面目、通过元明清小说戏曲来倡导平民精神和新式文学观念，都曾风靡一时。在某种程度上，也不免因成为新观念、新方法的试验田而阻碍到学科正常发展。唐代研究避免了这一点，虽然一时似乎不甚抢眼，但有唐一代国力文化，两臻极盛，总吸引着一批才智杰出之士投身其中。如闻一多先生出现，既吸收新方法之长，又充分尊重研究对象，便把唐诗研究推进了一大步，成为公认对这一领域影响深远的大家。然而，有一点无可否认，即闻先生多数具体结论，今天已受到广泛质疑。这就把两个问题摆在我们面前：闻一多先生的唐诗研究价值何在，是否仅限于学术史意义？研究中造成缺陷的根本原因又是什么？

一　框架与感悟的交相为用

　　闻一多先生研究唐诗，所做工作大多是基础资料积累，直接表述观点的文章大体集中在《唐诗杂论》一书，我们即以此书为例作些分析。闻先生的气质有斗士的一面，动荡时局必然影响学术取向，这方面因素造成的偏颇此处暂且不论。

通观《唐诗杂论》，最引人注意的，是全书处处体现出著者的眼光。就拿两部年谱来说，《少陵先生年谱会笺》（简称杜谱）遍征群籍，可是史书一类多用《旧唐书》而极少用《新唐书》。旧书虽失之繁芜，但多保存原始史料，内容丰富；新书虽文笔精洁，但内容转略于旧书，且多凭己意改动史料，不易征见历史原貌。《岑嘉州系年考证》（简称岑谱）倒屡引新书，那是由于新书有《表》，旧书不设，而岑参祖上在唐代有三人为相，两次出塞游幕经历又对他的生活创作影响至深，所以时时要用《宰相世系表》和《方镇表》作参证。从择取史料这类具体细节上亦可见出著者眼光。不过，闻先生眼光独到，主要表现还在思路广阔，能从多方面探讨诗史成因。

第一，横向：社会文化背景。闻先生所撰年谱，尽管用力甚勤，考据精审，但引证多出自史书方志、笔记诗话，大都仍是面上可见的材料，未脱清人范围。杜甫年谱之所以备受推崇，是因为注意辑入当时社会文化事件，拓宽了年谱体制。甚至有论者称："《少陵先生年谱会笺》有独立的理论价值。"①但其后岑参年谱不再辑入。对此我们可以找出很多解释：如杜谱题为《会笺》，有兼综前此诸家之长的意思，自当力求突破。岑谱则属草创，未求有功，先欲无过；又如杜、岑二人约略同时，杜谱作于岑谱之前，前者既已辑入，后者不必重复劳动。但根本原因，恐怕还在闻先生看来，杜甫是"中国有史以来第一个大诗人，四千年文化中最庄严，最瑰丽，最永久的一道光彩"②，站在时代顶峰，因此尤有必要揭示那个他生活其中的环境。岑参地位稍逊，这方面要求便不那么迫切。可见著者研究时代文化背景，并非漫无目

---

① 刘烜《闻一多研究中国文学的独创性》，王瑶主编《中国文学研究现代化进程》，北京：北京大学出版社，1996年，第458页。

② 闻一多《杜甫》，闻一多《唐诗杂论》，上海：上海古籍出版社，1998年，第135页。

的，一味贪多，而是自有裁断。闻先生不但注意选择与文学发展密切相关的背景因素，并且深入研究这些因素作用于文学的具体途径。如《类书与诗》讲道："《文选》注，《北堂书钞》，《艺文类聚》，《初学记》，初唐某家的诗集。我们便看出一首初唐诗在构成程序中的几个阶段。"[①]为类书编纂影响诗坛风气的步骤梳理出清晰的层次。《贾岛》一文结合诗人早岁为僧的经历，指出"一切罩在一层铅灰色调中"的时代大环境给贾岛留下的异于常人的特殊印象："基于他早年的经验，可说是先天的与他不但面熟，而且知心"[②]，从而更深刻地解释了贾岛诗风的成因。这方面的成功经验，至今仍值得我们学习。闻先生剖析诗风，有时联系整个传统文化氛围立论，如《孟浩然》谈到士人阶层仕隐双重心理取向造成的矛盾，《贾岛》谈到传统社会里不同年龄段之间的地位、责任差异，更显示出视野开阔的特点。

第二，纵向：诗史发展流程。闻先生持一种历史的眼光看问题，这一点在《宫体诗的自赎》里表现得最为明显。因此评判诗人高下，一以是否促进诗史发展为标准。文章认为骆宾王《艳情代郭氏答卢照邻》企图用诗的形式叙事，因而遭致失败，却又说："骆宾王的失败，不比李百药的成功有价值吗？他至少也替《秦妇吟》垫过路。"[③]在闻先生眼里，李百药的诗纵然写得渊雅沉稳，亦无多大意义，反不如骆宾王以歌行叙事，至少给后世者提供了借鉴经验，虽败犹荣。将发展的观点贯彻到研究中去，闻先生大量应用溯源寻流、多方比较的方法。如《孟浩然》一文把孟诗跟杜甫比，跟王维比，跟刘长卿和大历十才子比，跟苏轼比，篇末更上接陶渊明，阐明渊源所自。但这

---

① 闻一多《唐诗杂论》，第4页。
② 闻一多《唐诗杂论》，第34页。
③ 闻一多《唐诗杂论》，第14页。

里要特别提出来的，是闻先生一方面致力归纳诗史发展趋势，一方面
又清醒地力求还原诗史原生态。《类书与诗》对初唐宫廷诗人给的几乎
全是负面评价，但仍承认他们是当时诗坛主流；《四杰》文中更指出
沈、宋擅长五律，代表诗史的一个发展趋向，保持着史家相对客观的
态度。还原诗史原生态和归纳诗史发展趋势的双重努力，要求著者对
唐代诗史要能入能出、先入后出，表明闻先生对于文学史研究，已达
到在今天看来也是很高的认识和实践水平。

第三，闻先生在唐诗研究领域纵横开拓，归结点则是探索诗歌本
身发展规律。所有外部研究用意都在更透彻地阐释艺术风格成因，所
有线索梳理用意都在说明诗歌自身的历史走向。更值得注意的是，进
入艺术鉴赏领域，闻先生也往往根据不同对象采取不同的解析视角。
《宫体诗的自赎》着重从内容角度勾勒诗作格调的变化轨迹；《四杰》
着重从诗体发展与抒情特质确立两方面阐明王、杨、卢、骆的贡献；
《贾岛》一文则鉴于这一路诗体裁、格律、句法均无异并世作者，独特
之处全在于诗境专瞄准阴冷甚至恐怖的事物，因此着重从意象入手指
陈贾岛的诗风。可见即使纯粹就诗艺体味而言，闻先生也突破了传统
唐诗学的格局，丰富了欣赏的角度和层次。

总的来说，闻先生研究唐诗，既注重构筑诗史的全方位立体结构，
又坚持以诗艺自身进展为依归，方法和结论在当时都颇多创获。那么，
在他的研究中，诗史结构和艺术鉴赏两方面是否已经达到了水乳交融、
浑然一体的境地？

二 框架对感悟的约束

答案可能是否定的。

前面提到，闻先生多数具体结论已滞后于今日研究格局。如《类书与诗》说："《旧唐书·文苑传》里所收的［初唐］作家，虽有着不少的诗人，但除了崔信明的一句'枫落吴江冷'是类书的范围所容纳不下的，其余作家的产品不干脆就是变相的类书吗？"①实际上虞世南、李百药亦有清丽可诵之作，上官仪的《入朝洛堤步月》更是一时名篇。《宫体诗的自赎》一文认为卢照邻《长安古意》末四句"有点突兀，在诗的结构上既嫌蛇足，而且这样说话，也不免暴露了自己态度的褊狭"②，如今亦是异议四起。最突出一例，是《孟浩然》文中把孟氏看作"为隐居而隐居"的纯隐士，因此讲到《临洞庭湖赠张丞相》后四句："欲济无舟楫，端居耻圣明。坐观垂钓者，徒有羡鱼情。"亦称："然而'羡鱼'毕竟是人情所难免的，能始终仅仅'临渊羡鱼'而并不'退而结网'，实在已经是难得的一贯了。"③忘了诗人写此诗投献，本身即是求进之一道。闻先生是诗人，艺术体悟能力在他的研究中也是广为人称道的一点，此书中有很多精彩例证。如《孟浩然》讲孟诗"不是将诗紧紧的筑在一联或一句里，而是将它冲淡了，平均的分散在全篇中……甚至淡到令你疑心到底有诗没有"。④《英译李太白诗》指出太白五律兼有"形式上的秾丽"和"气势上的浑璞"之长⑤。为什么同一个人的研究，竟会出现如此截然相反的两种情况？问题就出在学理框架与艺术感悟的不相统一上。换句话说，学理框架先行，制约了具体艺术感悟。闻先生文章逻辑十分严密，如《宫体诗的自赎》描

---

① 闻一多《唐诗杂论》，第 5 页。
② 闻一多《唐诗杂论》，第 13 页。
③ 闻一多《唐诗杂论》，第 30 页。
④ 闻一多《唐诗杂论》，第 30 页。
⑤ 闻一多《唐诗杂论》，第 149 页。

绘宫体诗演变轨迹①，从齐梁的堕落，到初唐"连堕落的诚意都没有了"，到卢照邻教人"回到健全的欲望"，到刘希夷的"感情返到正常状态"，到张若虚"更深沉，更寥廓，更宁静的境界"。其中初唐是最低谷，卢照邻与齐梁相对应，刘希夷"越过齐梁，直向汉晋人借贷灵感"，张若虚则是站在发展终端那个"诗中的诗，顶峰上的顶峰"。这样子无懈可击的结构，掺不进一点杂质，无怪乎生生挤掉了庾信。初唐既要低于齐梁的堕落，自然只能是"堕落的诚意都没有"；卢照邻既要与齐梁对称，自然只能强调他诗里"欲望"的一面，如此看，《长安古意》末四句正是蛇足，而且这一来，又给刘希夷、张若虚继续发展预留余地；张若虚既然站在顶峰，是"最纯正的"，自然只能"冲融和易"，一片宁静②。以上文中广受反驳的几点，孤立起来看都不无偏颇，放到整个行文中却那么妥帖，我们不难窥见结论迁就框架的痕迹。在框架允许范围内，艺术感悟显得那么精辟锐利；一旦与框架抵牾，艺术感悟便多出现偏差。《唐诗杂论》诸文这种内在缺陷，几乎无处不在。即以文笔而论，闻先生文章之美，众所周知，细细体味，写得精悍腾踔，勃勃有生气。有时更用诗意的文字描摹意境，如《杜甫》一文写隐士范十的村居："门前满是酸枣树，架上吊着碧绿的寒瓜，瀚瀚的白云镇天在古城上闲卧着"，取景由近及远，使人既觉秋高气爽，又领略到一份闲散情调，色彩搭配也极赏心悦目③。朱自清先生评价道："他创造自己的诗的语言，并且创造自己的散文的语言。诗大家都知道，不必细说；散文如《唐诗杂论》，可惜只有五篇，那经济的字

---

① 闻先生的"宫体诗"定义，后来学者已有所修正，这里为行文方便，姑仍其旧。
② 闻一多《唐诗杂论》，第9—19页。
③ 闻一多《唐诗杂论》，第145—146页。杜甫《与李十二白同寻范十隐居》只说："落景闻寒杵，屯云对古城。"酸枣、寒瓜云云，皆是闻先生的发挥。

句，那完密而短小的篇幅，简直是诗。"①以闻、朱两位先生相知之深，朱先生的评价当也体现了一部分闻先生的看法。这里"散文"或非现代文体概念，而是和"韵文"相对的一个界说。但至少在朱先生的描述中，文学性散文与学术论文未作严格区分。当时学科新规范尚未完全建立的状况，无疑给研究者张扬个性留下了更大空间，同时也带来不少弊病。闻先生的文章，为保持文气流畅，引证较少，这有其优点，能把阅读时最打动心灵的一部分感受呈现出来；但因为脱去举证的约束，又容易陷入框架先行的误区，反而限制了更全面的艺术鉴赏：两者相反而实相成。可见，如何将文笔精美与立论谨严结合起来，仍是一个有待解决的问题。

在文章开头我们讲过，当时唐代文史研究避免了某几个时段领域因成为新观念、新方法的试验田而影响学科正常发展的命运。因此看到闻先生研究中学理框架与艺术感悟出现某种背离时，便不能把这一框架简单理解为先验存在的臆想。一个耐人寻味的现象，是闻先生许多具体结论已影响甚微，但经他之手建立起来的一套诗史体系，却至今仍为人所沿用。也就是说，他的研究，今天仍保持生命力的部分，恰恰是这个学理框架。由于《唐诗杂论》中《类书与诗》《宫体诗的自赎》《四杰》三篇文章相对集中地论述初唐百年诗风递嬗之迹，比较能够反映闻先生对这一段诗史的系统思考，我们即以此段研究为例稍加讨论。对此陈伯海先生有段中肯的概括："其论初唐诗风的转变，从唐初宫体的沿袭六朝，经王、杨、卢、骆分头从事旧体制的破坏和新体制的建设，以至刘希夷、张若虚一步步完成诗歌境界的升华，为一百年来唐

---

① 朱自清《中国学术的大损失——悼闻一多先生》，季镇淮主编《闻一多研究四十年》，北京：清华大学出版社，1988年，第97—98页。

诗的发展过程勾画出清晰的轮廓。"①对照研究现状可以看出，大致沿用闻先生的框架，对闻先生承认占当时诗坛主流的唐太宗及一批宫廷诗人提高评价，对闻先生提及的沈、宋五律一条线索充实论证，对闻先生已看到的非主流诗人崔信明、王绩、王梵志等加强个案研究，便构成今日的初唐诗史结构②。可以说，闻先生的研究，很大程度上仍在更深层次左右着唐诗领域的格局。这说明，异于闻先生的具体结论和闻先生的框架之间，未必有不可调和的矛盾。闻先生之所以产生偏颇，原因在先行框架指导具体结论，然而即使是同一条逻辑线索，各个具体点上仍然可以存在不止一种可能性。用逻辑推演确定具体结论，难免失之机械，会扼杀掉一部分也许更接近诗史原貌的可能性，尽管这些可能性跟预设逻辑并无本质冲突。所以如今更客观地从诗歌本身出发提炼观点，慢慢贯连成线索，具体结论都变过了，整体结构仍可能和闻先生的线索差不多。

我们又要追问：闻先生这套框架生命力如此旺盛，原因何在？这就不得不追索一下闻先生的学术资源。其实体系中各点，前人均已有所论述。四杰是"调入初唐，时带六朝锦色"，刘希夷是"此前陈、隋滞气，被此君以大江大海挽水洗尽，脱出玻璃光明世界"，张若虚更是因《春江花月夜》"孤篇横绝，竟为大家"③。从整个体系走向看，则受"四唐"说分期影响，隐然把陈子昂作为初唐诗史末端。陈氏

———————————

① 陈伯海《唐诗学引论》之《学术史篇·唐诗学的创新期（"五四"以后）》，北京：知识出版社，1988年，第208—209页。
② 闻先生相关看法参见《类书与诗》、《四杰》两文。新时期唐诗研究还有一个贡献值得一提，就是对张说、张九龄先后两位贤相政治地位和创作趋向上足以转移风气的各种因素所做研究，阐明了从张若虚到盛唐中间一段环节。但张若虚之前的诗史线索，则与闻先生的构想差别不大。
③ 陆时雍《诗镜总论》、钟惺、谭元春《唐诗归》卷二谭评、王闿运《王志》卷二《论唐诗诸家源流》。

《与东方左史虬修竹篇书》说"汉魏风骨，晋宋莫传"，齐梁诗"彩丽竞繁，而兴寄都绝"。因此从初唐宫廷诗人摹拟齐梁，到王勃、杨炯、刘希夷上接晋宋，都是对陈子昂倡导的以汉魏传统为归宿的发展。闻先生的功绩，是就异说纷纭的古代诗评加以别择，突出各阶段重点，将各点串线进行动态描述，并扩大了论证视野、丰富了论证层次。仅在这个意义上，也可说他是传统唐诗学到现代唐诗学的一大转关。正因为既汲取传统唐诗学的深厚积累，又能参照现代科学方法勾勒出新型体系，闻先生的学理框架才得以一直保持活力。

三　小结

综上所述，闻先生的唐诗研究，多数具体结论已不适用，根源在学理框架与艺术感悟相抵触。但由于他在建构诗史体系时，兼收旧说精华和新式方法，这套学理框架至今仍在发挥作用。对我们来说，他的研究，价值不仅仅局限于方法论意义。

讲到学理框架，闻先生对唐诗史确有一个统贯全局的思路。不过他们这一代人做学问，跟今日的学者又有不同。闻先生是参照传统唐诗学格局，预先定下几个板块，然后逐个研究。后者则由具体问题出发，随着研究深入，一个问题扯出另一个问题，渐渐形成一批连带性观点，在此基础上通盘考量，规划研究格局。二者的区别缘于学科发展状况差异。一门学科的现代转型，当务之急自然是建立一个大致框架，待到发展较为成熟后，也正是从原先框架的种种窒碍疏漏之处，后来研究者发掘出问题并力求解决，一点一滴地积累最终构成对原有体系的修正。如近些年对诗史各阶段之间连接部的研究，便是对比较斩截的板块式划分的反拨。傅璇琮先生为上海古籍出版社"蓬莱阁丛书"本《唐诗杂论》撰写《导读》，有一段平情之论："靠了许多人的努力，我们把学术道路往前延伸了一大段，再回过头来看看前人铺设的一段，我们有理由为自己用汗水（有时还有血泪）开拓的一段高兴，但绝无理由因此而鄙薄前人的那一段，尽管那一段比起现在来似乎并不那末宽阔，或者甚至还有弯路，但我们毕竟是从那一段走过来的。"①所以我们分析闻先生研究的内在缺失，绝不是苛责前贤，而是为了借此探讨怎样合理开展今后的研究。如果说，闻先生的学理框架先行有一定历史合理性，那么唐诗研究已较成熟的现状，则要求我们必须从具体问题入手。文学研究要尊重艺术规律，因此所谓具体问题，很多时候便要落实在艺术感悟上。由较少成见的艺术感悟出发来重审学理框架，应成为唐诗研究的发展方向之一。

如葛晓音教授指出的："就古代文学的专业性而言，它与任何一门学科一样，也有高难度的尖端课题。如何发现并解决这些前沿性问题，是本学科继续发展的关键。"②我们执此标准衡量闻一多先生，觉得他确有发现解决一时代前沿性问题的眼光和能力。前贤已逝，如何善学其精神，继续拓展研究格局，则是留给我们的课题。

---

① 闻一多《唐诗杂论》，傅璇琮"导言"第3页。
② 杜晓勤《隋唐五代文学研究》，北京：北京出版社，2002年，葛晓音"绪论"第9页。

第二章　当代学术的关怀、技艺与理论借鉴

第一节　人格修养与政治、伦理之思：
从徐复观的文学史研究说起

徐复观先生的文学艺术史研究，贯穿着他一向的思想立场。其中涉及史实上的不同理解，不妨提出。而经由这些问题又可看到，作者组织史料时，多少受了自己思想立场的制约。本章以几篇文学史文章为中心，首先梳理作者思想脉络，观察此一脉络怎样潜在影响到对文学史个案的研究。其次由此引申，讨论徐复观处理中西文化关系时的立场，并试图置之于一个宏观学术背景下加以把握。由于他的思想，特重人格修养，故最后再从伦理学的视角，对此作一评骘。

一　人格修养与史实诠解

徐复观承认，成功的文学艺术作品，必是倾注进作者个性并能以之动人的。个性而能动人，则个性之中，必有社会性的成分。所以在作者身上，必然体现出个性与社会性的统一；更确切地说，社会性即内在于个性之中。但是每个人的个性中，平常都不无社会性的成分，然则文学艺术作品所要求的个性，特点何在？徐复观遂进而提出"性

情之正"的概念，只有"由性情之正而得好恶之正"①，才能以个人之心通于天下人之心，达到个性与社会性的合理统一②。

一般情况下，"性情之正"须由修养而致，可是文学艺术并不待修养而后产生。譬如原始文学，即"来自生活中喜怒哀乐的自然感发"③。于是徐复观相对于"性情之正"，又提出"性情之真"的概念。性情之真向内沉潜之际，可达致人生的真实化，亦未尝不与性情之正相通，未尝不能催生成功的作品。"但这种性情之真，是隐现不常的"④，不可久恃。这类作者，最多偶有精彩表现，决不会佳作迭出，跻身一流。换句话说，"性情之正"和"性情之真"，有等级高下之分，《儒道两家思想在文学中的人格修养问题》一文分别用"由修养而来的个性"和"原始生命的个性"指称二者⑤。

显而易见，徐复观论文学艺术，中心问题是作者的人格修养。而"只有儒、道两家思想，才有人格修养的意义"⑥，因此他所说的"人格修养"，有其固定内涵，专指儒家的"仁义之心"和道家的"虚静之心"。社会性内化于个性的人格理想，纯属儒家路数，徐氏把道家组织进此一体系，并作了系统论证，这是其独特贡献。中国文化的各个不同领域，均由儒、道两家构成思想主干，是徐复观的一贯看法；写伦理的《中国人性论史（先秦篇）》采用这一结构，写艺术的《中国艺术精神》也同样采用这一结构。需要强调的是，在他看来，具体到

---

① 徐复观《传统文学思想中诗的个性与社会性问题》，徐复观《中国文学精神》，上海：上海书店出版社，2004年，第3页。
② 关于徐复观所说"性情之正"，胡晓明《思想史家的文学研究》一文已注意到。《贵州社会科学》1988年第12期，第40页。
③ 徐复观《儒道两家思想在文学中的人格修养问题》，徐复观《中国文学精神》，第5页。
④ 徐复观《传统文学思想中诗的个性与社会性问题》，徐复观《中国文学精神》，第4页。
⑤ 徐复观《中国文学精神》，第6页。
⑥ 徐复观《儒道两家思想在文学中的人格修养问题》，徐复观《中国文学精神》，第7页。

中国文艺各部门，儒、道思想各自所起作用并不是均衡的。音乐方面，儒家占主导地位。音乐悬中和节制为鹄的，则与仁合一，是道德和艺术在穷极之地的统一，亘千载而一遇。绘画方面，道家占主导地位，因为以道家思想为文艺修养之资，"便常对人生社会政治采取消极逃避的态度，此时形成创作动力，作为创作对象的，常是指向自然的'兴趣'"①。而文学方面，倒是形成了儒、道并存的局面。个中原因，值得细细推寻。

徐氏思想脉络的主体既明，不如先暂时搁置，来看看他对汉赋和李商隐的研究。

刘歆《七略》特辟"诗赋"一略，《汉书·艺文志》因之。《西汉文学论略》取其说，将西汉"文学"限制在诗、赋，二者中又偏重于赋，因此实为论赋之文。《论略》在形式上分汉赋为新体诗的赋和楚辞体的赋两大系列，以对应其内容上的供奉性和抒情性两条路线。马积高先生《赋史》则把汉赋分成三种体式：源自楚歌的骚赋、源自诸子问答与游士说辞的文赋、源自《诗》三百篇的四言诗体赋②。两相比较，骚赋即楚辞体的赋，值得注意的是，文赋和四言诗体赋在徐复观手里合为一类，即新体诗的赋。他认为，新体诗的赋导源于《诗》三百，经《荀子》之《成相》《赋》篇在四字句中掺入杂言以造成"诗体从三百篇的解放"，至西汉而"开始在形式上离诗体而独立"③。这样一来，四言诗体赋和文赋便统一在"新体诗的赋"此一名义下，构成了历时演变的关系，前者为后者所从出、所取代。至于四言诗体赋在

---

① 徐复观《儒道两家思想在文学中的人格修养问题》，徐复观《中国文学精神》，第9页。详参徐复观《中国艺术精神》各章论述，上海：华东师范大学出版社，2001年。

② 马积高《赋史》第一章第一节，第三章第一节，上海：上海古籍出版社，1987年，第1—7、52—57页。

③ 徐复观《西汉文学论略》，《中国文学精神》，第357、361页。

西汉是否作为一独立类型存在，则语焉不详。对其说可以指出两点：

第一，从西汉赋看，四言诗体、散文体和楚辞体相互渗透，乃是常见现象。楚辞体和四言诗体、和散文体相杂之例，徐复观已自言之①；散文体与四言诗体间杂，则《西京杂记》所载枚乘、邹阳、公孙乘、路乔如、公孙诡诸赋皆是。这些作品出自汉人或后世伪托，但应保存了汉赋的一些形式特征。《荀子》中各赋，四言诗体杂以散文体，亦当理解为普通的文体渗透，而不是散文体"取代"四言诗体过程中的一个中间环节。因为四言诗体赋到汉代仍独立存在，未曾消亡。西汉今存如刘安《屏风赋》（见《古文苑》卷三）、孔臧《杨柳赋》《鸮赋》（均见《孔丛子·连丛上》），身份在疑似之间。但两汉之交刘歆《灯赋》、扬雄《酒赋》《逐贫赋》，都是纯粹的四言，《逐贫》尤为洋洋大观，足证四言诗体赋西汉犹存，和文赋不是一脉相传、为彼所代的关系，二者不能简单划归同一系统。

第二，即使接受徐复观形式上的两分法，新体诗的赋与供奉性，楚辞体的赋与抒情性，也不存在一一对应关系。他自己已经指出，供奉性的赋也会"因迎合汉廷爱楚声而偶用骚体"②，其实抒情性的赋又何尝不用新诗体（或者说，文赋体）？最著者可举东方朔《答客难》为例，这是作者吐露心声的作品，形式则为纯粹的文赋，后来仿作如扬雄《解嘲》、班固《答宾戏》、崔骃《达旨》、张衡《应闲》、蔡邕《释诲》乃至韩愈《进学解》、柳宗元《起废答》等等，莫不取文赋的形式，形成一个传统。可见新体诗的赋与供奉性，也不存在刻板对应的关系。

徐复观既重人格修养，在他看来，文学作品自可分为体现作者人

———————————————————

① 徐复观《西汉文学论略》，《中国文学精神》，第362页。
② 徐复观《西汉文学论略》，《中国文学精神》，第367页。

格和不体现作者人格两种，供奉性和抒情性之分的实际内涵即在于此。他又相信形式和内容不可分①，故而对应着内容上供奉性和抒情性的二元对立，形式上也划分出新体诗的赋和楚辞体的赋两大系列。现在看来，徐复观为适应一贯思想，有意无意之间，简化了复杂的史实，其说尚须斟酌。并且他既重抒情性，必然对楚辞体的赋评价较高。而从文学发展角度说来，骚体和四言诗体赋在汉代因多革少，文赋却是取得了长足进步，无疑更值得关注。

《环绕李义山（商隐）〈锦瑟〉诗的诸问题》一文则试为李商隐生平立一新解。徐复观提出，李商隐一生郁郁不得志，不是受令狐氏所属牛党的排挤，而是出于丈人王茂元的抑压。文章从一个很有意思的问题出发：李商隐早先获令狐楚的提携，若说他因和属李党的王茂元家结亲而开罪牛党，致遭排抑，那么，"义山婚后十年乃李党全盛之时"②，牛党并未得势，为何仍屈居下位？至于王茂元出乎常情，压制自己的女婿，原因有二：（一）李商隐婚后和令狐家依旧来往，小人进谗，王茂元误以为他出入牛、李两党，游移不定，遂薄其行。（二）丈人嫌女婿长得不够漂亮。

同一历史事实，随着主观立场的转移，原可能作不同的理解。如用李商隐婚后未得李党援手来证明其一生无与于党局，徐复观这样说，吴调公《李商隐研究》一书也这样说。但再进一步，徐文认作王茂元抑制的结果，吴著则执为义山为人正直、无意侥幸求进之证③，类似分歧，殊难取舍。又如小人谗言，使得王茂元鄙其无行，徐复观所举李

---

① 徐复观《西汉文学论略》，《中国文学精神》，第369页。参看《儒道两家思想在文学中的人格修养问题》对《文心雕龙》的解读，同书，第11页。

② 徐复观《中国文学精神》，第288页。

③ 吴调公《李商隐研究》，上海：上海古籍出版社，1982年，第47—48页。

商隐剖白心迹的诗文，既可说是为王茂元而发，亦可说是为令狐绹而发；诘斥鼠辈的作品，对象范围更是宽泛，总之证据也嫌不够坚实。

余下来还有一条理由：义山貌寝见弃。前面这些迹象皆可作不同解释，唯独长相不佳，见嫌于妻党，倒有可能。所以这一点，实际上对整个考证过程起了定向作用。若成立，则李商隐为王茂元所抑之说的可信程度，将会大大增加。可惜这里徐文提供的证据[①]，仍觉力度不足。如《安定城楼》诗"王粲春来更远游"，释作自谓如王粲之貌寝，未免求之过深。《咏怀寄秘阁旧僚二十六韵》"面貌乏凝脂"，《祭外舅赠司徒公文》"终无卫玠之风姿"，《为举人上翰林萧侍郎启》"陋若左思，丑同王粲"等，亦可视作谦辞或愤激之辞。事实上，也不难找到反证。义山《重祭外舅司徒公文》有"虽吕范以久贫"之语[②]。《三国志》卷五六《吴书·吕范传》："吕范，字子衡，汝南细阳人也，有容观资貌。邑人刘氏，家富女美，范求之。女母嫌，欲勿与，刘氏曰：'观吕子衡宁当久贫者耶？'遂与之婚。"[③]此典用于岳父的祭文，特显贴切。刘氏因吕范"有容观资貌"而预言他不当久贫，以女妻之，类推李商隐，或也不致太丑。而且就此来看，王茂元是观其有远器，女儿嫁过去不会长久吃苦才允婚的。如果说婚后反而痛加抑制，岂非不近情理？何况徐文又说李商隐乃是中进士第后游宴曲江，与王茂元女目成心许的[④]，试问以一貌陋之人，又怎能使官宦家的小姐一见之下，遽尔倾心？

徐复观力主李商隐为王茂元所抑之说，有个很重要的原因，即是

① 徐复观《西汉文学论略》，《中国文学精神》，第300页。
② 周绍良主编《全唐文新编》，长春：吉林文史出版社，2000年，第9323页。
③ （晋）陈寿《三国志》卷五六，北京：中华书局，1982年，第1309页。
④ 徐复观《西汉文学论略》，《中国文学精神》，第300—301页。

李商隐某些为自己辩白乃至求情的诗文，太低声下气，若是为平辈令狐绹而作，则"义山在读者心目中乃是一个非常寒酸得可怜的妾妇型的人物"①；若是为王茂元而作，则以对方岳父之尊、亲戚关系之近，一切委曲求全，都可以得读者的谅解。徐复观既特别注重作者的人格修养，认为作者精神层级的高低，最终决定了作品价值的高低②，因而对中国文学史上第一流的大作家，往往倾向于将其人格完美化。不仅特地为义山洗刷，连《西汉文学论略》也专写《司马相如的再发现》一节，以阐明司马相如的伟大人格。他说司马相如"有一颗高贵的自由之心"，"亦未尝不以功名自喜"③，即分别属于道家的"虚静之心"与儒家的"仁义之心"，同他所说"人格修养"的具体内涵正相呼应。对史实的阐释和一贯思想立场，吻合度惊人。然而对于李商隐，徐复观亦指出，他性格中缺少毅力、韧力④，则屡受挫折后，时露乞怜之态，也很容易理解，又何必曲为之讳⑤？

二　人格修养的西学底蕴

应当看到，徐复观强调文学创作中人格修养的作用，有政治方面

---

① 徐复观《西汉文学论略》，《中国文学精神》，第302页。
② 徐复观《儒道两家思想在文学中的人格修养问题》，徐复观《中国文学精神》，第6页。
③ 徐复观《中国文学精神》，第368页。
④ 徐复观《环绕李义山（商隐）〈锦瑟〉诗的诸问题》，徐复观《中国文学精神》，第311页。
⑤ 以上所论，是徐复观的李商隐研究之大节，其他尚有一些字句释读方面的支离之病。如《无题》："身无彩凤双飞翼，心有灵犀一点通。"释作与所向往之人形迹虽隔，心灵相通，本极妥帖，徐氏谓前句写与妇翁之隔膜，后句写与妻子之亲密（徐复观《中国文学精神》，第289页），使得两句意脉中断，顿觉生气索然。又如《安定城楼》："永忆江湖归白发，欲回天地入扁舟。"徐氏看见"扁舟"字样，便以为活用范蠡、西施故事，说："下句是自己的本意是欲旋乾转坤［回天地］，对时局有所建立，但事实上恐只落得载西施以入扁舟而已。"（徐复观《中国文学精神》，303页）硬生生插进一位西施，"天地"和"扁舟"之间，乃若渺不相关，又使得一句之内，意脉中断。

含义。《儒道两家思想在文学中的人格修养问题》指出："真正束缚文学发展的最大障碍的，是长期的专制统治"，因为"在专制之下，刀锯在前，鼎镬在后，贬逐饥寒弥满于前后之间，以设定人类良心所不能触及的禁区"①，严重影响人格的健全。他倡导人格修养，便有反专制的意义。如说孔、孟之学是"'人民而政治'的理想"，庄子之学是"追求政治自由最力的思想"②，即欲拿儒、道两家接通民主与自由。必认识到此一层，对徐复观立说的苦心，方能得其真解。不过撇开此点，徐氏既以儒、道两家接通西方的民主与自由理想，他处理中西文化关系时的立场，也让人很感兴趣，下面稍作讨论。

印象中，大陆或从大陆到海外的学者，和台湾或从台湾到海外的学者，遇到这一问题，态度有所差别。大陆一方常比较明确地主张借鉴西方资源。如秦晖在文化—象征符号体系中，要求"西儒会融，解构法道互补"，以中国传统的人格资源与西方现代制度安排结合，消除原来专制制度下强权—犬儒互补的人格弊病③。又如张旭东在海外被一些人视作民族主义者，对中学和西学，他却说："所谓的'西学讨论'不仅记录了当代中国文化意识和历史意识的具体发展，而且本身就是这种意识成型或'自觉化'的符号空间和思想媒介，可以毫不夸张地说，当代中国思想生活对'西学'符号笼罩下的世界历史性问题的创造性介入是衡量当代中国社会的内在活力的一个尺度。"由此甚至得出一个结论："'传统'或'国学'的未来完全取决于我们在'西学讨论'

———————————————

① 徐复观《中国文学精神》，第16页。
② 徐复观《中国艺术精神》，第27、28页。
③ 秦晖：《西儒会融，解构"法道互补"——典籍与行为中的文化史悖论及中国现代化之路》、《穷则兼济天下，达则独善其身》，秦晖《传统十论——本土社会的制度、文化及其变革》，上海：复旦大学出版社，2004年，第167—248、249—260页。

里能走到哪一步"①。回头看台湾一方，则多重视中国传统自身的生长能力。譬如林毓生之说，便和徐复观不无近似，这里略为辨别一下二者异同：

林毓生提倡"中国传统的创造性转化"。他承哈耶克之教，严格辨析"民主"和"自由"两个概念的外延和内涵。中国传统向民主和自由的转化，是"创造性"的转化。坚持转化中国传统而不直接借鉴西方，则是为了"继续保持文化的认同"②。

徐复观如前所述，以儒家对应民主，以道家对应自由。他似乎相信，中国传统中本来就有西方意义上民主和自由的要求，只要通过适当的客观解读，将这些内容发露出来即可（其解读实际上有否作过主观发挥，则是另一问题）。

台湾学者特别重视中国传统自我生长能力，除了承传前代学者的思路以外，在学术层面上可能有两个原因：第一个原因是对抗费正清、列文森等西方汉学家研究近现代中国历史时构建的"挑战—回应"模式。汉学家说，对西方列强依仗雄厚实力打破国门带来的社会和文化"挑战"作出"回应"，是19世纪中叶以来中国发展的动力。台湾学者就说历史发展向来有内在动力，不是外在"挑战"的反应物。林毓生谈到译介西方汉学时，就推荐史华兹的著作，而且特意说到列文森的书用预设框架剪裁史料，主观痕迹太深，似可暂缓引进。第二个原因或是受东邻日本的影响。如丸山真男的《日本政治思想史研究》，即致力于从日本思想史内部发掘自身的现代性资源，并指明由此形成的日

① 张旭东《批评的踪迹：文化理论与文化批评，1985—2002》，北京：生活·读书·新知三联书店，2003年，349页。
② 林毓生《民主自由与中国的创造转化》，林毓生《中国传统的创造性转化》，北京：生活·读书·新知三联书店，1988年，291页。

本近代思维不同于欧洲近代思维①。丸山真男此书初版于 1952 年，徐复观年辈虽长，正式踏入学界，也要等到 20 世纪 50 年代，加上靠近日本，从时、地两方面看，均有受日本学界影响的可能。

在完全用西方标准衡量中国传统这一点上，林毓生与徐复观相同；在注重中国文化特殊性这一点上，林毓生又较为强调，徐复观则认定中西文化在终极之地是同一的。如此说来，徐氏既不认为中西文化根本不同，又接受西方的价值标准，又有什么必要重视中国传统自身的生长能力？

关键就在于，徐氏没有意识到自己所持的是西方标准。《儒道两家思想在文学中的人格修养问题》一文说儒、道两家"所把握的心，不是像希腊系统的哲学一样，顺着逻辑推理向上、向前（实际是向外）推出来的，而是沉潜反省，在生命之内所体验出来的两种基源地精神状态。不从表达这种精神状态的形式、格局着眼，而仅从精神状态的自身去体认，便应当承认'人同此心，心同此理'的判断"②。按此说法，东、西方人精神状态并无实质区别，而在此方面，儒、道思想远比西方哲学表达真切。说得极端一点，西方人的想法，自己没讲清楚，还是中国的儒、道两家替他们说明白了。中国传统文化，自然应该重视。其实若无西方思想资源的背景，又怎能从儒、道中读出民主与自由来？接受而不自知，是徐复观面对西方思想资源时的状态。

至于中西文化终极相通，上引一段话里已经涉及，不妨再引一段："一位伟大的作家或艺术家，尽管不曾以儒、道两家思想作修养之资，

---

① 丸山真男《日本政治思想史研究》，王中江译，北京：生活·读书·新知三联书店，2000 年。关于丸山真男理路中的内在矛盾，参看此书所收孙歌《丸山真男的两难之境》，"代译序"第 1—45 页。

② 徐复观《中国文学精神》，第 15 页。

甚至他是外国人，根本不知道有儒、道两家思想，可是在他们创造的心灵活动中，常会不知不觉的，有与儒、道两家所把握到的仁义虚静之心，符应相通之处。"①中西政治、艺术等领域的相通，基础皆在于心性上的符应。论证到这个层面，徐氏已然进入了哲学家的领地。

在熊十力弟子里面，唐君毅、牟宗三都有做哲学家的抱负，只有徐复观是史学家。但此地，他显然无意间转换了角色，站在哲学家的立场上发起言来。新儒家以接续宋明理学传统自任，心性之学自是关注的焦点。一谈到人普遍的心性问题，那就是置身理学体系之内进行讨论，不是纯粹史学的研究了。

德里克对20世纪80年代东亚儒学复兴的评价，颇发人深思。他说："虽然儒学复兴可能是早期新儒学讨论的哲学后嗣，但其出发点是当时的世界形势，……资本主义面临的新形势与种种矛盾，也建构了儒学复兴的话语。"②它首先承认了西方的资本主义现代性阐释框架，在此基础上倡导儒家文化参与、反思、修正现代性的能力，重新论证儒家精神与资本主义现代化的相关性。这种相关性则建立在儒家文化的普遍主义特征之上，杜维明便是著例，"他强调，儒学像基督教一样，是一种普遍的人文主义，可以融合到不同的文化与宗教传统中去"③。这里想补充两点：第一，作为新儒学讨论的哲学后嗣，东亚儒学复兴的一些思想至迟在港台新儒家那里已略见端倪。如接受西方的价值评判标准、强调儒家思想的普遍主义特征等等，徐复观身上都有所表现。第二，港台新儒学和东亚儒学复兴所理解的儒学，实已蜕化

① 徐复观《儒道两家思想在文学中的人格修养问题》，徐复观《中国文学精神》，第14页。
② 阿里夫·德里克《边界上的孔子：全球资本主义与儒学的重新发明》，郝田虎译，德里克《后革命氛围》，北京：中国社会科学出版社，1999年，233页。
③ 阿里夫·德里克《边界上的孔子：全球资本主义与儒学的重新发明》，郝田虎译，德里克《后革命氛围》，第250页。

为西方现代性标尺的一个变体，以之疗救20世纪50年代以来西方资本主义社会新的弊病，在某种程度上是在用现代性反后现代性①。儒学的倡导者拿儒学代替赤裸裸的西方现代性标尺，遂把一时间性的问题转换成了空间性的问题，转换成了东、西方文化的对立。德里克就认为，归根结底，东亚儒学复兴只是一套争夺资本主义世界话语霸权的民族主义策略。而在思维方式上，推重东方与西方中心主义并无本质差别，都视东、西方为二元对立关系，"都源于为他们自己的文化主义建构所遗忘了的本质主义文化观"②，都只能加重东、西方的对立情绪。这一评价，是否亦可或多或少地应用在港台新儒家身上？

东、西方二元对立的观念如今已经受到越来越多的质疑。上引张旭东语，把"西学"和"世界历史性问题"分开，即是承认有一个超越于"中学"和"西学"之上的"世界问题"。但他接受了"西学"和"中学"对立并占上风的现实，同时呼唤中国当代思想的"创造性介入"。他希望在东、西方文化的对话中凸现异质性，在东、西方的异质性中

---

① 徐复观对意识流、达达主义等屡表反感，正可从这一角度理解。他的批评对象多是现代艺术，或许是受知识结构的限制。但在现代性的各个领域中，现代文化艺术是和后现代性最紧密相关的。"后现代"一词即首见于绘画领域（1870年前后），丹尼尔·贝尔《资本主义文化矛盾》一书就说后现代是"艺术领域中的现代主义运动及其波西米亚亚文化的延续"，"因此，后现代时期乃是把现代主义［文化艺术］的反叛引向日常生活领域的产物"。参看［美］斯蒂文·贝斯特、道格拉斯·凯尔纳：《后现代理论：批判性的质疑》（张志斌译，北京：中央编译出版社，1999年）第一章第一节的梳理。

② 德里克《边界上的孔子：全球资本主义与儒学的重新发明》，见《后革命氛围》262页。这一观点承袭自萨义德。萨义德在《东方学》的绪论里开宗明义便说："东方学"一词的多种含义之一是"一种思维方式，在大部分时间里，'the Orient'（东方）是与'the Occident'（西方）相对而言的，东方学的思维方式即以二者之间这一本体论和认识论意义上的区分为基础。"（王宇根译，北京：生活·读书·新知三联书店，1999年，第3—4页）因此东方社会内部也会产生东方学。

窥见世界问题①，并没有过多探究这个二元对立框架本身的构建过程，他的治学方向不在这里。在此问题上，汪晖的研究值得注意。他曾经描述自己的学术思路："传统/现代、中国/西方的二分法是中国现代历史中的持久主题，也是中国现代历史叙事的基本框架。在我的历史叙事中，我只是将它们作为主题来处理，而拒绝将之作为历史叙事的基本框架。"②将东、西方的二元对立作为主题而非预设框架，意味着把这一框架历史化，追寻它的构造过程，尽力还原它起步之时各种力量纠结争斗的混乱状态，发现它的偶然性，否认它的历史必然性，否认东方和西方各自被看成是不言自明的主体性。一句话，对这一框架本身，也要进行谱系学研究。在《现代中国思想的兴起》中，汪晖重申："后启蒙时代的欧洲东方论述在东方/西方的本体论和认识论差异之上建立关于东方的知识。这一知识为殖民主义知识和民族主义知识提供了共同的认识论框架。"他则"试图将'中国'表述为一种在历史进化领域中由各种力量相互作用而形成的不断演化的存在来突破这一框架"③。当然，对这一进路也可以提一些问题，例如：今日的学者，完全取消所有主体性（包括民族国家的主体性）、坚持福柯意义上的谱系学研究是否可能，这个问题不仅是理论层面的，也是现实乃至政治层面的；如果必须有限度地肯定一部分主体性，其限度在何处，这一态度和反主体性的谱系学的结合点又在何处，等等。但无论如何，对二

---

① 一个本雅明式的论题。本雅明重视翻译，想在不同的现实语言冲突和互补之际，呈现他那个具有总体性、超脱于各种现实语言之上的"纯粹语言"（参看本雅明：《译作者的任务》，张旭东译，收入汉娜·阿伦特编：《启迪：本雅明文选》，中译本，香港：牛津大学出版社，1998年，第68—69页）。张旭东开始进入学界，是翻译本雅明的《发达资本主义时代的抒情诗人：论波德莱尔》（北京：生活·读书·新知三联书店，1989年），他的这一理路，明显受到本雅明思维方式的影响。不过他明确的历史性维度则为本雅明所无。

② 汪晖《汪晖自选集》，桂林：广西师范大学出版社，1997年，"自序"第5页。

③ 汪晖《现代中国思想的兴起》，北京：生活·读书·新知三联书店，2004年，"前言"第2页。

元对立框架的反思会给我们提供一个新的思考角度，或许，也是一个新的起点。

三　在德性论与规范论之间

徐复观对人格修养的重视，又令人想起伦理学中德性论和规范论的对峙。传统伦理学形态主要是德性论，现代伦理学以规范论取而代之，至今已是弊病丛生，德性论重新又受到关注。强调人格修养，属于德性论一路，就西方当代伦理学而言，比较接近麦金太尔的理论，而麦金太尔的直接对立面是罗尔斯，因此这里打算集中在他们两家学说脉络里讨论这个问题，最后回头对徐复观先生的立场作一评估。进入具体分析之前，先简单回顾一下 20 世纪西方伦理学的发展历程。

20 世纪提交给伦理学的，首先是这样一个问题：道德知识具有地方性，植根于特定文化传统，不同传统各持一套道德伦理标准，相互不可公度。既然道德知识不具备普遍性，伦理学怎能证明自身作为一门学科的合法地位？最为尖锐极端的攻击，来自尼采《论道德的谱系》。为自身的知识合法性辩护由此成为 20 世纪前中期伦理学的核心课题，元伦理学（meta-ethics，或译后设伦理学）占据主流。20 世纪后期，辩护演化为各个层面的各种争论。罗尔斯于 1971 年发表《正义论》，使得伦理学从学理式的纯知识论探究再度折入康德一系的规范伦理学。麦金太尔继之而起，以美德伦理抗衡规范伦理。他本人不太愿意将自己定位为道德共同体主义者，美国乃至整个西方学界却有此共识。这两家的观点，有着一定代表性①。

---

① 参看万俊人《道德谱系与知识镜像》，《读书》2004 年第 4 期。

　　麦金太尔批评自由主义伦理学："起初，自由主义的主张是提供一种政治、法律和经济的构架，在这一构架中，对同一套合理正当的合理性原则的认同，使那些信奉各种广泛不同的和不相容的人类善生活概念的人们能够和平地共同生活在同一社会里，分享着相同的政治地位，介入相同的经济关系。"对那些"各种广泛不同的和不相容的人类善生活概念"本身则置之不问。于是，"任何一个领域对意向性或对各种资源的要求又一次由个人爱好的总和和讨价还价来决定。因此，对人类生活的所有领域来说，而不是仅对明确的政治和经济交易来说，应该有可接受的讨价还价规则，这一点很重要。……这样，这种有效性便成了自由主义现代性的核心价值观。"①这段话阐明了自由主义和规范伦理学的逻辑关联。"可接受的讨价还价规则"发展至极限，便是罗尔斯提倡的"纯粹程序正义"。"纯粹程序正义"概念意谓，当我们无法断定何种结果合乎正义时，可以遵循合理的程序运作，只要程序合理，无论得出什么结果都是正义的。麦金太尔不能认同将纯粹的规范作为道德生活的首要原则，希望通过历史追溯，重新为美德奠定实质基础。但是应该指出，罗尔斯的理论当中，"纯粹程序正义"在不同领域的贯彻程度是有差异的。

　　罗尔斯认为，在一个基本政治、社会、经济权利得到保障之后的社会，所谓正义，应当满足两项原则：

　　（一）每一个人，在与所有人同样的自由权体系兼容的情况下，都有平等的权利去拥有最广泛平等的自由权体系。

---

① 阿拉斯戴尔·麦金太尔：《谁之正义？何种合理性？》，万俊人等译，北京：当代中国出版社，1996年，第440、442页。

　　（二）社会和经济的不平等要符合两个条件：这种不平等必须（1）符合处于最不利地位者的最大利益；以及（2）与这种不平等相依系的地位和职位在机会平等的条件下对所有人同等开放。①

　　前者是差异原则，后者是机会均等原则，这两条原则划分开了政治法律与社会经济两个领域。在前一领域，为保护所有人的公民和政治权利，要求立法者对自己在未来法律结构中的地位处于无知状态，制定法律时才不会有所倾斜，所以要设计一整套程序，确保立法者是在"无知之幕"下作的。罗尔斯在政治法律领域的规划，完全符合"纯粹程序正义"。在后一领域，社会经济决策者对利益分配则显然不再处于完全无知状态，而应是有意识地向弱势群体倾斜。"纯粹程序正义"主张程序运作合理，不管结果是否正义，说得更准确一点，对正义之标准没有预设的价值判断。然而罗尔斯在社会经济领域的规划，已然预设了优先保护处于最不利地位者利益的正义诉求，不完全符合"纯粹程序正义"。对此矛盾，西方学者多有质疑。罗伯特·诺齐克批评罗尔斯一边维护政治自由，一边限制经济自由；大卫·米勒则直言"纯粹程序正义"在第二项原则中，效力大打折扣②。中国学者介绍《正义论》，有时候干脆说"纯粹程序正义"概念是专为立法设计的，旨在保护公民政治权利③。后来在《政治自由主义》一书导论里，罗尔

————————————

① ［美］约翰·罗尔斯《社会统一与基本益品》，［美］约翰·罗尔斯《罗尔斯论文全集》，陈肖生等译，长春：吉林出版集团有限责任公司，2013年，第409页。

② 参看［日］川本隆史《罗尔斯：正义原理》，詹献斌译，石家庄：河北教育出版社，2001年，第134页；石元康《罗尔斯》，桂林：广西师范大学出版社，2004年，第65页。

③ 信春鹰《正义是社会制度的首要价值》，《读书》2003年第6期，第125—126页。此文的介绍大体简明切要，但这一处理，恐非罗尔斯原意。

斯承认，《正义论》没有清晰区分道德正义学说与政治正义学说①。他的社会经济规划，无意间恰为道德正义学说留下了发展空间。

为什么对政治法律和社会经济两个领域作不同处理？罗尔斯未给出任何理论说明②。在我看来，马克斯·韦伯《经济与社会》书中对法律和经济两个领域差别的辨析，恰可为之提供依据。依韦伯的思路，"法官要贯彻立法者（假如他们存在）的意志，而参与经济活动的人不必贯彻经济政策制定者（如果有这种人的话）的意志。……因此，在法律中，与经济不同，'实质合理性'是一个纯粹的社会学范畴，它指的是法律规则的制定要服务于一定的目的或反映法律之外的规范——换言之，它即（既）是目的合理的，又是价值合理的。"③罗尔斯逆向而行：法律既然贯彻立法者的意志，怎样防止立法者假公济私，使法律最大限度地公正，自然成为头等大事。自由主义的社会契约论建立在人皆自爱这一假设之上，不允许寄希望于立法者个人的道德完善，合理的程序设计是唯一出路。而韦伯对法律领域工具理性与价值理性相统一特性的揭示，反过来又宣告了罗尔斯的"纯粹程序正义"背后，必然有价值取向在起作用，不可能是"纯粹"的。哈贝马斯就认定罗尔斯的学说仍只是反映了统治阶级的利害关系④。在此领域，麦金太尔的批判有其合理性：纯粹的规范无力独自承担道德重任。而在经济活

---

① ［美］约翰·罗尔斯《〈政治自由主义〉导论》："在我对《正义论》一书目的的概述里，社会契约论传统被看作是道德哲学的一部分，没有区分道德哲学与政治哲学。在《正义论》中，一种普遍范围的道德正义学说没有与一种严格的政治正义观念区别开来。在完备性的哲学学说、道德学说与限于政治领域的诸观念之间也未作任何对比。然而，在本书这些演讲中，这些区分及相关理念却至关重要。"黄成林译，收入汪晖、陈燕谷选编《文化与公共性》，北京：生活·读书·新知三联书店，1998年，第223页。

② 参看石元康《罗尔斯》，第44页。

③ ［英］迈克尔·H.莱斯诺夫《二十世纪的政治哲学家》，冯克利译，北京：商务印书馆，2001年，第26—27页。

④ 川本隆史《罗尔斯：正义原理》，"序言"第5页。

动中，市场具有自主形成规范的能力，每个人在市场中的要求也比较单纯，即追求经济利益最大化。在此条件下，要求于经济决策者的，不是消极的不偏不倚，而是有意地偏向弱势群体，积极预防市场规范在追求利益最大化的驱使下由理性转化为非理性（正是马克斯·韦伯，在这一点上早早地敲响了警钟）。这是罗尔斯在社会经济规划中自动为道德正义学说留下空间的内在原因。

　　无论从政治法律领域还是从社会经济领域来看，麦金太尔高举美德伦理，以矫正罗尔斯的规范伦理，均有合理之处。但罗尔斯的理论至少给我们两点启示：第一，伦理学要重视规范维度。第二，政治法律与社会经济两大领域，应该区别对待。在前一领域，规范建设是第一要义。至于麦金太尔，他提倡美德伦理，主要为反对自由主义的规范伦理，影响虽大，正面的理论建树并不太多①。这里也只提两点：第一，经过从尼采到元伦理学对伦理学基础的质疑和补证，他不得不承认道德知识依附于特定文化传统，"除开由这种或那种特殊传统所提供的东西之外，便不存在任何坚实的根据、余地和方式去进行推进、评价、接受和否定性推理论证的实践。"②在此认识上，他进一步倡导不同传统之间的平等对话和互补，因为对任何传统来说，"恰恰是在它尚不能领悟的外来传统的那一方面，另一个传统可能在一个或多个领域在合理性上比它优越。"③麦金太尔相信，各传统从交流中可以获致某些道德共识。第二，处在规范伦理学风行一时之后，他不得不重视规范的作用，当为找寻美德伦理的源头而重回古代时，他在古希腊的正

---

① 迈克尔·H.莱斯诺夫《二十世纪的政治哲学家》就说麦金太尔反对自由主义时的理论论证"既粗糙又无新意"，第7页。
② 麦金太尔《谁之正义？何种合理性?》，第459页。
③ 麦金太尔《谁之正义？何种合理性?》，第505页。

义概念中却读出了两层内涵：作为美德的正义和作为规则的正义①。麦金太尔的学说，实际上是一个以美德伦理为旨归，兼取元伦理学和规范伦理学内容的综合体系。

在罗尔斯和麦金太尔彼此针锋相对的态势之中，仔细观察，却可发现当代伦理学里规范论和德性论两极逐渐相互渗透的趋向。回过头来检讨徐复观拿人格修养反专制政治的设想，就中某些因素，如重视自身文化传统、推崇人格修养等，固然值得肯定。但也有三点可商之处：

（一）从传统伦理学的德性论转换到现代伦理学的规范论，原本是种进步。传统德性论追求内心世界同一化，本身存在专制因素。现代规范论只规定外在社会行为，不问内心想法，从而开辟出了自由的空间。从上文所引麦金太尔对自由主义伦理学的批评中，已可看到这一点。罗尔斯《政治自由主义》一书也着意声明，他的自由主义仅适用于政治领域，在善恶观方面则是多元兼容的②。规范论推行至极，乃有内在德性匮乏之弊，又须德性论为之纠偏。这时候特别应当注意消解德性论原有的专制色彩。徐复观推崇人格修养，并把修养之资限制在儒、道两家，视中国传统文化为一均质实体，若彻底推衍下去，有走向思想专制的危险。

（二）今日重拾德性论，对规范论已经不能不加考虑，仅仅重视人格修养是不够的。徐复观力图用人格修养反抗专制政治，然而，根据罗尔斯对政治法律领域与社会经济领域的划分，恰恰在政治领域，制

---

① 麦金太尔对"正义"概念的词源学考察，见《谁之正义？何种合理性？》第二章《荷马史诗想象中的正义和行动》；对此一概念两层内涵的详细解释，见同书第三章《后荷马史诗遗产的分化》。
② 参看迈克尔·H.莱斯诺夫：《二十世纪的政治哲学家》，第320—321页。

度建设是首要之务，人格修养在此一领域所能发挥的作用微乎其微。徐氏这条路，根本难以走通。

（三）必须充分意识到，道德知识依附于特定文化传统，彼此的差异难言是非，更难分优劣。麦金太尔提倡各文化传统之间平等交流，这又联系上了前文探讨过的中西文化关系问题。麦金太尔之说比较平实，对各传统本身不言自明的主体性未加反思，因而也无力应答后现代主义否定主体性的潮流①。当然，上一节已经提及，完全取消民族国家的主体性，其实大可怀疑；这不仅是个理论难题，也是个现实乃至政治难题。民族主义实际所起的效用，不容抹杀。萨义德早就表态："我不想让别人误认为我持有一种简单的反民族主义立场。民族主义——恢复社区、辨明身份、新文化的出现——作为一种动员起来的力量激励起并推进非欧洲世界各地的反西方统治的斗争。这是历史事实。反对这一事实就像否认牛顿发现引力一样徒劳。"②要提醒的只是，民族主义的反压迫斗争不能绝对化，演变成唯我独尊。具体到21世纪，民族主义更是一个亟待超越的分析框架。然而，即便和麦金太尔比较平实的主张相比，徐复观的立场也不免偏颇。他通过凸显儒、道两家的普遍主义特征，事实上使之凌驾于西方文化传统之上。这种态

① 这点和哈贝马斯的"交往行为理论"一比较便知。哈贝马斯对主体性的思考浓缩在以下一段话里："要想就某事达成共识，参与者不仅要理解他们在表述过程中所使用的命题的意义，而且相互之间在没有旁观者的语言共同体中要同时承担起言语者和听众的角色。言语者的角色所决定的这种相互关系使得自我关系成为可能，而自我关系决不会把认知或行为主体的独立反思当作前提意识。相反，自我关涉源自互动关系。"（于尔根·哈贝马斯：《康德之后的形而上学》，哈贝马斯《后形而上学思想》，曹卫东、付德根译，南京：译林出版社，2001年，第24页）他提出，主体性正是通过交往行为重建起来的，走一条由主体间性到主体性的路线，由此构成对后现代主义拆解主体性依据的回应。一般提倡平等交流如麦金太尔的理论，则是在预先承认各方主体性的基础上再来进行交往，路向恰好相反。
② 萨义德《抵抗文化的主题》，萨义德《文化与帝国主义》，李琨译，北京：生活·读书·新知三联书店，2003年，第310页。

度无助于东、西方文化的平等对话，也无助于自身传统的真正演进。如果说徐复观当时取此立场，尚有其历史合理性，今天我们却不能停留在此一认识水平。在最后，重温萨义德《文化与帝国主义》一书结尾的一段话，或许不无裨益：

> 更充满同情、更具体、更相对地考虑他人，要比考虑自己更有益、更困难。但这也同时意味着不去企图统治他人，不去把别人分类、分高下，特别是，不去不停地强调"我们"的文化和国家是天下第一（或者在这一方面，不是天下第一）。对于知识分子来说，放弃了这点，还是有极具价值的工作可做的。①

---

① 萨义德《运动和流动》，萨义德《文化与帝国主义》，第478页。

第二节 目录提要与学术史：

潘雨廷《〈道藏〉中所收〈老子〉注本提要》的定位

潘雨廷先生写过《〈道藏〉中所收〈老子〉注本提要》（以下简称"潘文"），较早清理了一部分《道藏》。而今《道藏提要》（以下简称《提要》）出版，两相比较，使得潘文特色更加显明。今试加剖析，并在此基础上，对于目录提要的定位，及其与学术史的异同略作思考①。

一 思想与书籍之间：潘文的六个特点

潘文开篇说："注释者得原书确有之几而阐明发挥之，流长正显源深。穷流竟源，方可概观《道德经》之旨，对纷纭之评价，亦可各置其所。"②此文之作，兼"竟源"与"穷流"二意，宗旨正是"辨章学术，考镜源流"。凭借潘先生深厚的思想史素养，在这方面屡见精义。如原题时雍《道德真经全解》，潘文谓"此书盖明《道德》合诸《黄庭》之理"③；《提要》亦谓"是解以自然为宗"，又"杂入道教方术"④。但前者复结合思想背景，指出此书成于王阳明悟道之前，而内、外丹合一的

---

① "目录提要"之名本不甚妥，但自清修《四库》以来，沿用已惯，故仍其旧。其误参看余嘉锡《目录学发微》卷一"目录释名"条，余嘉锡《目录学发微 古书通例》，上海：上海古籍出版社，2014年，第24页。

② 潘雨廷《易与佛教 易与老庄》，沈阳：辽宁教育出版社，1998年，第113页。

③ 潘雨廷《易与佛教 易与老庄》，第133—134页。

④ 任继愈、钟肇鹏主编《道藏提要》（修订本），北京：中国社会科学出版社，1995年，第498页。

思路，已为全真教奠定了理论基础，定位更加确切。赵志坚《道德真经疏义》，《提要》因其《德经》部分编排近于强思齐《道德真经玄德纂疏》，将二者相提并论，仅着眼于迹之粗者①。潘文另有联想："赵氏此书亦法佛教之科判法，又对历代注《老》者，亦能加以明辨而知其旨，故可与薛致玄之书（按指《道德真经藏室纂微开题科文疏》与《道德真经藏室纂微手钞》）并观"，则透入一层，从旨趣、方法上阐明了此书渊源。对感兴趣的个别问题，潘先生也时时注意抉发、申说。譬如时间问题②，从北宋司马光《道德真经论》、张公深《道德真经集注》（题名误，详后）、元李道纯《道德会元》、杜道坚《玄经原旨发挥》直到明焦竑《老子翼》，诸书提要均有论及，俨然自成一条脉络。

关注点既在梳理思想线索，技术性工作未免相对轻视。譬如"无名氏《道德真经次解》"提要说："且古籍辗转抄写，脱字增字，误字借字，本不一而足，贵能得其全书之旨。或徒执若干字义而不知其他，何能得古人之意。"③于校勘一事置不屑道。呼应着这一倾向，潘文呈现出如下六个特点：

第一，对各书内容、体例说明较简。譬如对于林至坚《道德真经注》（书名从《提要》，详后），同样指出其体例是"以经解经"，潘文一笔带过④；《提要》则详加解释："于每句下，注经文一二语，转相发明，使人体会玩味经旨"⑤，就明白多了。潘文中注本按时代先后排

---

① 任继愈、钟肇鹏主编《道藏提要》（修订本），第514页。
② 张文江称潘雨廷毕生研究重点，是"宇宙与古今事物的变化"，宜乎其对时间问题特表关切。潘氏《论〈德道经〉的"执今之道"》一文，也表彰了《老子》一书对"古""今"两个时间概念的理解。潘雨廷《易与佛教　易与老庄》，张文江"本书说明"第1页，正文第149—156页。
③ 潘雨廷《易与佛教　易与老庄》，第146页。
④ 潘雨廷《易与佛教　易与老庄》，第144页。
⑤ 任继愈、钟肇鹏主编《道藏提要》（修订本），第515页。

列，为求简便，同一人著作合为一目。唐玄宗《御注道德真经》《御制道德真经疏》和后人托名的《御制道德真经疏外传》，彭耜《道德真经集注》《道德真经集注释文》和《道德真经集注杂说》，薛致玄《道德真经藏室纂微开题科文疏》与《道德真经藏室纂微手钞》，杜道坚《道德玄经原旨》与《玄经原旨发挥》等，皆不分目。由于言辞概略，同一目下各书内容、体例有何区别，常常不甚了然。

第二，对各书作者亦未深考。傅奕校定《道德古本》，《旧唐书》本传、《新唐书·艺文志》俱言他尚有《老子》注及音义，《续修四库提要》疑《古本》即其底本，而潘文无一语及之。适成对比的是，邵若愚《道德真经直解》，潘文却引其"货药于市，蓄妻养子"的自述，指出："唯其不废人事，整体乃成，方足以语道德云。"[1]从这两例来看，潘文只在作者行事与其思想密切相关时，略有介绍，一般不太关注；甚至关系书籍版本等情况的因素，也多所忽略。因此对作者生活年代的把握，时有疏漏。譬如李荣《道德真经注》列在陆希声《道德真经传》之后，似乎定为晚唐著作。实则李荣乃初唐高宗、武后时人，事见《旧唐书·罗道琮传》，骆宾王亦有《赠道士李荣诗》[2]。又如宋鸾《道德篇章玄颂》置于南宋，实则他为北宋人，事见《宋史·杜汉徽传》[3]。

第三，一书提要，主要是介绍书本身，但也未必。譬如明太祖《御注道德真经》本无奥义，潘文遂宕开一笔，叙述朱元璋扶持道教的国策、明代正、续《道藏》的编辑；又论说《道藏》价值，在于保存"黄老道发展之迹"，从中可窥"老子之道家"与"宗教之道教"两种

---

① 潘雨廷《易与佛教 易与老庄》，第135页。
② 任继愈、钟肇鹏主编《道藏提要》（修订本），第516页。
③ （元）脱脱等《宋史》卷二七一，北京：中华书局，1985年，第9285页。

走向，保存着作为"整体概念"的道教①。由书而论人，由人而论一代，由一代而论整部文化史。话题愈说愈大，愈说愈远，对《御注道德真经》本身的探讨，反而少得可怜。

第四，某些书的提要，但取相关之一节，非就整体立言。譬如原题顾欢《道德真经注疏》，实乃辑录前人著作而成②。潘文仅据所引《节解》与顾欢注，分析魏唐间《老子》一书的宗教化过程③，其余诸家悉不具论。

第五，潘文名为《老子》注本提要，所收却不尽为注本。扩大范围之下，阑入了《南华真经》（《庄子》）、《韩非子》、张君房《云笈七签》、宋鸾《道德篇章玄颂》、蒋融庵《道德真经颂》等书。前两部是先秦子书，第三部是道教类书，最后两部则是颂诗集。就原《道藏》分类也可看出，注本均属洞神部玉诀类，而上举三类五种，分别归入洞神部本文类、太玄部、洞神部赞颂类，界线分明，是很难混淆起来的。尤其前两类，根本不是专为《老子》而作，潘文也只能取其一节论之：《庄子》重《天下》篇，《韩非》重《解老》《喻老》，《云笈七签》重卷一"道德部"④，各书总体特色，概付阙如。大约因潘文涉及时代，自战国至明，而战国并无《老子》注本传世，以故引入《庄》《韩》，推见当时对《老子》的理解。问题是受题目所限，只能绍述《道藏》中收入者，而《道藏》不收的子书，若《荀子》之《天论》《解蔽》等篇，《尸子》（有汪继培辑本）之《广泽》篇，《吕氏春秋》之《不二》篇，对老子一派均

---

① 潘雨廷《易与佛教 易与老庄》，第146—147页。
② 潘文因"御曰"指唐玄宗，定为唐人所辑；《提要》因"陈曰"取自北宋陈象古《道德真经解》，判断此书"盖出宋人掇辑而成"。后者所言近是。潘雨廷《易与佛教 易与老庄》，第125页；任继愈、钟肇鹏主编《道藏提要》（修订本），第508页。
③ 潘雨廷《易与佛教 易与老庄》，第125—126页。
④ 潘雨廷《易与佛教 易与老庄》，第115—116、116—117、128—129页。

有论述，便不得不舍弃。不言《庄》《韩》，战国情形一无所见；囿于《道藏》，仅言《庄》《韩》，又难窥全豹，多少有些进退失据。

第六，常根据思想线索推断著作真伪与年代。"原题严遵《道德真经指归》"提要就说："凡真伪之辨，于征实文献外，必宜合诸时代思潮。"①细读潘文，有时似乎别无证据，全以思想线索为准。而胡适早提醒过："这个方法是很有危险的，是不能免除主观的成见的"；"如果没有严格的自觉的批评，这个方法的使用决不会有证据的价值"②。譬如前面提到的，误置宋鸾《道德真经玄颂》于南宋，在蒋融庵《道德真经颂》之前，依据只在二书同一类型，应该"无独有偶"，出自一时③。又如元代部分最后，列有两部作者佚名的《道德真经解》和《道德真经次解》。因为前一书"作者以禅机而言，或系羽士，时或在元"④，后书连类而及，便一同放在这里。其实在没有直接证据情况下，还是存疑为好。

附带一提，潘先生一人之力，精力、见闻都有限制。通观潘文，似仅谈《老子微旨例略》征引王维诚之说，谓此即王弼《老子指略》⑤。其他时已发表的许多研究，尤其是版本等方面的成果，未及吸收，殊为可惜。譬如李荣《道德真经注》，蒙文通等人均有新辑本⑥。傅奕校定《道德古本》，蒋锡昌已指出《道藏》本与经训堂本文字颇有异同⑦。无名氏《道德真经次解》，王重民《道德经碑幢刻石考》剖

---

① 潘雨廷《易与佛教 易与老庄》，第118页。
② 胡适《评论近人考据〈老子〉年代的方法》，欧阳哲生编《胡适文集》第五册，北京：北京大学出版社，2013年，第79页。
③ 蒋书提要语，潘雨廷《易与佛教 易与老庄》，第140页。
④ 潘雨廷《易与佛教 易与老庄》，第145页。
⑤ 潘雨廷《易与佛教 易与老庄》，第120页。
⑥ 蒙文通《蒙文通全集》第五册，成都：巴蜀书社，2015年，第233—305页。
⑦ 蒋锡昌《老子校诂》，上海：商务印书馆，1937年，"本书所据书目"第5页。

析其版本来源甚详①。又如汉代部分《道德真经注》（即河上公章句），潘文与敦煌《想尔注》残本对勘，认为意旨接近，应是同时之作②。关于此残卷，学界已有不少研究。1956 年，饶宗颐出版《老子想尔注校笺》③。同年陈世骧撰文，已辨明《想尔注》出自东汉末年道教初创时期张鲁一系④。若能参考这类著述，当更会胜意纷呈。

二　即书以究理：目录提要与学术史之辨

上文所举六个特点，原因都在于过分强调学术思想史探究，简化了目录提要的其他功能。自章学诚《校雠通义叙》悬"辨章学术，考镜源流"为鹄的以后⑤，目录学最高目的便是学术史研究之说不绝于耳；并且就提要而言，体例也可不一，确实未必都要从版本、作者生平到旨趣，面面俱到。但若仅仅希望目录提要向学术史靠拢，不太考虑其间分别，总觉不无偏颇。潘文性质较难分类，勉强划分，算是丛书之中一类书的提要。孙德谦《刘向校雠学阐微》分目录为读书家目录、藏书家目录、史家目录三类⑥，潘文可说是在藏书家目录里做史家的工作，因此各书提要对思想脉络的寻究，天然收到《道藏》收书范围的限制，一个是藏外道经未遑董理，另一个即第五条所说，许多非

①　上海书画出版社编《二十世纪书法研究丛书·考识辨异篇》（修订本），上海：上海书画出版社，2008 年，第 33—34 页。
②　潘雨廷《易与佛教　易与老庄》，第 118—119 页。
③　饶宗颐《老子想尔注校笺》，香港：东南出版社，1956 年。增订本改题《老子想尔注校证》，上海：上海古籍出版社，1991 年。
④　陈世骧《"想尔"老子〈道德经〉敦煌残卷论证》，陈世骧《陈世骧文存》，沈阳：辽宁教育出版社，1998 年，第 129—133 页。
⑤　章实斋（章学诚）《校雠通义》，上海：大中书局，1934 年，"自序"第 1 页。
⑥　转引自姚名达《中国目录学史》，上海：上海古籍出版社，2011 年，第 8 页。

道藏系统的著作，如《荀子》之类，讨论思想演变时不该回避，而实际上不能不舍弃。这一来，学术史的梳理，难免不完不备。

问题看似无可奈何，实也不难解决。一类书之前总体性的小序，正为辨别学术源流而作，不妨将目录未收而重要的著作纳入论说。各书提要这方面任务减轻，甚至连《庄》《韩》也可不收，以保持目录体制的洁净。姚名达说："目录学与图书史或学术史有关，然彼则注重书籍及其所表现之学术之直线关系，而此则注重其平面关系"；曹慕樊说："目录学目的仍应归结为'辨章学术，考镜源流'。它不同于学术史，就在于这八字方针是不能离开书目和书目史讲的"①。综合两家意见，目录学应即书究理，而不能离书究理。它以书为主，作为个体的书是基础，连书成史属于进一步发挥，所以区别轻重，注意平面关系犹在注意直线关系之上。具体到目录提要，要求切实说明各书自身情况，当然还可以前后贯穿，推绎引申，但前者仍是根本。而从第三、四条来看，潘先生可能走得稍远。一书提要，如果对书之大体缺乏交代，就丧失了提要的作用。

目录提要之设，也不仅是为寻绎思想流变。虽然不妨各有侧重，但若像第一、二、六这几条所显示的，使书之体例、内容不明，作者年代错置；或者单凭思想线索，为作年不详的书籍强定时代，则似有违严谨。不是说学术思想史对此大可放任自流，然而站在目录学相对客观的立场上，这种情形尤其令人遗憾。

潘文自有其学术价值，这里只是从目录提要的体制出发，通过与学术思想史的比较，辨明前者职责所在，以期提供另一个思考角度。如是而已。

---

① 姚名达《中国目录学史》，第13页；曹慕樊《目录学纲要》，重庆：西南师范大学出版社，1998年，"自序"第3页。

第三节　社会分层视角下的南宋元明转型：
史伟《宋元之际士人阶层分化与诗学思想研究》

在传统中国文史研究界，有一种"唐宋转型"说，认为自宋代以后，更准确地说，是自中唐以后，中国社会、文化发生了一次质变。与其相对，另有一种"（南）宋元明转型"说，将这次质变的时间后移，认为发生在两宋之际，而非唐宋之际。前一说由日本学者内藤湖南（1866—1934）提出，广为流行，迄今未衰。内藤氏从不同侧面归纳这一转型的内涵，包括贵族政治转向君主专制、民众人身自由与财产权的初步确立、选官程序中科举制的定型、政治分派主导原因由身份差异变作政见差异、货币经济进一步取代实物经济、学术文艺由重师承改为重创造，等等，借此构建起一套较完整的分析工具与框架①。后一说出现稍晚，但也颇历年月，比如吉川幸次郎（1904—1980）论中国诗史，就曾指明，南宋以降诗人多出于平民阶层，较之以往乃标志着一个重要的历史新动向②。然而相比之下，此说传衍至今③，犹未构建起一套系统可行的分析框架，这使得其说服力与影响力均远逊于"唐宋转型"说。在这方面，史伟先生新著《宋元之际士人阶层分化与

---

① ［日］内藤湖南《概括的唐宋时代观》，刘俊文主编：《日本学者研究中国史论著选译》第一卷，黄约瑟译，北京：中华书局，1992年，第10—18页。
② ［日］吉川幸次郎《宋诗概说》第六章第一节，［日］吉川幸次郎：《宋元明诗概说》，李庆等译，郑州：中州古籍出版社，1987年，第138页。
③ 这方面成果较集中的展示，参看 Paul Jakov Smith, Richard von Glahn eds. *The Song-Yuan-Ming Transition in Chinese History*, Cambridge: Harvard University Asia Center press, 2003.

诗学思想研究》[1]可谓迈出了一大步。此书借助社会学中的分层理论，打通宋、元间朝代限隔，全面研讨宋末元初士阶层走向与诗学流变，为"（南）宋元明转型"说提供了切实的分析角度与工具，不仅具体结论值得关注，而且给我们带来不少方法论的启示。

一　江西与江湖诗风对峙互动的社会学解读

阶层区分是一种常规社会现象，几乎每位重要的社会学家都会论及[2]。众说纷纭，势必有所取舍。著者所倚仗的理论家，主要是马克斯·韦伯（Max Weber）、帕森斯（Talcott Parsons），兼及布尔迪厄（Pierre Bourdieu）。韦伯提出社会分层的三要素：经济水平、社会声望与政治权力。帕森斯于三者中，特别突显社会声望一端，视之为社会分层的核心维度，并进一步确定了社会声望的主要来源——职业位置。布尔迪厄的"文化资本"（cultural capital）和"场域"（field）概念，则为讨论知识人这一特定群体的分层创造了可能性（第3—4页）。这个理论选择无疑是恰当的：士人阶层分化不等于整个社会分层，揆诸现代社会，惟有知识阶层分化与之最相近似，布尔迪厄的理论，在此大有用武之地。就社会整体分层而言，经济水平往往是其主因，宋元时代也不例外[3]，士人阶层则不尽然。著者取径于"职业—声望"维度并加以改造，拿是否经由或企望经由科举考试跻身仕途，作为主要分化标准，显然更切合士阶层的实情。

---

① 史伟《宋元之际士人阶层分化与诗学思想研究》，北京：人民文学出版社，2013年；以下引用此书，仅随文标示页码，不另出注。
② 李强《社会分层十讲》，北京：社会科学文献出版社，2008年，第6页。
③ 参看蒙思明《元代社会阶级制度》，上海：上海人民出版社，2006年，第19—26、92—103页。

全书所说"宋元之际"，上起宋宁宗嘉定元年（1208），公认的晚宋史之开端，下讫元仁宗延祐二年（1315）重开科考（第13页）。除前言外共分十章，大体上，第一至四章聚焦于宋末士人与诗风，第五至八章聚焦于元初士人与诗风，两者又互有交叉；末两章则通论宋元之际若干诗学观念，进一步加固之前所论。

具体说来，第一章概观晚宋士人分化状况；第二章从士阶层人数空前扩大、南宋土地兼并加剧导致士人多失其守、地方幕府势力扩张等方面，探究士人分化成因；第三章描述晚宋上层科举士人间流行的江西诗风；第四章则专论方回诗学，为宋元之际江西诗风作一收束。在这部分，可注意到三点：首先，著者划分士人阶层的标准，不是通过科考与否，而是参加科考与否。他指出："至少南宋中后期已经有相当一部分士人不事科举甚至不习举子业，其教养与科举士人已经有很大的差别。"（第6页）是否通过系客观境遇，是否参加则系主观选择。只有主观选择有别，才会造成对自我教养的不同期待与规划，这和本书所欲讨论的诗学问题，更为息息相关。其次，著者在科举士人与非科举士人之间，注意力更多投向后者，在后者中又更多投向江湖游士群体。他指出，以往研究"主要注重于士人经由科举考试的'向上'的流动，但是对于士人阶层大量积累后的内部分化和'向下'流动是忽视的"（第9页），故有意多绍述一些非科举士人的情形。第二章层层递进，由士阶层数量扩大，导出多数士人必然晋身无门；由土地兼并盛行，导出晋身无门之士又难以定居乡里；由幕府势力伸张，导出这批士人最大的出路，乃是奔走干谒，最终将焦距锁定到江湖游士身上。非科举士人的构成当然远不止于此（参看第62页"南宋末期士人阶层分化图"），著者侧重于游士群体，一方面乃由于其在南宋新兴且壮大为下层士人的主要成分，特别引人瞩目（第20页）；另一方面，也是由于这个群体系非科举士人中作诗的主力，还是为本书论题服务的。最后，著者考察晚宋诗坛，则多留意于士人上层的江西诗风。这乍看似与其在社会方面偏重下层士人的取向相矛盾，其实正是前四章与后文交叉互补的结构安排使然。南宋江湖诗人研究，有张宏生等学者的论著珠玉在前①，为之勾勒全貌，可补充者已经不多；况且后文论说元初诗坛江湖诗风时，遇必要处往往上溯至南宋，此处自不必重复劳作。方回之前的晚宋江西诗风，迄今少有详述②，故著者论之不惜笔墨。至于方回诗学，虽不乏谈论者，但著者集中研索其技巧层面的"诗法"说，与之前论著角度互异③，也仍有其新意在。

入元后，士人处境又随之一变。第五章概观元初士人阶层新趋向。著者指出："元初最突出的特点是科举士人与江湖士人在身份上的统合"（第237页），所谓统合，实为科举士人向下流动，趋同于江湖士人的过程。原因也很简单：这是元初科举废止，仕进之途进一步向士人关闭所造成的。而元初干谒途径之多元化，则与游士群的扩容互为因果，使这一阶层变动凝定下来。科举士人下行，大大拓展了江湖游士阶层的诗风涵盖面，使之由基本局于贾岛、姚合一派的"晚唐体"（或曰"江湖诗风"），改为众辙并进，虽然"晚唐体"依然不失其主

---

① 张宏生《江湖诗派研究》，北京：中华书局，1995年。

② 莫砺锋《江西诗派研究》（济南：齐鲁书社，1986年）、伍晓蔓《江西宗派研究》（成都：巴蜀书社，2005年）、韦海英《江西诗派诸家考论》（北京：北京大学出版社，2005年）研究下限均在南宋前期，龚鹏程《江西诗社宗派研究》（台北：文史哲出版社，1983年）虽上勾下连，涉及时段极广，对南宋后期江西诗风也未详论。这一处理方法非始于今，如元代袁桷《书汤西楼诗后》说："至乾（道）、淳（熙）间，诸老以道德性命为宗，其发为声诗，不过若释氏辈条达明朗，而眉山、江西之宗亦绝"，即认为逮至南宋孝宗朝，江西诗风已然衰歇；李修生主编：《全元文》卷七二一，第23册，南京：江苏古籍出版社，2001年，第321页。

③ 如詹杭伦《方回的唐宋律诗学》是全面研究方回诗学的著作，也只涉及其"诗格""诗眼"等说，对"诗法"说并无特别关注；北京：中华书局，2002年，第160—171、196—203页。

流地位。第六、七章胪列元初各类诗风之流衍，包括江湖诗风、理学诗风、李贺诗风等，为这时期诗坛勾勒出一幅相对完备的图景。而众蹊并进之归宿处，则是第八章专门讨论的，元代诗坛"宗唐得古"风气之兴起。

至此，全书的观点框架已然大致明朗：南宋中后期士人以是否从事科举为界，分为科举士人与非科举士人两大阶层。前者内部流行江西诗风，后者内部流行江湖诗风。元兴后，科举士人向下流动，与非科举士人汇合，下层士子间的江湖诗风加入新因子，开始呈现一种多元杂出的态势，逐渐越过晚唐，上探盛唐以至汉魏，实现了诗风的变革。

读者或许会生出一个疑问：这样把阶层之分合与诗风之分合紧相联结起来，是否有社会属性决定论之嫌？著者于此有一节甚为通达的方法论表述，抄录如次：

> 身份特征不是诗学观念的基础，更不是其起点或者前提，就个体而言，尤其如此，……但是一定的文学包括诗学观念、价值取向，与其所处社会阶层身份特征、价值取向确有着深入、细密的联系，是可以肯定的，从整体的角度而言，尤其如此。（第268页）

士人所处阶层与其诗风，不存在直线因果关系，而是一种复杂的交互关联；并且著者明确意识到，书中所言乃就整体状态立论，不排除个案的例外。如此一来，便摆脱了决定论的窠臼，也有助于我们更恰切地把握著者观点的真实意义。

二 下向视角与长程图景

理论工具清晰可行、处理手法圆融通达、结构设置详略得当，这些都是本书的显著长处，观乎上文自不难体会。此处想另外拈出两点，稍作阐发。

第一，本书特别关注士阶层的下移走势，这一取向具有多方面的学术价值。尽管社会分层以及阶层间流动，在西方社会学中系属显学，但其中的向下流动问题，却始终是研究不足的软肋。英国社会学家安东尼·吉登斯（Anthony Giddens）慨叹："长期以来，人们很少研究英国的下向流动现象。"无独有偶，美国社会学家戴维·波普诺（David Popenoe）针对本国学界，也说："令人惊讶的是，向下流动很少受到社会学家的关注。"①置身这一背景下，本书注目于下向流动，益发显得难能可贵。著者并非简单套用西方社会学理论，而是经过自主思考，有所变化的，甚至对于西方社会学，可能也会起到一定的补偏救弊作用。

本文开头所引吉川幸次郎之见，将文士民间化视作"南宋元明转型"的核心指标之一。由此观之，著者的下向视角，确系最切合研究对象特征的一种进路。尤应强调者，放眼当今学界、特别是元代文史学界，关于下层士人、特别是江湖游士群体的研究，又恰是最为欠缺的。

在中国士人研究里，元代向来是最薄弱的一环。文学研究者言及元代，重点多在杂剧，杂剧作者——下层士子中的书会才人，以及作

① ［英］安东尼·吉登斯《社会学》（第五版），李康译，北京：北京大学出版社，2009年，第272页；［美］戴维·波普诺《社会学》（第十一版），李强等译，北京：中国人民大学出版社，2007年，第282页。

为杂剧描写重要对象的下层士子——吏胥，理所当然获得较多论析。近些年元人诗文研究呈上升态势，上层士子因而也日益得到较充分的讨论。惟独作为下层士人主要构成的游士群体，却少有人重视①。晚近一些著述使这种现状稍有改变，如申万里《理想、尊严与生存挣扎：元代江南士人与社会综合研究》专辟两章，探析游历元上都、大都的江南儒士群，对后一群体的干谒活动更有详述②，但显然还远不是对游士群体的全景描绘。在这个意义上，本书对于元代下层江湖游士生活与诗歌的总体检视，可以说填补了一项空白。

第二，本书具有长程视野，所给出的图景以宋末元初为中心，而又不限于此。著者明言，自己"希望就每个问题都有一个史的梳理，以见其渊源流变，所以在具体的论述中，有时可能会越出'宋元之际'这一时段"（第17—18页）。这类"越界"行为，在与后世现象相勾连时，尤能见出其历史解释力。

如著者提及元初因科举废除，致使中下层士子更多专意于游谒，"愈来愈表现出对中央政权的疏离和漠然"（第202页），即指出自这时起，游谒日渐构成一种较普遍的生活方式乃至文化模式，纵使后来恢复科考，此种模式依旧行之不衰。流风所被，直到近现代的周树人、周作人兄弟那里，游幕仍不失为一个人生选项（第203—204页）。这就把元初废止科举的长期潜在影响，明白揭示了出来。又如著者观察元代诗歌辩体理论，指出其兼包"古、律之辨，正、变之分"（第337页），即体制辨析与诗史分期两方面。前者"直接促成了明代诗歌辩体理论

① 如幺书仪《元代文人心态》所述文人范围，除了上层士子，下层便只包括吏胥与书会才人两部分；北京：文化艺术出版社，1993年，第171—184页。
② 申万里《理想、尊严与生存挣扎：元代江南士人与社会综合研究》第二、三章，北京：中华书局，2012年，第45—76、77—117页。

的成熟和完善"（第293页），后者则为明人对唐诗的细致分期（以"四唐说"为代表）导夫先路（第319页）；两者在元人杨士弘所编《唐音》中已然汇流，皆系明诗复古运动之远源（第340页）。这不啻给明朝诗坛主流动向，提供了一个前代的发生学背景。众所周知，对于"四唐说"的形成，严羽、方回、杨士弘等人均有贡献，并不纯是明人高棅之功①。然而以往学者通常是从点到点，将这几位诗论家单个贯穿起来；本书则将其放在南宋至元代"诗史正变"说演变的大环境中观之，视域便由点推拓至面，跳出了原有格局。

自以上两例来看，著者究明元朝士风，其意义超出一代之外，还丰富了我们对后世文士阶层的认识。不仅如此，有时候，由于元代士人状态的澄清，更使昔日某些论断有了修正的必要。学界曾观察到，16、17世纪，弃儒就贾现象最为活跃，商人数量在明代中后期，或曾大量增加。本书立足于史料，指出"这样一种现象在元代已经比较普遍"，和明代形成"一个自然的衔接"（第177页），从而把儒士折节经商的高峰期给提前了。这个例子更有力地彰显出，本书侧重考察下层士子、补学界之缺环，所具有的特殊学术价值。

三　理论与史实的再思考

当然，作为某种意义上的榛莽初辟之作，本书似也存在一些继续精进的空间。今就管见所及，试提出若干思考与著者交流。

在理论上，著者兼采韦伯、帕森斯、布尔迪厄三家之说。但落实

———————————

① 关于严羽、杨士弘、高棅之说，参看朱自清《诗言志辨·正变》，朱自清《朱自清说诗》，上海：上海古籍出版社，1998年，第163—166页；关于方回之说，参看詹杭伦《方回的唐宋律诗学》，第43—48页。

到论述实践中，全书以科考作指标为士人分层，进而探求士人各阶层在诗歌方面的对应物，其基本支架，事实上只有科举一端。这是对"职业—声望"维度的转化，换言之，主要承接了韦伯、帕森斯一系学说。相形之下，布尔迪厄的社会学，并未发挥太大实际功用。然而前两家有关理论，涵盖整个社会，不是专为文化领域而发的，适切度有限，至多提供了个别分析工具。布尔迪厄则对学术、文艺领域作过专题研究①，所锻造的概念、内涵异常丰富，铺展开来，可以提供一整套贴切而精细的分析框架，不仅个别工具而已。著者与之失之交臂，这是相当可惜的。

举"文化资本"概念为例，布尔迪厄用它来指称，人们借以塑造、标示、认同自己社会地位的文化物品，不论有形抑或无形。他把"文化资本"又细分为三类形态：一是身体化形态，指附着于人身的无形之物，如知识、教养、气度等；二是客体化形态，指依托物质媒介的文化产品，如文学、绘画、纪念碑等；三是制度化形态，指经由体制认证的文化身份标志，如文凭、职称等②。这使得"文化资本"之下，衍生出一个概念子系统，不妨借来对宋元之际士子进行全面分析。下层江湖游士未获官府认证，自不具备制度化的文化资本，上层科举士人则有之。客体化与身体化的文化资本，则为双方所共有。诗歌也属一种文化资本，其客体化形态体现为刊印发售的诗集等物质载体，身体化形态体现为作品体裁、风格、诗里的诗人自画像等无形成分。由

---

① Pierre Bourdieu, *Homo academicus*（《学术人》），Les Editions de Minuit, 1984; *Les règles de l'art*（《艺术的法则》），Seuil, 1992. 后一书有中译本，［法］布迪厄《艺术的法则：文学场的生成和结构》，刘晖译，北京：中央编译出版社，2001 年。

② ［法］布尔迪厄《文化资本与社会资本》，［法］布尔迪厄《文化资本与社会炼金术：布尔迪厄访谈录》，包亚明译，上海：上海人民出版社，1997 年，第 192—201 页。术语中译名参考李强《社会分层十讲》有所改动，第 281—282 页。

此切入，可对这时期诗歌展开社会学的解读。著者从"职业—声望"维度出发，所作分析仅触及士人群体处境，不直接触及诗歌之类士人的文化产物。由士人状况进而通向诗歌创作、批评时，则大抵只有经验性的现象勾连，深度阐释较少，其社会学视角未能贯彻始终。引入布尔迪厄这一概念系统后，可把社会学方法直接运用于分析诗歌现象，视角会更一以贯之，益处是多方面的。比如在体裁、风格等原有话题之外，再阑入诗集、诗人自我形象等话题，形成一个文化资本的多维结构，所获图像将更为立体；而站在文化资本角度审视这些元素，着眼点在其支撑文化身份的功效，所获结论也将不同于以往。

在史实上，著者对应于士阶层的上、下分流，为宋末诗坛构造出一个江西与江湖并峙的二元局面。及至元初，则又添入理学诗风、李贺诗风，加上探究诗学观念时旁及的五古效《选》体之风（第十章），所涉远较宋末纷繁。他讨论这些新添入诗风之际，每每上追至南宋，换句话说，它们也非肇始于易代之后，而是南宋已存在的。这自然不便放在宋末部分叙述，因为理学诗风乃"宋元之际一种普遍的风气"（第228页），李贺诗风也造成了"普遍和深入的影响"（第248页），《选》体诗风更渗入江西、江湖、理学各派，潜滋暗长（第294—311页），要之皆为上层士人和下层士人共享的诗学资源，与士阶层分化的论题无从啮合。可又不便搁置不谈，否则全书结穴处，元代汇聚众流而超越之所造就的"宗唐得古"风气之兴起，就成了无源之水，遂只得推后至元初部分补叙。这一方面避免了破坏宋末士人与诗风的同构布局；另一方面，元初上层士子大批向下流动，与下层士子趋合，也冲淡了诗风跨层播散所制造的对接困难。著者安章宅篇，展示出高明的控驭能力。

不过，实质问题仍未得以解决。通观全书，我们依然要问：理学诗风、李贺诗风、《选》学诗风与士人分化主题的接合点究在何处？本书定位是在特定问题意识观照下的专题研究，还是宋元之际诗坛的全景式还原？若为前者，则越出问题域的枝节过多；若为后者，则著者所述虽相对完备，却也难免遗漏。比如这时段前后，陶（渊明）、韦（应物）、柳（宗元）一路诗风也颇流行。随举数证，晚宋傅当可"始终皆欲追晋宋之风"，步武陶诗；"赵章泉（蕃）五言有陶、阮意，赵蹈中（汝谠）能为韦体"；入元"海内之学韦者，……涿郡卢处道（挚）、临川吴仲谷（定翁）"①。向上则南宋前期，列名江西诗派的夏倪，已是"拟陶、韦五言，亹亹逼真"；向下则元代后期，犹有刘芳伯专学陶、韦的"平而不凡，澹而不薄"，鲍仲华"属意韦应物、陶渊明"②。元初赵文《诗人堂记》谓："近世士无四六时文之可为，而为诗者益众，高者言三百篇，次者言《骚》言《选》言杜，出入韦、柳诸家，下者晚唐、江西"③，把韦、柳和江西、晚唐、《选》诗等并提，足见其沾溉之广。本书置之不论，倘以全景式标准衡之，似又不无缺憾。

我们对于宋元之交士人与诗歌，远不若著者精熟，以上所思未敢自是，姑妄言之，意在求教。著者此项研究尚在后续推进中，时段将会扩展至宋末暨整个元代，论域将会扩展至诗文词曲各类体裁，假以时日，必有更加综合、深至的成果面世。一念及此，令人诚不禁"跂予望之"了。

---

① 包恢《答傅当可论诗》，曾枣庄等主编：《全宋文》卷七三二八，上海：上海辞书出版社、合肥：安徽教育出版社，2006年，第319册，第286页；刘克庄《瓜圃集序》，曾枣庄等主编《全宋文》卷七五六五，第329册第81页；揭傒斯《萧孚有诗序》，李修生主编《全元文》卷九二〇，南京：凤凰出版社，2004年，第28册第358页。

② 刘克庄《江西诗派小序·夏均父》，丁福保辑《历代诗话续编》，北京：中华书局，1983年，第480页；陈旅《静观斋吟稿序》，李修生主编《全元文》卷一一六九，第37册第259页；王沂《鲍仲华诗序》，李修生主编《全元文》卷一八二五，第60册第92页。

③ 李修生主编：《全元文》卷三三四，第10册，南京：江苏古籍出版社，1999年，第108页。

第四节　考据与诠释：刘成国《王安石年谱长编》

王安石身为北宋名相，功业彪炳，著述卓荦，然而生平事迹疑窦丛生。他深陷新旧党争漩涡，殁时正值对手旧党得势，"今日江湖从学者，人人讳道是门生"①；南渡后，又一度被斥为北宋覆灭之由②，所受诬毁特甚。为之撰年谱者，先后有宋人詹大和、清人顾栋高、蔡上翔三家③。詹《谱》疏略；顾《谱》主旧党，蔡《谱》主新党，各有偏袒，又未及征引李焘《续资治通鉴长编》、徐松《宋会要辑稿》两部关键史籍，自今视之，皆难餍人意。现代学者每有订补，李德身《王安石诗文系年》最不容忽视④。其书考述诗文作时，占荆公作品总量约三分之二；对其仕履、生活，也有简单讨论，明显迈进了一步。但《系年》重心终究在作品，其他内容简单处理；加之考证不尽精确，也未利用《宋会要辑稿》等史料，留下若干缺失。刘成国先生近著《王安石年谱长编》⑤，弥补了这个遗憾。

王安石变法是北宋政治史上的重大事件，刮磨不去，公私记载相

---

① （宋）张舜民《哀王荆公》四首其三，（宋）张舜民《画墁集》卷四，上海：商务印书馆，1935年，第33页。

② 参看（宋）李心传《建炎以来系年要录》卷四六绍兴元年八月庚午条引宋高宗、沈与求语、卷四七同年九月甲寅条引韩璜语，北京：中华书局影印"国学基本丛书"本，1956年，第831、847—848页。

③ （宋）詹大和《王荆文公年谱》、（清）顾栋高《王荆国文公年谱》、（清）蔡上翔《王荆公年谱考略》。今人合为《王安石年谱三种》，点校印行，北京：中华书局，1994年。

④ 西安：陕西人民教育出版社，1987年。

⑤ 北京：中华书局，2018年；本文所据为2019年6月重印本。

对充分。尽管《长编》自宋英宗治平四年（1067）四月至神宗熙宁三年（1070）三月间记载，已然散佚，内含变法早期一段事迹，不过，南宋杨仲良编《续资治通鉴长编纪事本末》犹存，辅以《宋会要辑稿》等书，还原荆公政治举措，着手尚不太难。本书更具贡献处，是对王安石家世、生日、交游、行踪等等个人生活的发覆索隐。著者搜集资料之备、考订史实之确、解决问题之多，学界评述已详①。还须指出一点，本书不以考索行迹为已足，并且引录王安石重要文字以见其学术思想，进而阐发、勾连，兼有考据和义理之长。以下即就这两方面分别论之。

一　考订：进益与辩证

著者读书深细，所考较以往诸家进益显著。有时澄清前人误判或囫囵处，更进一解。例如王安石《阴漫漫行》，李壁谓"恐指吕惠卿辈也"，李德身谓"或为初罢相作"，均系此诗于荆公后期，盖以为阴冷天气暗指政治处境；童强系于皇祐三年（1051）至五年（1053）间，置之早期而未确言何年。本书据诗中"忆昨踏雪度长安，夜宿木瘤还苦寒"两句，辨出乃叙皇祐四年末送朱氏妹至皖口事，途中尝投宿木瘤寺；又据下文"谁云当春便妍暖"，断定此首作于皇祐五年春②。系时更为确凿，附带也将某种政治隐喻的猜测一扫而空。有时平亭众说，一归于是。例如治平二年（1065）作于江宁的《和甫如京师微之置酒》，李壁谓"微之"即王皙，沈钦韩、李德身不以为然，改取王贽当之。

---

① 张剑《解开王安石身上的谜团——〈王安石年谱长编〉读后》，《光明日报》2018年4月29日，第8版；王明辉《谁为荆公作解人》，《读书》2018年第7期，第118—123页。
② 刘成国《王安石年谱长编》，第287页。以下引用此书，仅随文标示页码，不另出注。

本书由张方平撰王赞墓志铭，知其字至之，与"微之"不合；且此人本年致仕归里，足见非荆公诗中人物。又由景定《建康志》，知王赞上一年已自江宁离任，更不可能是时犹与王安石兄弟聚饮（页695—696）。三证齐发，维持李壁原判，结论无可移易。

更有意思的是，著者长期研治王安石及其周边士人，十余年前刊行《荆公新学研究》，便考证过若干史实。比勘新旧两书，有些地方今胜于昔，可以窥见自身进益之迹。例如汪澥，旧著但据《新安志》录其著述："《诗》《书》《孟子解义》二十卷、乐章一卷、诏诰三卷"[1]。新著则引民国《安徽通志稿》载汪藻所撰神道碑，另补出《诗义释音》三十篇、文集三十卷。且所谓《诗》《书》《孟子解义》二十卷，神道碑作《诗书讲义》六卷、《孟子句解》十四卷，书名与卷数分合都更准确（页1609）。周穜，旧著引清代王梓材等《宋元学案补遗》叙其生平，知他为苏轼所荐，却奏请以王安石配享神宗，朝士愕然；又引曾敏行《独醒杂志》，知其为荆公门人[2]。新著不用《补遗》，改引明代凌迪知《万姓统谱》，更接近史源。复征引苏诗，知苏轼与之曾有唱和；征引《长编》两则，知其言配享事在元祐三年（1088），且不止于此，元符元年（1098）又乞将王安石《日录》付国史馆编纂，史实更为清晰、充实。著者再引周煇《清波杂志》，知周穜与王安石有远亲关系，后者为周家撰墓志数种，并从荆公文集中觅得周穜父周涛墓志一篇以实之；引夏荃《退庵笔记》，知南宋尤袤曾著录《周穜行状》一种（页2161—2162）[3]。读者对周穜的了解，因之丰富许多。王安石子王雱著

---

① 刘成国《荆公新学研究》，上海：上海古籍出版社，2006年，第97页。
② 刘成国《荆公新学研究》，第74页。
③ 见（宋）尤袤《遂初堂书目》"本朝杂传"类，上海：商务印书馆，1935年，第10页。

作，旧著考出十种①，新著则据《秘书省续编到四库阙书目》增补两种（页2316）。似此之例，足见著者锱铢积累、持之以恒的治学精神。

严耕望先生把考据工作分成两类：述证与辩证。前者"只要历举具体史料，加以贯串，使史事真相适当的显露出来"，属于常规思考；后者"重在运用史料，作曲折委蛇的辨析，以达成自己所透视所理解的新结论"，论辩技巧更加精致②。本书通考王安石一生，穷追力索，遇直接证据不足处，往往迂回切入，以求水落石出。所谓"辩证"之法，书中屡见。例如，熙宁元年（1068）王安石被召离江宁赴京，史载四月初抵达，动身之时则无确据。著者比照其熙宁八年行程，三月一日发自江宁，十四日抵京，官船凡行14日③；又旁取欧阳修《于役志》所记宋仁宗景祐三年（1036）自汴京至江宁一段行程相参。欧氏且行且停，沿途61日，细予检核，实际舟行也仅14日，来回时间相当。这就有力证明了，两地单程通常须14日左右，从而将王安石起身时间，定在三月十五日稍后（页769）。又如元丰二年（1079）《己未耿天骘著作自乌江来……》诗，李壁庚寅增注称"天骘事迹不甚著于世"④，似乎无从披寻。著者从文字校勘着眼，发现荆公另有《和耿天骘以竹冠见赠四首》，宋刻元明递修本《临川先生文集》题中"耿天骘"作"耿宪天骘"；陆游《老学庵笔记》也语及其名，因知此人名耿宪。于是历引欧阳修《与王文公书》、《长编》《江南通志》关涉耿宪之处，考见他在嘉祐年间中进士，熙宁年间做过句容县令，文章为欧氏所称赏，其人生平轮廓略备。著者运思之深细透彻，由此可见

① 刘成国《荆公新学研究》，第92—94页。
② 严耕望《治史答问》，严耕望《治史三书》，沈阳：辽宁教育出版社，1998年，第178页。
③ 参看刘成国《王安石年谱长编》，第1779—1781页。
④ 巩本栋《论〈王荆文公诗李壁注〉》认为，李壁注《王荆文公诗》中未署名的"庚寅增注"，也出自李壁手笔，今从其说。《文学遗产》2009年第1期，第69—71页。

一斑。另一方面，当文献弗足征时，著者也不强为之说。例如苏洵《辨奸论》是否意在荆公；乌台诗案中，王安石是否曾为苏轼缓颊等问题，众说纷纭，本书均按而不断，态度又颇矜慎（页 653—656、2013—2014）。

趁便提到，本书之成，颇获师友襄助，著者一一注明。例如辨析王安石的字，得刘永翔先生提示意见（页 4）；追迹王安石在鄞县治绩，得郑嘉励先生供给新出土《宋故汪君庄氏墓志铭》为据（页 220）；考述《示长安君》诗，得卞东波先生告知长安君（王文淑）和作（页 396）；指实募役法肇自韩绛之议，得何新所先生分享张太宁《宋故李隐君墓志铭》拓片佐证（页 1320），这类例子不胜枚举。读来想见著者平素广交同道、抵掌论学之乐，也可以感受到目前国内宋代文史学界互通有无、以学术为公器的积极氛围。

二　诠释：学术与政治

年谱兼学案之用，摘引谱主文字，透显谱主思想，固有其例。胡适《章实斋先生年谱》自序即明诏大号："我是最爱看年谱的，因为我认定年谱乃是中国传记体的一大进化。最好的年谱，如王懋竑的《朱子年谱》，如钱德洪的《王阳明先生年谱》，可算是中国最高等的传记。若年谱单记事实，而不能叙思想的渊源沿革，那就没有什么大价值了。因此，我决计做一部详细的《章实斋年谱》，不但要记载他的一生事迹，还要写出他的学问思想的历史。"[①]胡《谱》宗旨在是，自不

---

① 胡适著、姚名达补订《章实斋先生年谱》，耿云志、李国彤编《胡适传记作品全编》第二卷，上海：东方出版中心，1999 年，第 2 页。

待言。所举两家，钱德洪系王阳明高弟，勾勒乃师思想，义不容辞；王懋竑虽去朱熹日远，但"一生用力于朱子之书"①，所作引谱主诗文，"其义理大要，虽长篇必全载"②。这一年谱类型，古已有之，本书继承而益加光大。

著者从事宋代文史研究，重点在学术思想与文体两个领域，前者即起于研读王安石，故阐发荆公之学，当行本色，精义迭出。例如元和二年（1055）由《大人论》《答王深甫书》介绍王氏道论，注意到他强调内在修养与外在事功绾结一体，不可偏废，"此番议论，已超越北宋三朝复古诸家所言之文章、治道，又与道学家津津乐道之'孔颜乐处'理想境界，迥然有别。故特此拈出，以窥公之理想、抱负，以及学术血脉之所在"（页348）。宋初复古诸儒有意重整秩序，于心性工夫则浅尝辄止；道学家向内鞭辟入里，却又不以事功为必须。王安石并重两端，一加比较，其特色便突显出来。嘉祐六年（1061）由《涟水军淳化院经藏记》等文介绍王氏道统观，指出他"于杨、墨、老、释诸家，兼容并蓄"，实同韩愈的道统建构大异其趣（页609）。熙宁二年（1069）由杨时《神宗日录辨》分疏王安石与孟子异同："公虽服膺孟子，然于义利之辨，则以阴阳关系喻之，以为皆政事之一体两面，迥异于孟子严辨义利。"（页856）这一点，构成荆公变法的思想基础，所关非细。熙宁三年由《老子》一文，指示"公欲以天道绾合法度之思想取向，以及欲超越汉唐天人感应论及天人二分说之学术建构"（页1200）。王安石屡驳传统感应论之荒谬，但中唐至北宋前期诸儒，声称天道与人道无干，也非他所愿接受。因而，逐去感应论后，如何为现

① （清）焦循《国史儒林文苑传议》自注，（清）焦循《雕菰集》卷一二，上海：商务印书馆，1936年，第183页。
② （清）王懋竑《朱子年谱》，上海：商务印书馆，1937年，孙全辙、孙全敞"例义"第1页。

94

实政治重新确立天道本源，就成为他的课题。荆公视法度为天道之体现，不同在于，天道自然无为，人道则须有为以实现天道。这既为政治制度找到了形上源头，也为变更制度作了合法性论证。凡此皆深造有得之言。

著者遇具体诗文，时时置于王安石整体学术思想的脉络中来解读，把握主旨遂较透辟妥适。兹举名篇两种为例。嘉祐七年（1062）《读孟尝君传》说："夫鸡鸣狗盗之出其门，此士之所以不至也"，意甚明白，但文中对于理想士人，缺少正面表述。本书博引荆公其他文字，描绘他心中士君子应臻至的境地，必学贯古今，娴于经术、典制，然后施之政事；其特出者，合圣、神、大为一体，与天子迭为宾主（页638—639）。执此标尺裁量历代人物，自然新见络绎。这就把一篇短文，和王安石一贯的追求联系起来。嘉祐四年《明妃曲二首》，更是聚讼未已。王昭君和亲，嫁至匈奴，王诗其一说："君不见咫尺长门闭阿娇，人生失意无南北"，平等对待汉、匈两族；其二说："汉恩自浅胡自深，人生乐在相知心"，更坦然以外族为知我者。在严守夷夏之辨者看来，直是大逆不道。因此自北宋起，便谤议丛集，回护者也煞费思量。邓广铭先生曾经别立新解，谓第二首两句诗中，"自"为"尽管"之义，"胡恩深"与"相知心"则非一事，据以串讲道："如把这两句都译为现代语散文并加以疏解，那就是：尽管汉朝所给予的恩惠浅而胡人所给予的恩惠深，那却不是问题的本质所在；不但饮食衣服不与华同，而言语不达，衷情难通，恩深也难心心相印，而最本质的问题却是'人生乐在相知心'啊！"①依此则匈奴即便深恩厚施，仍未能令

---

① 邓广铭《为王安石的〈明妃曲〉辩证》，《文学遗产》1996年第3期，第60页。后来邓先生一直持此看法，邓广铭《北宋政治改革家王安石》，北京：生活·读书·新知三联书店，2017年，第50页。

昭君归心，前人攻讦尽数失了准的。这一新解，还是建立在夷夏有别的立场上，而且同原诗语脉参差。王安石上句并举胡汉，已逗二者选一之意；下句承此而作取舍，所谓"相知心"，非指汉即指胡。汉恩寡浅，不为荆公所属意，则"知心"乃就匈奴而言，可以无疑。此处"自"为"本来"之义。本书不对句意作新颖解会，转而连接王安石思想，指陈："《明妃曲》中，隐含公'从道不从君'之思想"，只不过"诗涉夷夏关系，更易授人以柄"（页493）。荆公处置君臣关系，原具以道自任、不为人主势位所屈的超迈气概，这是《明妃曲二首》产生的土壤。疏通至此，诗篇精神倍显。

钱德洪以至胡适诸谱，阐述学术思想，大体限于谱主一人；本书更进一步，常概观北宋知识界形势，王安石学术的背景与定位，因是而愈彰。例如庆历六年（1046）由《上人书》总结荆公"文道关系"思想，归纳宋仁宗朝在此问题上的各种理论：古文家主文道并重；道学家主文以载道，道重文轻，甚且鄙文章为不足学；王安石则自树一帜，将"文"界定为治教政令，持以平治天下。"此乃狭隘功利主义工具论"，然而有赖于是，"古文运动中'为事而作'、'有感而发'之传统，得以维系"（页158—159）。在时代语境下，公允评价了王氏文论的短处与作用。熙宁二年由神宗问王安石《中庸》"诚明"何谓，追溯北宋真宗、仁宗皆重是篇，神宗盖闻风而起，"以《中庸》篇为治国大法，帝王心术所在也"（页878），绝非泛泛之问。这解释了荆公议论《中庸》的外部动力。又如王安石青年时代长居金陵，本书引陈师道《后山谈丛》，说明"以会意解字，固其时金陵之风俗"（页140），则荆公后来《字说》之作，或许伏脉千里，在青年时便播下了种子。皇祐元年（1049）由《答王景山书》推知："公与王开祖于皇祐、庆历年间，不乏学术交流。"随后取王开祖《儒志编》与荆公文集比观，揭出

"二人观点容有不同，然彼此处于相同之学术论域则无疑"（页215、216）。这两例细审地域风气、人际交往，为王安石提供了相当切近的成学语境。

本书侧重诠释荆公学术思想，对其政治措施，多半梳理史实而止。但是也有几处，尝试提纲挈领，由表及里。例如探讨神宗与王安石君臣关系，先铺陈北宋与西夏关系之变化：英宗时战端重起，神宗即位后，锐意经略西北，转守为攻，"公与神宗之千载遇合，应置此战略性转折中予以审视"（页835）。神宗何以近乎一意孤行地任用荆公，推动新法？于此不难解开谜底。又如熙宁元年叙述《本朝百年无事札子》，详引吕中《类编皇朝大事记讲义》的剖析。吕氏自点评奏札，进而综论新法，承认适逢当变时节，"不可谓非其时"；惜乎失之轻率，"故其所变之法，但纤悉于节目，而尤注意于理财之一事，此其所以祸天下也。然安石布置施设，亦有素定之规模，随用而随施之，此其所以能误圣明而欺君子也"。吕中不惬意于荆公，这段话，本书却许为鞭辟入里（页776）。这也显示出著者关于王安石变法根本目标、开展次序及若干得失的认识。

三　反思：献疑与补阙

本书以考据言，几已做到极致。聊复条举三事，冀有涓滴之助。

第一，著者广泛汲取既有成果，同时恪守分际，凡他人所言之者，必标明出处，不稍掠美。唯对李德身《王安石诗文系年》，可能因此书题为"诗文系年"，故而仅注目其作品考订，忽略了书中少量生平钩沉。例如王安石提点江南东路刑狱，詹《谱》、顾《谱》系于嘉祐五年（1060），蔡《谱》系于二年。本书据《长编》明载其事，改系于嘉祐三年二月，并称："以上诸谱因未见《长编》，皆误。"（页422）王氏除三司度支判官，在同年十月。《宋史·仁宗本纪四》系在嘉祐五年，顾《谱》、蔡《谱》同误。著者认为"盖沿《仁宗本纪》"（页458），引《长编》与《宋史·王安石传》纠之。实则这两次任命，李先生都已援用《长编》及《宋史》本传作了修正[1]，似应道及。

第二，个别考证还可斟酌。例如王安石《进字说札子》有"顷蒙圣问俯及"语，而《长编》载熙宁五年（1072）神宗因论经义，对王安石言："经术今人人乖异，何以一道德？卿有所著，可以班行，令学者定于一。"著者疑此即札子所指，遂定《字说》初进呈于是年（页1565）。按神宗这段话缘经义而发，希图同一经术，所期待的著作，当为经学注疏，非《字说》之属。荆公札中自称"赖恩宽养，外假岁月"[2]，显处闲居之际；熙宁五年，他正在同平章事任上，位高事繁，不应有此形容。札中又称"甘师颜至，奉被训敕"，考荆公另有《甘师颜传宣抚问并赐药谢表》，有"载华原隰""加贲丘园"等句[3]，也明为退居人语。晁说之《论神庙配享札子》记："神宗闻安石之贫，命中使甘师颜赐安石金五十两。安石好为诡激矫厉之行，即以金施之定林僧舍。"[4]定林寺在金陵[5]，可知甘师颜奉神宗之旨存问，乃王安石罢相后事。本书元丰五年（1082）引《玉海》，载是年荆公表上《字说》二十四卷（页2099），适当其家居金陵时，与上述史料切合。由是可见，他奏进《字说》仅此一次，非有初上、终上之分。又如王安石

---

① 李德身《王安石诗文系年》，第105、106—107页。

② （宋）王安石《临川先生文集》卷四三，北京：中华书局，1959年，第456页。

③ （宋）王安石《临川先生文集》卷五九，第636页。

④ （宋）晁说之《嵩山文集》，"四部丛刊续编"影印本，上海：商务印书馆，1934年，卷三第45页。

⑤ 参看（宋）祝穆撰、祝洙增订《方舆胜览》卷一四"建康府"，北京：中华书局，2003年，第244页。

《与曾子固书》说："前书疑子固读经有所不暇，故语及之。连得书，疑某所谓经者，佛经也，而教之以佛经之乱俗。某但言读经，则何以别于中国圣人之经？子固读吾书每如此，亦某所以疑子固于读经有所不暇也。"本书姑系于元丰三年（1080），理据有二：（一）"公与释子交游颇早，然出入儒释，泛滥百家，似为晚年退居江宁时"；（二）书末称"比日侍奉万福"，是曾巩忙于侍奉母亲，而元丰三年前，"他辗转外任十二年，不曾侍母"（页1200）。按荆公阅读内典，早于晚居金陵时。《长编》卷二三三熙宁五年五月甲午条，载其对神宗语："臣观佛书，乃与经合，盖理如此，则虽相去远，其合犹符节也。"①此即一证。况且他致书曾氏，正为辨明自己所倡读的，是儒经而非佛经，与其学佛未必相涉。此篇言"连得书""子固读吾书每如此"，可知两人书信往还频繁，不似暮岁疏远情状，当为早年所作。这也附带解开了曾巩奉母之惑，盖其时尚在母子暌离十二载以前也。

第三，著者网罗文献，无远弗届，更加以慎思明辨。只有少许几处，或因不忍割爱，阑入了一些关联较薄弱的材料。例如元丰八年（1085）王安石书《金刚经义》赠吴珪，本书引范浚《吴子琳（珪）墓志铭》，称："未知是此人否，姑附此。"（页2186）按范《志》载其人："绍兴十有八年六月己未，以疾卒，年七十有三。"由绍兴十八年（1148）逆推，此吴珪生于熙宁九年（1076），元丰八年荆公书赠时仅十岁，当非所赠之人，偶然同名而已。

至于诠释工作，原无止境，以下也略缀己见，伫候方家教正。

第一，个别解读似不尽惬。例如嘉祐八年（1063）引王安石《杂说》佚文："莫大之恶，成于斯须不忍"，以为与《孟子·梁惠王上》"不忍"

---

① （宋）李焘《续资治通鉴长编》，北京：中华书局，2004年，第5660页。

之心相关（页665）。按齐宣王见人牵牛过堂下，将杀之以衅钟，"不忍其觳觫"。孟子谓"是心足以王矣"，"是乃仁术也"①。这里"不忍"指恻隐之心，故为孟子所许可。荆公所说，则指不够忍耐，系大恶之起源，与齐宣王背道而驰，无须相提并论。

　　第二，综观学术思想背景，偶有漏略。例如熙宁元年，记荆公勉励神宗效法尧、舜，由是论及北宋士大夫超越汉唐、回向三代的政治抱负，"非公一家之私言"（页772），下引孙觉、程颢、陈襄三家为证。按同时曾巩也有类似提法。其《唐论》言，两汉君主除文帝外，"非放先王之法而有天下之志也"；汉文虽有天下之志，"亦不能放于三代"；及至唐太宗，"有天下之志，有天下之材，又有治天下之效，然而又以其未备也，不得与先王并而称极治之时"，是于汉文帝、唐太宗皆有不足之意。末了自道此文："非独为人君者可以考焉，士之有志于道而欲仕于上者，可以鉴矣。"超唐迈汉以追三代之风的自我期待，直欲破纸而出，值得重视②。又如著者关注王安石推动北宋性命之学的功绩，述其早年《性论》，称他"辨析入微，遂引领北宋儒家心性之学，士林风气为之巨变"（页90）；嘉祐四年（1059）记荆公与刘敞辩性、情之旨，又称他"在孟子、荀子、扬雄、韩愈之外别出新解，遂引领一时风尚，于宋代学术思想之演进，厥功甚伟，故特此表出"（页505）。按曾巩也曾标举心性，其《梁书目录序》说："万物之所不能累，故吾之所以尽其性也。能尽其性，则诚矣。诚者，成也，不惑也。既诚矣，必充之，使可大焉。既大矣，必推之，使可化焉。能化矣，则含智之民、肖翘之物有待于我者，莫不由之以全其性，遂其宜，而

---

① （清）焦循《孟子正义》卷三，北京：中华书局，1987年，第82、83页。
② （宋）曾巩《曾巩集》卷九，北京：中华书局，1984年，第140—141页。

吾之用与天地参矣。"①人之所以与天地鼎足而三，端在于能尽其性；尽性乃得本源，万事万物均自是推出。此文论性，推尊备至，足可为例。后来刘壎《隐居通议》卷一四"南丰先生学问"条说："濂洛诸儒未出之先，……独南丰先生曾文定公，议论文章，根据性理"②，就高度肯定曾氏在心性理论上拥彗前驱之功。本书不妨叙入。曾巩与王安石在庆历元年（1041）即定交（页97），早岁为论学密友，时相切磋。倘对曾氏少加留意，或可为荆公相关学说，描摹出一个更切身的生成环境。

第三，本书后记自道缺陷，有一点是："虽然积累了一些新法在地方上执行的具体细节的史料，可由于经济史方面所知甚浅，难以作深入的挖掘和阐释。"（页2368）著者有选择致力方向的自由，无可厚非；但客观上，确让人略觉遗憾。关于王安石变法，评说甚夥，梁庚尧先生《市易法述》前言统论其政：

> 王安石的新法，规模庞大，目标高远，而实以理财为中心。新法中青苗、免役、市易诸法，近世学者多强调其社会政策的意义，具有摧抑兼并的功效，然而究其实际，这几项新法的目标，是以社会政策而兼收财政政策的效果，将利权自富家的手中收之于政府，以增加政府的收入，政府收入既增，一方面可以用之于均济贫弱，一方面也可以解决政府财政的困难。由于新法具有财政政策的特色，所以在施行的过程中，便不免以财政的考虑为先，使得实行的结果与原初立法的理想颇有差距，利权虽已收归国家，

① （宋）曾巩《曾巩集》卷一一，第178页。
② （元）刘壎《隐居通议》，上海：商务印书馆，1937年，第147页。

　　*而贫弱则未见均济，民生反而遭受困扰。*①

　　梁先生抉出变法核心目的，在于开源创收，充实国库，社会政策是次要的。落为实践，当财政目标与社会目标难以兼顾、甚至抵牾之时，总不免为提高政府收入而扭曲社会政策。这是新法首要关切所决定的。倘能本此认识，谛观青苗等法在地方的实施情形，取现实与理念对比，梳理其变形轨迹，发掘个中具体动因，或许会对荆公各项政策——推而言之，整个新法——之得失，给出更细致绵密的解析。

　　全书读竟，掩卷慨然，以王安石的历史地位，他与周边人物事迹，却因史料湮灭、涂附而多有漫漶；例如其弟王安世，便几无记载可凭（页78），令人惋惜。在现有文献条件下，这部《年谱长编》堪称集大成的著作，恐怕再难整体超越。著者为今后研究王安石，打下了坚实根基，也提出了有力挑战。撰书立说之人所欲至者，大约不外乎此了。

---

① 《"国立"台湾大学历史学系学报》第10、11期合刊本，1984年12月，第171页。

第五节　来程与去路：慈波《文话流变研究》与中国文章学

20世纪90年代，王水照先生有感于学界评析中国古代文章，缺少趁手的术语体系，亟须取资传统，重行锻造，因而广搜文话，最终去芜存菁，汇成《历代文话》十册出版[①]。慈波教授问学于王先生门下，参与其事，博士论文即以《文话发展史略》为题（2007年）。毕业后累有修补，近来始改名《文话流变研究》刊行[②]。

这部著作费时十余载，首度完整梳理自宋代至民国的文话史，一编在手，足窥崖略。著者在绝少依傍的条件下，自一手文献中提炼关节、前后勾连，对于文话历时演变，作出连贯而清晰的叙述。许多细部考证和议论也推陈出新，胜义纷披，有力支撑了宏观叙述。将来文话乃至一般文章学研究，都无法绕过本书。它既划下一个新起点，而蕴含之丰，又足以引发不少后续思考。

一　时段与关键词

本书由"史略"改题"流变"，定位愈发明确。它不仅依时序叙述，而且问题意识鲜明。著者将文话流程分作三段：宋元、明清、清

---

① 王水照编《历代文话》，上海：复旦大学出版社，2007年。
② 慈波《文话流变研究》，上海：复旦大学出版社，2020年。以下征引本书，仅随文括注页码，不另出注。

季民国，每时段均提炼出一核心问题，也可称为关键词，用以统率全局。宋元时期是科举影响，明清时期是文派更迭，清季民国则是新学冲击。在不同时势下，观察文话如何逶迤向前，流变之迹便宛然呈露。

开篇先释"文话"之义："从古人的创作实际来看，'文章'包含古文、赋、骈文、四书文以及铭、赞、偈、颂等诗歌之外的其他韵文作品"（4页），而"由于赋的文体特殊性，赋话大有继别为宗的势头"，所以事实上，文话乃指"赋体之外的'文章'"之话（5页）。它源起于南宋，其标志包括：以古文为主的"文章"概念之确立；文章学著述形式大备，且在书目著录中渐次单成一类；初步构建起文章批评的理论统系等等（9—19页）。

起源既定，自此顺流而下，分述各段。在宋元时期，著者分随笔杂记、理论著作、资料汇编、选集评点四类，介绍重要文话。文话体裁初备于是，"此后的文话著作在体制上都只是继武前修或稍加调整"（28页）。继而专辟一章，考察南宋有关文章学的三类应试用书：套类、选本与论诀，具体阐明科考对文论的强力介入。随后两章则系专题研究，一章重新考证《论学绳尺》版本，另一章详论元代"诗文批评大家"陈绎曾生平和文章思想①，借以表见此期文章学的特征与成就。

就时势与文话关系而言，宋元段的处理最是细致通达。著者认识到，这一时段文话面貌之成因多种多样，"印刷业的发达、书院的兴盛、诗话词话的出现"之类皆是（26页）。科举考试乃是核心要素，但非唯一。在文体上，他兼顾骈散。对于散体，指出"宋代文章主于

---

① 王水照《陈绎曾：不应冷落的元代诗文批评大家》，王水照《走马塘集》，上海：复旦大学出版社，2016年，第241页

议论，……这种风格的形成与科举重策、论有密切联系"（22 页）；对于骈体，指出"词科的开设，更为四六话提供了良好的发展契机"（23 页）。在层次上，既论及显性作用，譬如科考的实用取向，促成文话、评点等形式大兴，推动文章技法精细化；也论及隐性作用，即对"士人分析、评议文章的思考方式"（24 页）潜移默化之功。

隐性作用之提出，不啻推开一扇窗户，使著者得以觑见若干风景的细微褶皱。譬如发现孙奕《履斋示儿编》论文注意破题，"这反映了时文创作对古文评价的渗透，和后世八股文重破题有深层的渊源关系"（34 页）；谢枋得《文章规范》"在读解古文的时候，却使用了时文的分析系统"（63 页）。这都是着眼隐性思考方式，不浮于表面之见。但是他并不一味求深，仍能统观全体，给出恰如其分的估量。譬如分辨陈绎曾《文说》尽管受到科举话语渗透，却不能说是"套用时文的作法来阐释古文"。其本质原因在于，"基本的章法、句法、字法以及审题、立意等方面，是时文与古文都必须面对的问题，且有共通的地方"（108、109 页）。持论有度，足称良史。

在明清时期，著者提炼出两个文派作为主轴，明代是唐宋派，清代是桐城派。有明一代文派此起彼伏，台阁体、前后七子、唐宋派、公安、竟陵等交缠递嬗①，何以独挈"唐宋"一旅？这是因为此派主张，行文必经有法之一阶段，乃能臻于无法之境。"基于这样的认识，唐宋派诸家大多身体力行，或对历代文章名作精心编选评点，或直接评骘前人文章高下，结撰形成了多种文章学论述"（151 页），自文话角度观之，最值得重视。因此著者在明代，便围绕唐宋派及其所针对的前后七子展开评述。入清以还，"真正有影响力的则非桐城派莫属"

---

① 参看（清）张廷玉等《明史》卷二八五《文苑传》序，北京：中华书局，1974年，第7307页。

（118页），它也是唐宋派的异代回响。后之阳湖、湘乡，胥可视为其支与流裔。扣住这条线索，清代文章学已得泰半，且与明代正相衔接。同时著者在主轴以外，也不忘超脱流派纷争的特立独行之士，明代有文法六朝的王文禄《文脉》，清代有强调文章经世、法随时变的包世臣《艺舟双楫》（前四卷《论文》）。这使得文话图景更显立体。

清季民国面临前所未有之大变局，新学汹涌而至，废除科举震动一世，全方位地改变了中国社会与文化。著者探究这场剧变给文话带来的转机："作为一种文化生存策略，传统内部在自省的同时意识到集中力量应对挑战的必要，其内部分歧变得不再突出。文话中原本存在的众声喧哗现象也渐为统一的声音所取代，这其中关于文章派别的争论以及骈散的区分尤为明显"（256页）。文派更迭不复构成演变动力，新形势的压力取而代之。本书将新形势细分成许多层面，逐一细研。举业废止，文话的应试色彩日益消退；西学大举进入，又逼出文话的许多变化，譬如采撷西学以充实自身、返回经世宗旨、传统资源内部整合等，这两点自是题中应有之义。除去这些，著者更着力寻绎文白之争中，文话作者维护文言的学理建设及其被忽略；文话大量用于学堂讲授，在教学章程约束下呈现的某些"共性书写特点"，以及"向写作指南回归的倾向"等（278、282页）；新式出版业态对文话的改造，诸如此类问题。层面之丰富、思虑之细密，由是不难窥知。最后以两位向现代转型途中的文话作家——刘师培与刘咸炘——收束全书。后者比前者走得更远，"他（刘咸炘）的文学史整体观，带有明显的四部之学转向七科之分的色彩，已经接近现代学科体制之下的话语系统。因而（《文学述林》）卷一、卷二专论文章，有较强的理论建构意图，与传统文论区隔明显"（377页），指向未来之意跃跃欲出。

应该说明的是，著者并非全然倒向现代。他谈到文话作者对文言的维护，认为他们原不反对白话文学，只是希望文言与之并行不悖，学理上远更稳健。可惜"新文化运动的发起者没有给对方论辩的机会"（234页），那些悉心组织、内蕴思想光泽的辩词，遂为历史的烟尘所掩埋。著者自将磨洗，发潜德之幽光，显然意图汲引传统因子，使之重焕活力，与现代文化相融会。这与乃师王水照先生的立场一脉相承。王先生坚信："'文言文'是我国一宗珍贵的民族文化遗产，并不因退出通用书写的舞台而失去它的价值和魅力"，慨叹新文化运动碾压过后，"受害最深、被打击最重的就是文言文及以它为根基的中国古代文章学学科，长期处于边缘化地位"①。他倡导文章学研究，搜集董理文话，均寓补偏救弊之意。这部《文话流变研究》，也担负着同样一份文化忧思。

二 在关键词烛照下

在具体论点上，本书间亦承用王水照先生之说。譬如文话的四类基本体式，便由后者归纳得出②。明清文话繁盛主因之一，在于文派纷呈，也已为王先生所揭橥③。当然，著者寝馈经年，独到见解更多。特别是每一时代抽绎出核心关切，循是以观，眼光每能透入一层。

譬如佚名编选《十先生奥论》，蒙文通为之考索学派归属，谓南宋时蜀学入于浙，"所谓西蜀之史学，永嘉之制度，并而为一者也"④，此编即反映出二水合流景况，所言已颇透辟。本书则进一步揭示，它

① 王水照《三个遮蔽：中国古代文章学遭遇"五四"》，王水照《走马塘集》，第103、100—101页。
② 王水照编《历代文话》，"序"第2—3页。
③ 王水照编《历代文话》，"序"第4页。
④ 蒙文通《四库珍本〈十先生奥论〉读后记》，蒙文通《中国史学史》，上海：上海人民出版社，2006年，第157页。

"偏重浙东诸儒的文章，除了学术渊源的原因，当也与浙东素以科举见称有关"（55页）。倘非时时把定宋元两代举业对文话的笼罩性影响，恐不易窥见此点。又如抉出刘师培《中国中古文学史讲义》一册之内，前后说法有别。第二课《文学辨体》仍然严骈散之分界，以为独骈体可以称"文"；可是第三课以下，阑散体以入"文学"之例不一而足，与前说出入甚明，"逗引出学术的现代气息"（370页）。事实上，这册讲义本由两部分缀合而成。前两课乃刘氏于1913年发表的《国学学校论文五则》及附录《文笔词笔诗笔考》①，后三课则系1917年执教北京大学后所续，承载着他不同时期的文学观念。著者正因随处留意新学的作用力，始能在思想上，敏锐察觉刘师培的动向变化。

然而时势与文章学的联结，并非总是那样直遂，有时会有相当复杂的传导、转换过程。著者深谙此点，每能往复辨析，避免流于简单化。譬如民国时王葆心《古文辞通义》比附新义，广泛援引欧西、日本学说②，著者却看出，他吸纳新学内容有其选择性，而且坚持使用传统概念，对前者始终抱有警惕。因此，"从根本上来说，新学并未走入他的学术空间，他对西学的认识、介绍也多限于表面，其用意在于立足于本土资源实现传统文化主体性的重建，而不是以西释中或者中西互通"（357页）。新学虽然风行草偃，效力也有时而穷。这种判断不以大势化约具体现象，更切合实际一些。又如南宋林駉、黄履翁撰集《古今源流至论》，分词条网罗相关文献，初步连缀成文，供考生临场獭祭。著者将它与类书明确区分开来：类书条目相互勾连，构成一知识系统；此编条目之间，关系则较松散。类书一条目下，仅平行罗列

---

① 参看万仕国辑校《刘师培遗书补遗》，扬州：广陵书社，2008年，第1305、1308页。
② 这一点，常方舟《失落的文章学传统：〈古文辞通义〉》亦有考述，上海：复旦大学出版社，2020年，第227—232页。

各种资料；此编则熔铸为"单篇论文，带有自我创作的成分"（47页）。这两项特征，皆是因应科考之需而来。不过著者也明白，此编中的文章形式，距正式程文尚有一间未达。他又从《论学绳尺》中，拈出《至论》编者之一林駉所作考场文字《陆澄讥康成之注》，与《至论》相关条目"传注"比较。《至论》不可能押准考题，只得泛论诸经，供不同场合随宜采择；程文则专论《孝经》，题目集中。《至论》也不可能押准立场，譬如此条便认定传注之学有益于读经；程文面对陆澄质疑《孝经》郑玄注这一题，则不得不处理郑注真伪等长期争议。林駉的办法是倡言传注不足恃，无须深究，以绕开这处疑难。这与《至论》立场截然相反。由此可见，"套类所提供的只能是（科场）作论的素材，当论题与素材出现差距时，往往需要结合具体论题而灵活组织材料"（50页）。这便剖析清楚了套类条目的性质。闻一多先生曾逐步细察，如何从类书中一个条目，敷衍出一首初唐诗[1]。此段分析之环环相扣，约略近似。对于追踪南宋科举风气漫入文章学的详细路径，无疑具有示范效应。

　　位于核心关切之外的许多细节，著者也有不少发现。譬如林纾与桐城派之离合。二者常被混为一谈，实则畛域分明，林氏本人便不以为然。王风先生已明言，主要理由是"林纾对文坛的派性意识保持着极大的反感"[2]。不自居桐城传人，其意非仅在于桐城。本书则进而把林纾认知中的文派概念分为两层：一层是"张声势、立门户"的"末流之习"，为林氏所深恶痛绝；另一层"则与这些组织形式无关，纯乎是一种理论认同"，虽在林氏也不拒斥的。这就部分解释了，林纾为何

---

① 闻一多《类书与诗》，闻一多《唐诗杂论》，上海：上海古籍出版社，1998年，第4—5页。
② 王风《林纾非桐城派说》，王风《世运推移与文章兴替：中国近代文学论集》，北京：北京大学出版社，2015年，第111页。

一方面与桐城派保持距离；另一方面，当文白相持之际，又为桐城文章大鸣不平。"因为这并非派别习气，而是一种文化认同，是对桐城理论中符合文章发展规律的精髓部分的坚守。"（312页）解释之圆融，正来自于分疏之精审。

著者参与《历代文话》校对定稿，但在文献方面，并未止步于此，而另有独立准备，时能立足一手材料，钩稽出文话及其作者的新消息。譬如《涵芬楼古今文钞》编者吴曾祺，资料希见，卒年难定，《文话》解题付之阙如①。本书则觅得潘祖镗《吴曾祺》一文，确知其殁于1929年（289页注②）。

又如陈绎曾的生平，考证者不乏其人。著者尝辑校陈氏文集②，史料搜罗齐备，因能集腋成裘，对其生平行事，作出迄今最精细的叙述，附带也纠正了以往某些误读。吕宗杰为《法书本象》撰序，称元至正十一年（1351），自己"以公委购书之钱至钱塘留润"。或以为"公"指陈绎曾，可证此年他犹在世。本书辨明"公委"即公事之意，与陈氏无干，"以此来推定陈绎曾此时仍然健在，似乎还需斟酌"（93页）。陈氏《游凤凰山寻唐状元陆器读书台》诗，有"江浙去题龙虎榜"之句，或据此断言他曾参加科举考试。本书辨明此句乃咏题主陆器，以之牵合陈绎曾，"并不具有太强的说服力"（94页）。《文筌》序末自署"汶阳左客陈绎曾"，或由是推测陈氏一度贬官汶上。本书辨明"左客"未必指贬谪之人，此说可商（95页）。如是种种昭示了，全面掌握文献固然重要，正确解读也同等重要。

再如《论学绳尺》版本，迷雾重重。日本静嘉堂文库藏有一部，

①　王水照编《历代文话》，第6561页。
②　慈波《陈绎曾集辑校》，北京：人民文学出版社，2017年。

由于卷首题辞末署"至元己丑二月丁未"，遂著录为元刊本。本书发觉至元己丑（二十六年，1289）二月无丁未，题辞中提及的朱从善、余允清、杨朝重又均为明代人，因此生疑。复取内阁文库藏本比对，版式全同，遂重断为明成化刊本（73—74 页）。复旦大学藏本，昔日认作明天顺本，是成化本的前身。本书发觉成化本阙文，此本一一补足，遂重定成化本在前。又从蓬左文库找到一本，与复旦本相同，而何乔新序多出作年与署衔。何序写在成化五年（1469），仅晚于初刻本游明题辞数月，可见"重刻本的刊行时间不会太晚"（78 页）。余如勘定四库本以成化初刊为底本，却又多所改动；自现存明代诸本内证，推知其祖本系南宋建阳刻本，分三次陆续刊刻，并尽量考出各次年份，类皆新见迭出。把这部科场论体文重要选集的版本知识，推进了一大步。

文献坚实、讨论深入，保证了本书的学术水准。另外有趣的一点，是著者研习文话既久，似有与其俱化之概。书中若干议论，映射出所读文话的影子。持以对照，弥增兴味。譬如方苞论文追求雅洁，极力摒除一切杂质，吐弃过甚，反致狭隘。本书则说："当一种文体需要寻求新的拓展时，它往往大量引入异己因素，以拓宽题材与影响；而当一种文体需要确立自身的地位时，它往往急于标明自己的独异性，排斥他种因素对自身的渗透，这正是文学史上不断出现的破体为文与推尊文体现象。方苞力倡'雅洁'，正是出于推尊古文文体的考虑。"（180 页）著者不孤立地评价雅洁说之得失，而是在古文希求优势文体地位这一特定历史语境下，透显其必要性。所谓"了解之同情"，此论庶几近之。不唯如是，它还上升到一般文学变迁规律的层次，俯瞰群伦，识度超迈。而探河穷源，刘咸炘已有斯言："凡一文体之初兴，必絜净谨约以自成其体，而不与他体相混。其后则内容日充，凡他体之可载者悉载之；异调日众，凡他体之所有者悉有之，于是乃极能事而成大观。"①刘氏举诗词碑铭以至八股为证，但这是条普遍原则；本书转施之于桐城古文，便得出一个精彩创见。传统文章学不只是一种客观研究对象，上节提及，它更可以重焕生机，加入现代文化中去。著者对文话的活学活用，就证明了这一点。

三 文章学的范围厘定与内部整合

通观全书，也偶有未醇之处。譬如一些新颖视角，不曾贯彻始终。张相编选《古今文综》，由供职的现代出版机构中华书局印行。本书揭明其特殊性："出版文化的变迁使得我们得以从另一个层面考察其成功的缘由，而这在此前的文话传播当中似乎还所见不多。"（334页）从现代出版传播角度切入，确实别有意趣。然而细审"出版文化下的文章选集"这一小节，单按《小说大观》季刊广告所宣扬的此书五大特色：选录之博、类别之碻、格式之备、评点之精、校订之善，依次举例说明。这些仍属选本自身的优长，并非传播手段的功劳。后文自承："这五大特点其实也多是优秀选本应该具备的特征，所体现的只是《古今文综》与他（它）们的类同性。"（338页）现代出版业的氛围，并未真正得以彰显。

又如个别论点或可商讨。著者综合欧阳起鸣、冯椅、陈傅良诸家说法，剖分南宋科场论体文模式化的组成板块，谓"冒题之后一般为入题"，在此要一字不差地夹入试题（65页）。可是，入题似乎就包含在冒题内。冯椅说："冒头于破题上不曾用得题目上字，则于一两行后必着入。……若不来中间入，则须就承题直上。"欧阳起鸣则在论头中的破题、承题、讲题之后，标有举题一目。举题即入题，"前面意说

---

① 刘咸炘《文学述林·文变论》，王水照编《历代文话》，第9724—9725页。本书第384页引之。

尽，则举题当略；前面说未尽，则举题当详"①。二人观点不尽相等。在冯氏看来，入题位置自由移动，可化入破题，也可化入承题；在欧氏看来，入题则必在破题等部分之后。但他们都视入题为冒题（冒头、论头）之一环节，未尝单出一项②。

举出以上两点，意不在于纠弹。写这样一个题目，文献之浩瀚、现象之繁难不言可喻。肩重担而取长途，偶尔几个趔趄，任谁也难尽免。总体看来，本书考论精详，文话流变已究明泰半；文章学的来程，也多朗然在目，给后续研索筑就了牢固基础。为着展望去路，以下再就三点方向性问题，略陈一己之见。

首先，著者厘定"文"的范围，除古文、赋、骈文、八股外，还包括非诗歌的铭、赞、偈、颂等韵文。文话大体随之，但把赋话另列而已。王水照先生《历代文话》则说："文评著作以论析古文为重点，但也涉及骈文、时文与辞赋"，只是格于体例，"论赋之作暂不阑入"③。铭、赞、偈、颂之属，向未加以考虑。本书断然剔去赋话，理由充足，颇具见地。而其他诸种韵文，也不如一概舍弃为愈。著者保留它们的依据，是古人创作实践。不过界定概念，传统含义并非唯一标准，尚须考量其内在一致性。就体制看，古文、骈文、八股皆不押韵，与韵文区划分明；赋则韵散互济，而以韵文为主体。因此，古文、骈文、八股合为一组，赋与铭、赞、偈、颂等别为一组，似乎更加惬当。文章学主要究心古文，连带而及骈文、八股便可，不必多所牵涉。就文话看，除王应麟《辞学指南》卷四谈及箴、铭、赞、颂而外④，少有著作专论各体韵

① （宋）魏天应编《论学绳尺·行文要法》，王水照编《历代文话》，第1080、1087页。
② 祝尚书《宋元文章学》便以入题为论头尾部，乃用欧阳起鸣之说。北京：中华书局，2013年，第300页。
③ 王水照编《历代文话》，"序"第5—6页。
④ 王水照编《历代文话》，第997—1005、1014—1021页。

语。本书于韵文批评也一字未提，舍去或更符合实际。

其次，著者每一时段点出一关键问题，振衣提领，长处是焦点聚拢、眉目清晰；短处是过分简括，可能忽视了若干重要面向。譬如明清两朝，聚焦于文派迭代，而王水照先生综观此期，又注目于"时文（八股）兴盛之刺激与驱动"①。换言之，科举影响不止宋元，下至明清，势力依旧强劲，尽管考试文体有所变更。本书介绍刘大櫆的古文音节论，也看到其"最直接的渊源，当来自于时文"（185页），惜乎惊鸿一瞥，未及发挥。事实上，"桐城由时文入"②，派中人物大都如此，非仅刘大櫆为然。上溯明代，唐顺之、归有光、茅坤等古文家，莫不兼为八股名手。黄宗羲一言以蔽之："三百年人士之精神，专注于场屋之业，割其余以为古文。"③八股对古文的作用，贯穿明清两代。陈平原先生说："明清文坛的许多争论，都可从回应'八股文化'的角度来解读。"④此诚抉本之谈。著者因在时代元素中，弃举业而但取宗派，遂将这一紧要维度轻轻放过。

最后，本书所述文话思想，侧重古文一端，骈文、八股论说罕见笔下，明清以后两时段尤然。除对李兆洛《骈体文钞》、孙德谦《六朝丽指》等稍有涉及，余皆置诸不论不议之列。偶或径称"文话以古文为评述对象"（223页），几乎忘了其他文章体式。文话固以古文为主，却不表示其他文体无足轻重。如果说，文话包含"选集评点"一类，那么明清八股选本体量之大、分量之重，都不宜忽略。《儒林外史》第十八回，时文选家卫体善扬言："比如主考中出一榜人来，也有合法

---

① 王水照编《历代文话》，"序"第4页。
② 郭绍虞《中国文学批评史》，北京：商务印书馆，2010年，下册第429页。
③ （明）黄宗羲《明文案序上》，（明）黄宗羲《黄宗羲全集》，杭州：浙江古籍出版社，2012年，第19册第16页。
④ 陈平原《中国散文小说史》，北京：北京大学出版社，2010年，第134页。

的，也有侥幸的，必定要经我们选家批了出来，这篇就是传文了。若是这一科无可入选，只叫做没有文章。"①虽系小说家语，足见明清操选政者气焰之煊赫，文话研究似应给予一定篇幅。此言或有求全责备之嫌，若这样做，工作量何啻翻倍，确实难以咄嗟立办。想来著者自有擘画，不妨俟诸异日。

偏重古文的态度，有时又关系到立论。譬如著者称清代"虽然有所谓汉学派、史学派以及骈文派，但实际上这些'派别'只是有相关文章理论，而创作上并无特异表现，且成员零落，难成体系；真正有影响力的创作则非桐城派莫属"（118页）。有清一代，骈文号称复兴，陈维崧、胡天游、吴锡麒、汪中、洪亮吉、孔广森、王闿运等，名家络绎。钱锺书先生称许："骈文入清而大盛，超宋迈唐。"②本书未免抑之过甚。

又如为李兆洛《骈体文钞》定性："李兆洛的骈体主张明显不同于骈体正宗说，而且他有意无意地混淆了语句层面的骈偶与文体层面的骈体，使得其骈体定义过于宽泛，因而含有骈偶句式的古文也被视作骈体。……而且按照他的定义方式而论，'骈体'未始不可被改称作'古文辞'，因为他其实只是扩充了古文辞的内涵与范围，纳入了更多的骈俪成分而已。将他骈散兼容的理论视作桐城文派在不同时代的理论更新，也许更为合适。"（164页）这里拿李氏上接桐城，近乎当作古文理论家了。著者指摘他混语言形式和文章体裁为一谈，堪称具眼。问题在于，李兆洛拓宽后的"骈体"，是否即等于"古文辞"？恐怕未必。"古文辞"一名，据姚鼐《古文辞类纂》所说："古文不取六朝人，恶其靡也。独辞赋，则晋宋人犹有古人韵格存焉"③，知为古文与辞赋

---

① （清）吴敬梓著、黄小田评本《儒林外史》，合肥：黄山书社，1986年，第172页。
② 朱洪国编《中国骈文选》，成都：四川文艺出版社，1996年，卷首影印钱锺书手迹。
③ （清）姚鼐纂集《古文辞类纂》，上海：上海古籍出版社，2016年，"序目"第19页。

合称。其中前者是李氏根本反对的。其自序称，六经骈散迭用，"自秦迄隋，其体递变，而文无异名。自唐以来，始有古文之目，而目六朝之文为骈俪"。"古文"一词原属后起，况且"文之体，至六代而其变尽矣"，这就把唐代古文涤荡一空。"古文"概念无所附丽，就地冰消瓦解①。更关键的是，散体文在《骈体文钞》中少之又少，相当边缘，正宗骈文仍旧占据主位。李兆洛是从偶俪文章出发，兼收骈散交替之作，而将纯粹散体拒之门外；"古文辞"则广纳纯粹散体，兼收辞赋，而将骈文拒之门外。李氏定义的"骈体"，其实与"古文辞"重叠不多，他还是站在骈文一边的。

出现这类偏向，也许不是偶然。它触及文章学至今未解决的一个难题：古文、骈文与八股之间，内在一致性发掘不足。一项研究但凡问题意识强烈，譬如本书，处理文体几乎必然详略有别。这是受学术现状制约使然。数年前，王水照先生也谈到，文章学在概念上"还有些模糊，有些分歧"②。一门学问之成立，研究对象内部具备一体性，乃是必要前提。在此意义上，文章学的根基尚须加固。这并非否认古文、骈文与八股有贯通处，上文所言不用韵便是一例。只不过逗留于斯，所涉犹浅，倘能求得更多、更本质的通性特征，文章学内部的联结会更紧密。而一旦求得通性特征，自此生发，许多今日意想不到的论题，也将纷至沓来。如是观之，文章学领域可谓生机弥满。因为在研究者眼前，正有一幅崭新的长卷，待有心人缓缓铺开。

① （清）李兆洛《骈体文钞序》，（清）李兆洛《养一斋文集》卷五，《续修四库全书》，上海：上海古籍出版社，2002年，第1495册第77页。
② 李纯一《研究"唐宋转型"与当今社会有密切联系》（访谈），《文汇报·文汇学人》2013年2月25日。

第六节　国内文史研究近况一瞥：诗歌、知识与社会

一　流变中的知识与诗：从彼得·伯克到江弱水

翻开彼得·伯克《知识社会史》①，原想借鉴一二研究思路，孰料所得不偿劳——平面化，太平面化了。然而这平面四下铺展开去，无远弗届，倒也显出另一番壮阔。伯克综观社会因素对知识的塑形作用，自文艺复兴直写到20世纪，横跨人文、社会、自然各学科，涉足极广。当然认真说来，一开始，这些学科本身尚未分疆划界，相互独立，如今日然。伯克着意勾勒的，正是这数百年的演化轨迹。上卷涵盖文艺复兴与启蒙运动时期，主要围绕知识人的身份变迁、体制支撑、权力介入、市场推动、读者获取媒介与方式等问题展开，偏于社会一面；下卷涵盖启蒙运动至当代，主要围绕知识采集、分析、传播、应用等问题展开，偏于知识一面。两卷处理方式的差异，大约源自对不同时段的不同认知。前一时段，世俗化俨然成为知识世界的主旋律，而走完世俗进程，非各种社会条件凑泊不能为功，故重点在外部；后一时段，知识进一步专业化，其形态的嬗变，已非社会条件能充分解释，故重点在内部。本书梳理基本史实，提挈基本论题，由是可以略窥门径。

①　上卷，陈志宏、王婉旎译；下卷，汪一帆、赵博囡译，杭州：浙江大学出版社，2016年。

　　平面下的纵深开拓，则须依赖专题研究。卞东波编译《中国古典文学研究的新视镜——晚近北美汉学论文选译》①所收，多属21世纪以来刊载的新作，兼顾名家与新锐。不难发现，北美汉学界探讨中国古代文学，也日益转向文学与政治语境、传播载体、读者心态等社会因素的互动。其间若干思路，曾经引发热议。譬如田晓菲《尘几录》比勘手抄本流传中的陶诗异文，抉示陶渊明隐逸形象的人为塑造痕迹，评价便颇为纷纭。本书里的几篇文字，展现出这一思路的持续推进。宇文所安通论唐代别集手抄本概况，并尝试建立"主集""小集""子集"等概念，以为后续研讨之资。他另一篇文章，则推求中唐顾陶《唐诗类选》收录杜甫诗的标准。田晓菲将通行的王绩集三卷本，与五卷手抄本相较，指出前者经陆淳删削去取，遮蔽了王绩对南朝宫廷诗的继承。林葆玲在应璩诗存世无几的前提下，旁取尺牍参证，试图还原其诗作全景，借以重释钟嵘《诗品》的陶诗"源出于应璩"说。上举三篇个案考察，不复着眼于句梳字栉的异文比对，而着眼于文集存佚、编辑理念对诗人形象的影响，视野愈发立体。一种学术思路舒展开来，充类至尽，其优劣是非，乃益灼然可见。在此意义上，本书提供了更深入的对话契机。书中另有些论文，发表时间虽早，仍可能增益新知。20世纪90年代蔡涵墨谈苏轼乌台诗案的两篇，介绍、翻译、评注诗案卷宗，做的是基础工作，但谛观熟思，也自细微处获得不少发明。譬如他注意到结案后，苏轼"责授检校水部员外郎，充黄州团练使"，而水部员外郎在宋代，系为受罚官员保留的特定升迁通道。宋神宗的补偿之意，晦而实显。这样透入一层的解读，让人想起清初徐乾学的豪言："古人之事，应无不可考者。纵无正文，亦隐在书缝中，

———————————————————

① 合肥：安徽教育出版社，2016年。

要须细心人一搜出耳。"①

　　彼得·伯克每惊叹于现代知识积累的迅猛势头，朱东润《中国文学批评史大纲》（校补本）②的印行，又添加了小小一例。朱先生治这门学问，诚如章培恒先生所言，是以现代"文学"观念裁断古书的；加以言辞犀利，指摘曹植品评作家茫无定准，黄庭坚谈艺自相抵牾，此等处快人快语，令人神旺。通行本系取1937年本前半与1933年本后半缀合而成；本次校补，恢复现存的1937年本最后十八章，将前后多次讲义相异内容择要注明。末十八章比之初版本，固有区别，譬如沈德潜那章，补入一段对其"诗教"论的批评；袁枚那章，补入一段与杨万里诗学的异同辨析，不过对读下来，区别不若预想之大。本书价值毋宁更在于，呈现出这部著作成书过程的较完整链条，足供学术史家搜讨。

　　除了知识，文艺趣味同样与时推移。江弱水先生说诗经年，《诗的八堂课》③集中表露他的取向。"博弈第一"论创作，重推敲甚于灵感。"滋味第二""声文第三""肌理第四"论鉴赏。在江先生看来，"滋味"是各种感官交互触发的联觉（synesthesia）体验，"肌理"是用字、造句、意象、韵律共同浇铸的文本质地，两章皆系综合论述，且已包含声音在内；而他又单辟"声文"一章，详言诗的音效，足见对这问题的特殊关怀。"声文"章总体观之，体察入微而富启发。只可惜分析旧体诗词，未免有拿今音忖度古人的时代错置，譬如讲杜甫《野人送朱樱》诗"数回细写愁仍破，万颗匀圆讶许同"一联即是。"玄思第五""情

①　（清）阎若璩《潜邱札记》卷二引，《景印文渊阁四库全书》第859册，台北：商务印书馆，1983年，第435页。
②　陈尚君整理，上海：上海古籍出版社，2016年。
③　北京：商务印书馆，2017年。

色第六""乡愁第七""死亡第八"分论四类诗作主题，两两一组。"现
代的诗是中年的诗"，既陷入了沉思，从而走向玄学；又失落了纯真，
从而走向情色。玄学偏追求思想的"道成肉身"，情色偏"以摇荡性灵
为指归"，两相缠绕，造就现代诗人的标准像。20世纪的乡愁，由于
精神家园分崩离析，其实无乡可归，漂泊遂变成一种宿命。由此叩问
生命意义所在，最终导向对死亡的凝视。四类主题背后，分明悬浮着
一副现代人的眼光。

知识与诗皆处于变动中，却远非同道。按马泰·卡林内斯库的分
法，知识的世俗化和专业化，乃是"资产阶级现代性"的表征；诗的
不安和索求，则是"美学现代性"的表征。"两种现代性之间一直充
满不可化解的敌意，但在它们欲置对方于死地的狂热中，未尝不容许
甚至是激发了种种相互影响"①。倘使综合两造，写一部"知识与诗
的社会史"，观其相摩相荡之势，画面想会加倍壮阔。承学之士，盍
兴乎来？

二　独守千秋纸上尘：辛德勇《发现燕然山铭》

辛德勇先生著《发现燕然山铭》②，书名带点儿营销策略。因为
2017年发现的，只是《燕然山铭》摩崖刻石；而铭文本身，载范晔
《后汉书》卷二三《窦宪传》，又收入萧统编《文选》卷五六，向未佚
失，初无待于今人"发现"。不过这个书名，当非辛先生本意。他明

① ［美］马泰·卡林内斯库《现代性的五副面孔》，顾爱彬、李瑞华译，北京：商务印书馆，
2002年，第343页。
② 辛德勇《发现燕然山铭》，北京：中华书局，2018年。以下引用此书，仅随文括注页码，
不另出注。

确指出："刻石铭文与传世文本毕竟大多基本相同"（第 268 页），"并没有给中国古代历史的研究提供前所未有的新资料"（第 2 页），态度平实。书中各篇，原初总题 "《燕然山铭》漫笔"，反更恰切。顾名思义，属于"漫谈"性质，思路不泥一隅，四下发散，非寻常著书之体所能羁勒。譬如第五篇讥贬宋徽宗改名燕京为燕山府的虚妄，第八篇揭露 1986 年另一方通湖山摩崖刻石现身后，地方政府官员野蛮搬迁而致损毁，皆游离主线之外；第四篇推测刻石不可能由撰者班固亲自书丹，第九篇辨析铭文题目开头未应加一"封"字，又落入琐屑之中。然而豆棚瓜架下，清谈娓娓，或参之以感慨，或博之以兴味，也足一听。

本书点题之论，多在篇幅最长的第六篇。东汉和帝永元元年（89），窦宪出征北匈奴，大获全胜，命作《燕然山铭》纪功。北匈奴"在遭受此番打击之后未久，即远徙西方，中原王朝同草原帝国的对峙与冲突，由此转入新的历史阶段"（第 5 页），可见此战影响之深远。辛先生溯其起因，是窦太后听政，其兄窦宪为防分权，派刺客暗杀了与太后私通的都乡侯刘畅。东窗事发，待罪内廷，于是自请北击匈奴以赎死。适逢内附的南匈奴单于屯屠阿上奏，应趁北匈奴虚弱，主动出击，以便自己统一南北匈奴，"并为一国"，汉家也可"长无北念"，消除边患。当时尚书宋意便提醒，这样做，有违以夷制夷之道，"不宜放纵南匈奴势力独大"（第 137 页）。但窦太后终于还是决定出兵，命窦宪统率，既破解了兄妹间的僵局，也为后者加官晋爵、窦氏进一步把持朝政作了铺垫。

屯屠阿拟想的北征军队，以南匈奴人马为主力，辅以东汉边防兵与度辽营军士，"基本上都集中在河套及其邻近的北部边防在线"（第 146 页）。而真正北征时，军力构成颇有变化。最值得注意的，是调动了北军五校、黎阳营与雍营。北军五校掌宿卫，黎阳营直隶于朝廷，雍营职在卫护园陵，均具中央军特性，"足见窦太后为确保乃兄此番如愿得胜回朝，做出了充分的准备"（第163页）。征伐路线，《后汉书·窦宪传》略存轮廓，辛先生据新出《燕然山铭》刻石，更进一解。铭文说："于是域灭区殚，反斾而还，考传验图，穷览其山川：逾涿邪，跨安侯，乘燕然，蹑冒顿之逗略，焚老上之龙庭。"传世文本较之刻石铭文，关键区别在于，"逾涿邪"前衍一"遂"字。若有"遂"字，则其下所言，系战事告一段落，"反斾而还"后的另一次行动。刻石铭文无"遂"字，则其下所言，可理解为"对整个战役进程所做的一番回顾"（第171页）。依此新见，窦宪曾统军直捣"龙庭"，即安侯河畔的北匈奴巢穴。行程之远，大大超出以往所知。

自清代以来，学者多指燕然山为今蒙古国的杭爱山。此次铭文石刻，出现于翁金河东岸，可证清人所指，"至少西北偏离实际地点五百里以上"（第116页），事实驳倒了旧说。辛先生分析何以勒石于此：这里位处漠北，毗邻漠南，西倚翁金河，乃南北往来必经之所。选择此地，"才能够使其铭文广为人知，取得最大的宣传效果"（第122页）。燕然既封，班师回朝，窦宪越次拔擢，自不待言。放宽视界看，此役实为北匈奴销声匿迹的前奏。北匈奴主体远遁后，尚余十数万落，分布漠北鄂尔浑河两岸。东面的鲜卑迅速进占，匈奴余部为鲜卑所同化，推动后者崛起于蒙古草原，给中原王朝造成更严重威胁。"溯本求源，也可以说正是窦宪为邀功赎罪去征讨匈奴而惹出来的祸"（第204页）。

辛先生本其历史学家，特别是历史地理学家的素养，提出若干益人神智的见解。某些观点，譬如由"遂"字之衍重勘行军路线，至少足备一说。他对窦宪此战，整体持否定态度。千秋功过，评说实难，尽可随观察角度、立场的不同而不同。譬如自北匈奴至鲜卑之嬗递，南宋叶适说是"事变激逐，明智所不及虑"①，便未如辛先生般深加责备。这点姑置勿论，以下主要就个别史实作一说明。

北征动议甫抛出，宋意便进言谏阻。辛先生所据为《后汉书》卷四一《宋意传》，他以为宋氏不愿坐视南匈奴独大，稍有未谛。宋意说："今鲜卑奉顺，斩获万数（按指章帝章和二年［88年］，鲜卑击破北匈奴），中国坐享大功，而百姓不知其劳。……臣察鲜卑侵伐匈奴，正是利其抄掠，及归功圣朝，实由贪得重赏。今若听南虏还都北庭，则不得不禁制鲜卑。鲜卑外失暴掠之愿，内无功劳之赏，豺狼贪婪，必为边患。"②他希望保留北匈奴，以满足鲜卑不时抄掠之需。南匈奴已然归顺，若并吞北匈奴，一旦鲜卑来掠，汉廷不得不予保护。鲜卑无所取资，无从邀功，必将酿成新患。宋意所忌惮者，是鲜卑而非南匈奴。事实上，当日谏争之人甚众。譬如司徒袁安"与太尉宋由、司空任隗及九卿诣朝堂上书谏，以为匈奴不犯边塞，而无故劳师远涉，损费国用，徼功万里，非社稷之计"③。理由在北匈奴未尝主动进犯，师出无名，又劳军伤财。侍御史鲁恭、何敞，议郎乐恢所言略同④。诸人全无一语及于南匈奴。窦宪得胜后，起初反对最力，"至免冠朝堂固争者十上"的袁安与任隗，却提议道："光武招怀南虏，非谓可永安内地，正以权时之算，可得捍御北狄故也。今朔漠既定，宜令南单于反其北庭，并领降众"⑤，以纵南匈奴北归、南北合一为上策，和南单于

①　（宋）叶适《习学记言序目》卷二四，北京：中华书局，1977年，第344页。
②　（南朝宋）范晔《后汉书》卷四一，北京：中华书局，1965年，第1416页。
③　（南朝宋）范晔《后汉书》卷四五《袁安传》，1519页。
④　（南朝宋）范晔《后汉书》卷二五《鲁恭传》、卷四三《何敞传》、同卷《乐恢传》注引《东观记》，第875—877、1484、1479页；另参卷四三《朱晖传》、卷四五《韩棱传》，第1461、1535页。
⑤　（南朝宋）范晔《后汉书》卷四五《袁安传》，第1520页。

所请如出一辙。要之，防范南匈奴，始终未被东汉君臣纳入考虑范围。又窦宪此番出击，带有北军五校等中央部队，辛先生视为窦太后的刻意安排，似乎求之过深。东汉朝廷唯恐地方生变，郡国兵士往往罢而不练，遇有征讨，只能出动中央军。这是常态而非特例。马端临《文献通考》卷一五〇《兵考二》引章氏曰："自光武罢都试，而外兵不练。虽疆场之间，广屯增戍，列营置坞，而国有征伐，终藉京师之兵以出。盖自建武迄于汉衰，匈奴之寇，鲜卑之寇，岁岁有之。或遣将出击，或移兵留屯，连年暴露，奔命四方，而禁旅无复镇卫之职矣"[1]，即指明此一现象。职掌宿卫的北军五校出战匈奴，谈不上"很强的政治象征意义"（第158页）。本书其余部分，也偶有可商处。譬如《燕然山铭》传世文本，铭辞部分较新出刻石，每句中间添一"兮"字。辛先生猜想是在流传过程中，"因倚声唱诵而衍增"（第71页），有如后来元曲的衬字。实则铭文一体，素来施之镌刻，是并不被于歌唱的。

　　辛先生谦称"平时没有相关的积累"（"前言"第3页），只因这方摩崖刻石，激发起大众的关注与求知欲，自感身为专业学者，应当"写出有一定深度而又能满足社会公众需求的文稿"（第3页），遂勉力行之。他为学院墙外读者写作的精神，令人钦敬。王安石早就慨叹："区区岂尽高贤意，独守千秋纸上尘"[2]。往事已渺，史家在字里行间爬梳，永远隔着一层灰尘，难免偶尔迷蒙了双眼。在这个意义上，我们都是历史的学徒。围绕《燕然山铭》，仍有尘埃等待拂拭。因此，仍有许多故纸堆要钻，许多文章要写，面向学界，也面向公众。

---

[1] （元）马端临《文献通考》卷一五〇，北京：中华书局，2011年，第4515页。
[2] （宋）王安石《读史》，（宋）王安石《临川先生文集》卷二七，上海：中华书局上海编辑所，1959年，第294页。

三　唐诗文本变形记：陈尚君《唐诗求是》

　　陈尚君先生治学，以文献、史实考证见长，泰半精力萃于唐诗。搜罗之广博，体例之完善，分析之细密，罕有伦比。近来他取自己相关文字略加简择，都为一编，题名《唐诗求是》刊行①。捧读后，偶有一隅感发，写出就教高明。

　　2011 年，陈先生发愿凭一己之力，编纂《唐五代诗全编》（以下简称《全编》），斠理至今，蒇事在望，尤为学界翘首以盼的大工程。其面目，从本书可以窥见一二。

　　进行中的《全编》，包含两大部分：校录文本以外，另列纪事，搜辑、考辨唐五代诗本事，认识多有细化。本事之于研读诗作，有时相当关键。譬如唐中宗景龙二年（708）至四年（710），君臣酬唱频繁。赵昌平先生《初唐七律的成熟及其风格溯源》一文论证，七律体制正式定格，即在这一时期，为应制唱和所推动，并考出其中六次确凿时间与作品②。唐玄宗时，武平一撰《景龙文馆记》载其事，今佚。贾晋华教授为作辑本③，复参据其他典籍，考得期间君臣文学活动六十六则，诗三百六十七首（不含断句），叙述加详。这次陈先生重辑《记》文，在此基础上，逐日考订酬唱者及存世作品，理清原委④，想来弋获更丰，应有助于七律体式演变研究，步入愈发精切的境地。

　　当然文本校录，依旧是《全编》工作重心。陈先生从役有年，甘

①　陈尚君《唐诗求是》，上海：上海古籍出版社，2018 年。
②　赵昌平《赵昌平自选集》，桂林：广西师范大学出版社，1997 年，第 24—43 页。
③　贾晋华《唐代集会总集与诗人群研究》（第二版），北京：北京大学出版社，2015 年。后来另有陶敏校辑《景龙文馆记 集贤注记》，北京：中华书局，2015 年。
④　陈尚君《〈唐五代诗纪事〉编纂发凡》，陈尚君《唐诗求是》，第 212—213 页。

苦备尝，由此总结的若干经验，颇具独到之处。譬如刻下学人，每强调写本时代与刻本时代，文本稳定性有别；他则一再指陈："今人喜谈写本时代的文本形态，我仅能作部分的赞同"①，因为"钞胥固不免手民（按'手民'疑当作'移录'）之误，刻本更难免射利之求"②，两者讹伪"性质、形态或有不同，但结果是一样的"③。见解迥异时流，发人深思。又如目前整理别集的通例，是择一保存作品较完整的版本作底本，在此框架下校正损益；他则指出：其一，唐诗文本流播变异的轨迹各不相侔，整理者有必要"区别对待，每一首诗确定底本和参校本"④；其二，今见别集编次，往往历经众手，形成过程曲折，整理者应该不为所缚，尽量恢复较早的文本样貌。基于这两点，陈先生的处理便与众不同。像许浑诗，罗时进先生《丁卯集笺证》不依傍单一善本，而逐首选定底本，已超出通行做法一头，但目次仍循《全唐诗》之旧。换言之，见及其一而未及其二。陈先生重新编录，"前三卷以乌丝栏诗真迹为底本，其次各卷分别用蜀本、书棚本、元本另见诗为底本，以求最大限度地还原许诗的初始面貌"⑤。他的办法，是区分各版本同原貌距离远近，先取较近者为底本，阙漏处再取其他版本补足。因此，底本常由多个版本缀合而成。张籍、王建、元稹、刘长卿、权德舆、陆龟蒙等家，也本此原则董理。这为唐人别集今校，提供了一条崭新思路。

而最重要一点，是陈先生的目标，不止于写定文本。他说："前代

---

① 陈尚君《大梅法常二偈之流传轨迹》，陈尚君《唐诗求是》，第519页。
② 陈尚君《李白诗歌文本多歧状态之分析》，陈尚君《唐诗求是》，第384页。
③ 陈尚君《唐诗文本论纲》，陈尚君《唐诗求是》，第11页。
④ 陈尚君《唐诗文本论纲》，陈尚君《唐诗求是》，第11页。
⑤ 陈尚君《许浑乌丝栏诗真迹与传世许集宋元刊本关系比较分析》，陈尚君《唐诗求是》，第545页。

古籍校勘学更多希望通过文本校勘，改正文本流传中的讹误，写定一个错误较少的文本，但对唐诗来说，仅此远远不够，我近年更多认为要把唐诗文本形成、刊布、流传中的多歧面貌充分地揭示出来，为后人的研究展开立体空间。"①一方面，"唐诗可靠文本与文献的重建"②还是题中应有之义。仅此一端，已然裨益学者匪浅。譬如皮日休与陆龟蒙等人唱和的《松陵集》，原题起初三次，陆氏皆称前者"袭美先辈"，以下则径称"袭美"，间或称其"鹿门子"。两人关系由疏而密之迹，班班可考。此类原始信息，经《甫里先生文集》《全唐诗》等书改题后，多被遮蔽，足见文本原貌之珍贵③。另一方面，陈先生悬鹄更高，又力图把唐诗文本传讹的经过，分层次揭示出来。为此批评一套李白集新注，校勘虽认真，却"没有就每首诗的文本来源作详尽记录"④。未来《全编》校勘记，必定空前翔实，不妨视作一部特别的唐诗文本变形记。这些记录，确能为研讨拓出一方"立体空间"。譬如从敦煌卷子、吐鲁番文书、长沙窑瓷器题诗、山西长治墓志志盖题诗，足以领略唐诗在民间流布的特点。百姓喜闻乐见之作，表达的都是劝学、惜时、送别、怀人、思乡、羡官羡富等世俗情趣；意思取其简单，语言取其浅易，故著名诗人，只有王维、白居易、刘长卿多次入选，李白、杜甫、韩愈、柳宗元、刘禹锡、李贺、杜牧、李商隐等人几无踪影；就文本言，随意删节、拼接、改写、另题作者，殆成常态。不过同时，陈先生也提醒："民间对诗歌的最基本要求是通俗易懂，一流大家的追求则在诗歌史上的开拓创造，取径不同，结果自异，不能因

---

① 陈尚君《唐诗文本论纲》，陈尚君《唐诗求是》，第3页。
② 陈尚君《唐诗求是》，"自序"第1页。
③ 陈尚君《唐诗的原题、改题和拟题》，陈尚君《唐诗求是》，第226—236页。
④ 陈尚君《郁贤皓先生〈李太白全集校注〉述评》，陈尚君《唐诗求是》，第406页。

此而认为杜甫等人在唐代缺乏影响力。"①观书中《杜诗早期流传考》
《李杜齐名之形成》等文，自不难了然。唐诗在文化阶层与民间平行传
播，所展现的动态景象，即是"立体空间"之一表现。

由于唐诗异文来源纷繁，如何梳理次第、解释成因，有待学界共
同探索。在陈先生看来，异文若宋代已有之，极可能为诗人自改稿。
譬如贺知章《晓发》题下，有五言八句一首，又有五言四句一首，割
截前篇诗句，颠倒以成文。陈先生认为："从宋初即有二本之流传，显
非传误所致，应该是诗人所作即有繁简二本。"②这大约出自他对宋本
的信任："尽管宋人确有主观改诗的个案，但无论李、杜、韩、柳诸
集，还是《文苑英华》《乐府诗集》等总集，宋人校记的分寸把握是很
严格的，很少如明人那样为射利而随意改窜乱。"③然而唐集入宋前
状况，多半云遮雾障；宋人"主观改诗"，也非绝无可能。宋本异文是
否即诗人亲笔，似乎不宜遽定。举《李白诗歌文本多歧状态之分析》
为例。文中描述，李白集宋本有两个系统，今犹依稀可窥：一为乐史
所编，现存南宋咸淳刻本源出于此；一为宋敏求所编，晏知止刊印④，
现存蜀刻本两种源出于此。陈先生执敦煌卷子伯2567所存李白诗，与
蜀本相较。他推测敦煌本"当出自李白的初稿，重要证据是诸诗诗题
提供了一些有关各诗写作时不为人知的细节"⑤，理由坚实。如此，则
蜀本异文为事后修订。问题在于，修订者是否李白本人？譬如敦煌本
《赠赵四》，蜀本改题《赠友人三首》其二，文字歧异甚夥，他以为

① 陈尚君《从长沙窑瓷器题诗看唐诗在唐代下层社会的流行》，陈尚君《唐诗求是》，第322页。
② 陈尚君《贺知章的文学世界》，陈尚君《唐诗求是》，第359页。
③ 陈尚君《近期三种杜诗全注本的评价》，陈尚君《唐诗求是》，第485页。
④ 晏刻本实为宋敏求本再经曾巩编年后的新本，参看万曼《唐集叙录》，北京：中华书局，
   1980年，第80页。
⑤ 陈尚君《李白诗歌文本多歧状态之分析》，陈尚君《唐诗求是》，第396页。

"宋本所收显属写定本"①。可是前者"防身同急难，挂心白刃端"两句，后者改为"持此愿投赠，与君同急难"。三十多年前，黄永武先生便指出全诗押真、寒、先三韵，敦煌本转韵处，出句皆押新韵。这两句转入寒韵，而改本出句不押，"破坏了原作在音响方面暗藏的秘密"②。字句妍嫭，言人人殊，且改稿也未必优于初稿。但倘说李白润色时，连原先的音节规律都抛之脑后，令人不能无疑。又如敦煌本《惜罇空》，蜀本改题《将进酒》；前者"岑夫子，丹丘生。与君歌一曲，请君为我倾"四句，后者在"丹丘生"下加"进酒君莫停"一句，又末句改为"请君为我倾耳听"（末句陈先生未与蜀本比较）。黄永武先生指出，两处改动当在一时，因为"生"字在庚韵，"倾"字在清韵，唐代庚、清通押；新添句"停"字则在青韵，宋初庚、清、青三韵不通押，末句只得加"耳听"二字，以同在青韵的"听"字与"停"相押。他从而推论："本诗的改动是在宋代初年"③。这两例至少说明，蜀本异文出于谁人笔下，判断尚须谨慎。周勋初先生尝言："宋刻李诗，不管是蜀刻本《李太白文集》，抑或景宋咸淳本《李翰林集》，因为已经后人之手，上距唐代已远，所以还不能算是接近李诗原貌的首选材料。"④他的意见值得重视。

　　以上仅围绕唐诗文本校写一事，加以申述，实则《唐诗求是》于此之外，又收入不少诗人行实、文献形态方面的考论，同样胜义纷披，愧未能一一阐扬。读者欲观其内容的千汇万状，仍当求之本书。

---

① 陈尚君《李白诗歌文本多歧状态之分析》，陈尚君《唐诗求是》，第396页。
② 黄永武《敦煌所见李白诗四十三首的价值（上）》，郑炳林、郑阿财主编《港台敦煌学文库》，兰州：甘肃人民出版社，2016年，第125页。
③ 黄永武《敦煌所见李白诗四十三首的价值（下）》，郑炳林、郑阿财主编《港台敦煌学文库》，第165页。
④ 周勋初《李白诗原貌之考索》，《文学遗产》2007年第1期，第34页。

四 但令文字还照世：朱刚《苏轼十讲》

人之才力悬绝，有时不可思议。譬如苏轼，文艺创作光耀百世，学术思想自成一家，甚至吏务也颇精能。涉足之广、造诣之深，常人难以望其项背。因而翻读《苏轼十讲》①，第一个念头是，区区十讲，能否尽其底蕴？著者朱刚先生显然作了精心布置。

开头一讲借鸿、牛、月三个意象，缀连苏轼一生，统领全局。接下来九讲，依时序各撷取其生平一个重要时刻切入，分别是兄弟同举制科、乌台诗案、谪处黄州、庐山悟禅、金陵访王安石、买田常州、元祐立朝、再贬惠州、自海南岛北返。著者不求面面俱到，然而遇可能处，每上勾下连，力图描绘所谈主题的全貌。第五讲不限于金陵之会，而通盘梳理三苏父子与王安石关系始末；第六讲不限于常州置家，而通盘梳理苏轼在各地求田问舍之举，皆可为例。第九讲探讨苏轼等人和秦观《千秋岁》词，不限于此次酬应，更纵论北宋一朝士大夫的非集会同题写作现象，视野尤其开阔。这拓展了本书容量。苏轼毕生事迹及其背景，已大略在是。

十讲不满足于叙述生平，还注意考察这些时间节点上苏轼的精神活动。第二讲通过贤良进卷，分析二苏兄弟早年政见；第六讲由金陵之行，钩沉宋神宗晚年，苏轼与王安石整合新、旧两党的构想；第八讲阐发"元祐更化"时期，苏轼作为旧党起用，却一力维护王安石"免役法"的独立姿态。合而观之，足以把握其政治思想的变化轨迹。

---

① 朱刚《苏轼十讲》，上海：上海三联书店，2019年。以下引用此书，仅随文括示页码，不另出注。

第四讲勾画苏轼初贬黄州的心理自救，第九、十讲表彰他再贬岭南的自我肯认。合而观之，又足见出他面对政治挫折，如何逐步超越。凡此种种，使本书不仅可看作一部生平传记，更可看作一部精神传记。

在著者眼里，苏轼精神的关键词之一，大概是"日常性"。他勘透了禅关，走向彼岸，而仍不废此岸，尽情享用自然界的声、色之美（第198页）。他游宦四方，"既无固定之'家'，又处处是'家'"（第288页）。他自许"谪仙"，本可归去天上，却"愿意永留人间"（第296页）。他写诗在题目中频繁标明时、地，有意纪录个体生活（第422页）。就连论政，也承接欧阳修之说，依傍"将圣人之道与日常性相融会的'人情'"（第50页）立言。苏轼襟怀之高旷，世所习知，但他并未因此悬浮于日常世界之上，依然兴致勃勃地投身其间。朱刚先生是看重日常的，在一篇书评中，他曾慨叹古代后期，"整个中国社会丢失了健全的日常性，这是一个相当严重的问题"①。书写者与书写对象气质的统一，让本书成为会心之作。那些设身处地的忖度、新颖透辟的解读，便导源于斯。各举一例。说到贬居黄州，朱先生提醒读者，不要因后见之明，仅视为苏轼人生的一个过渡。就当时而言，神宗三十三岁，富于春秋，锐意推行新政；苏轼四十五岁，年纪远较神宗为长，且属旧党，注定不会获得重用。不出意外，他的政治生命已然完结。所以这次打击，对他是"毁灭性的"（第119页）。重回历史现场，揣摩苏轼心境，分外熨帖。说到《江城子》词的名句"料得年年肠断处，明月夜，短松冈"，朱先生提醒读者，苏轼为官在外，绝无可能每年回乡为亡妻扫墓，此处是用孟启《本事诗》典故，想象亡妻视角，"死者并非单纯被动的怀念对象，而是与生者一样具有情感的

---

① 朱刚《从"焦虑"到传统》，《新国学》第十卷，成都：四川大学出版社，2014年，第304页。

主体"（第 409—410 页）。这更显出苏轼的深情。此篇意脉，由是变得复杂而流动。

尽管认同苏轼，著者对他这一方的文献记载，犹不失客观的反思态度。关于乌台诗案，本书认为，今存史料多同情诗人，"好像只剩御史台的那几位御史是主张严惩苏轼的，别人都不以为然。这当然是不可能的事"（第 106 页）。元丰八年（1085）旧党将再起，司马光抵京，据说京城百姓遮道围观，呼吁他留京为相。本书认为："由于现存的史料大都出自'旧党'人物之手，故这次群众运动在历史上呈现着'自发'的面貌，但无法解释其中的矛盾：朝中并非没有宰相，平民百姓怎么敢另外去请出一位宰相来？"（第 298 页）书阙有间，上述疑问已难尽释。不过倘能察觉，至少立论会更有分寸。《十讲》原由本科课程讲义整理而成，从接引后学的角度看，著者对文献既"敲骨吸髓"，又"冷眼旁观"，堪称极佳的示范。

本书虽脱胎自本科讲义，却非泛泛之谈。朱刚先生一方面汲取王水照、内山精也等先生成果，博采众长。为解说禅籍中"搊鼻"一语，还特地请教过周裕锴先生（第 186—187 页）。另一方面，他研读苏轼逾二十年，书中融入不少个人心得。譬如第二讲提出，宋人贤良进卷复兴了先秦子书传统；第三讲解析乌台诗案司法程序；第八讲透视所谓"洛蜀党争"，苏轼真正的对手始终不是程颐，类此皆一新人耳目。这些心得，朱先生均有专业著述刊布，有心人一索即得，其中不乏近年新作。可以说，本书集中展示了当下苏轼研究的前沿成就。

细阅全书，似也偶有可商量处，聊复书之。熙宁二年（1069）五月，苏轼上《议学校贡举状》，反对改革科举，这是他首度公开站在"新法"对立面。著者概括苏轼、王安石之争，"具体来说是考'诗赋'还是考'经义''策论'的问题"（第 215 页）。其实苏轼此际，只是反对专考策论，坚持并重诗赋，对于经义文则未置一辞。其奏状说：
"今议者所欲变改，不过数端：或曰乡举德行而略文章；或曰专取策论
而罢诗赋；或欲举唐室故事，兼采誉望而罢封弥；或欲罢经生朴学，
不用贴、墨而考大义"，罗列四项变革方案，逐个反驳。这四项实有所
指。马端临《文献通考》卷三一《选举考四》载："神宗熙宁二年，议
更贡举法，罢诗赋、明经、诸科，以经义、论、策试进士。初，王安
石以为古之取士，俱本于学，请兴建学校以复古。其明经、诸科，欲
行废罢，取元解明经人数，增进士额。……韩维请罢诗赋，各习大经，
问大义十道，以文解释，不必全记注疏，通七以上为合格。诸科以大
义为先，黜其不通者。苏颂欲先士行而后文艺，去封弥、誊录之
法。"①两相比照可知，苏轼所举第一、三项，针对苏颂；第二项针对
王安石；第四项针对韩维，历历分明。王安石以经义、策论试进士，
苏轼大约闻见不切，以为"专取策论"，故未涉及经义文。他排斥的
"大义"，则是韩维所言、旧已有之的科目：经书大义，原先施之明经
科。考生作答"直书其义，不假文言"②，寥寥数语，未成体段。由于
简短，韩氏移用来考进士，便规定一场通七道以上，方算及格。这和
王安石单独成篇的经义文迥不相侔。苏、王之争，在前者看来，无非
是"诗赋加策论"拒绝了"专取策论"而已。

　　谈论苏轼，自当以作品为主。著者"尽量使每一讲都包含一组完
整的作品，在讲析这些作品的基础上，再引申至其他方面"（"前言"
第Ⅱ页），用心良苦。本书讲析着重内容，艺术品鉴较少。朱先生于此
道，并非无所发明。譬如他曾指出，苏轼前、后《赤壁赋》在空间描

———————————

① （元）马端临《文献通考》卷三一，北京：中华书局，2011年，第960页。
② （宋）王溥《唐会要》卷七五《贡举上·明经》载赵赞奏状，上海：商务印书馆，1935年，
　第1374页。

写中暗含时间推移，这种结构，是追随苏辙《超然台赋》《黄楼赋》的①。第四讲详解《赤壁》二赋，却未提及此点，令人略觉惋惜。

　　沉浸在古人的世界，难免生出诸多思绪。譬如元符三年（1100）宋徽宗即位，起复旧党，二苏兄弟得旨北徙。"静如处子的苏辙表现出他动如脱兔的一面"（第17页），立刻启程，同年底即到达离京城一步之遥的颍昌府（今河南许昌），意图重返权力核心。苏轼则淡泊名位，缓缓而行，年底还未翻越南岭，无缘会合。次年他继续北行，途中遽归道山。日后苏辙若回想起来，自己牵于宦情，竟错过了再见兄长最后一次的机会，不知是否失悔。无论如何，古人已经带着他们的成功与失败、骄傲与遗憾没入历史，唯余文字传世。或许，这样也就够了。苏轼的人生，连同所思所感，正镌刻在字里行间，而且为文字所提纯，挺立起一个伟大的人格，供后代追慕怀想。他自己说得好："但令文字还照世，粪土腐余安足梦。"②是的，这样也就够了。

① 朱刚《苏轼苏辙研究》，上海：复旦大学出版社，2019年，第391—392页。
② （宋）苏轼《过于海舶得迈寄书、酒……》，（清）冯应榴《苏轼诗集合注》卷四二，上海：上海古籍出版社，2001年，第2150页。

第三章　海外汉学的预设、建构与文献解读

第一节　推敲"自我"：
宇文所安《中国"中世纪"的终结》与中唐再发明

宇文所安先生的《中国"中世纪"的终结：中唐文学文化论集》[①]，由一篇导论和七篇论文组成，讨论了中唐各体文学所包含的一系列主题，从园林到爱情，从自然观到写作观，范围相当广泛；而它的篇幅，却不过戋戋一小册。写得精练，得力于主旨紧凑，论题看似纷繁，最后都聚焦到同一点上，即新的"自我"的生成。在作者看来，初、盛唐有如西方的"中世纪"，是"讲求权威尤其是文本权威的时代"（第47页），到9世纪的中唐，拥有内在自由的"自我"破茧而出，松动了外在权威的统治。在这个意义上，中唐是"中国'中世纪'的终结"。

一　"自我"在中唐的确立

"自我"的确立本质上是一个切分过程。"自我"预设了"他者"

---

① ［美］宇文所安《中国"中世纪"的终结：中唐文学文化论集》，陈引驰、陈磊译，北京：生活·读书·新知三联书店，2006年。以下引用此书，仅随文括示页码，不另出注。

的存在，把二者划分开来是"自我"得以成立的前提。实现切分的手段主要是确认所有权和占有物。"这是我的"，等于说"这不是你的"，自我与他者于是判然两分。这占有，或是对于自然的，或是对于社会的；既是现实层面的，又是话语层面的。话语引导现实的构建，现实启发话语的生产，往复循环。——由这几条纲领出发，作者对许多具体的中唐文学主题做出了精彩的剖析。

先说自然。中唐人对自然界有两种表面上绝然相反的观感：彻底的有序和彻底的无序。在韩愈那里，自然秩序统摄万物，巨细靡遗，这是造物主存在的明证。优秀的诗人可以无须外在权威指引，自行认知并在作品中重现这一秩序，成为造物主的代言者。这让作者的主体性空前地突显出来。在白居易那里，主体还可以进一步地重新"建构大自然"（第 83 页），比如说，营造园林，从而赋予自然一种新的秩序。园林把一小块自然变成私人空间，私人空间"既存在于公共世界之中，又自我封闭、不受公共世界的干扰影响"（第 70 页），主人徜徉其间，即可暂时避开社会规则的束缚，解放自我。

在李贺以及贾岛、姚合那里，情况恰恰相反，大自然毫无规律可循。所以他们的诗中，没有和谐的整体，只有一堆散落的景观碎片。诗人将关注焦点从全篇引向精巧而零散的一联一句，放弃了整体化的叙述，放弃了把握外在世界的责任。诗作本身的重要性一跃而至所反映的外在世界之上，促使读者关注诗人的"艺匠身份，而不是其社会属性"（第 39 页）。有序和无序两种自然观殊途而同归，都归结为"自我"的彰显。

次说社会。一个人如何对待自然，相对来说较少受到社会主导价值的制约，其社会行为却不能如此自由随心。以爱情为例，中唐士人日常允许频繁接触的女子，大都身份低微，一旦产生感情并企图维系之，注定要"对抗权威化的社会要求"（第 116 页）。在这里，自由必须通过对抗获取。但问题是：对抗如何可能？作者敏锐地注意到，中唐传奇铺写爱情，多半有意淡化经济因素的作用。如在《霍小玉传》中，霍小玉不仰赖李益的钱维持生计，委身相许并非一种交易；同时李益进京赶考，盘缠之充裕，也足可供他衣食无忧直至考取功名获得独立。这为男、女双方自由支配自己的感情和身体、与社会对抗提供了坚实的基础。但这种坚实，却只能建立在虚拟之上。

一个既能自由支配自己又能自由支配自然的"自我"，足以与社会相抗衡。宇文所安的深刻之处在于，他从这种抗衡中，偏又观察到了潜藏着的共谋关系：没有他者也就没有自我，自我与他者既界限分明又相须相济。这一界限必须得到（至少一部分）他者的认可才能成立，为此，必须把自我不同于他者的一面展示给社会中的他者，这是界限划定的依据。特立独行究竟是"真"的内在冲动还是"假"的刻意塑造，已莫可究诘。假作真时真亦假，而无论真假，传达个性的主要媒介，总是话语。话语的重要性不言而喻。对话语机制前所未有的重视，使得作品不再是经验的透明显现，创作行为本身由隐而显，横亘于经验和作品之间，成为审视琢磨的对象。天才灵感式的写作让位给反思式的写作，造成了中唐写作观的新变。

以上种种现象，都围绕着"自我"的呈现而展开。"自我"终结了中国的"中世纪"，开出了中唐之新局。说来奇怪，在阅读过程中，这一划时代的"自我"，一再给我似曾相识之感。记得查尔斯·泰勒曾为17、18世纪初见端倪的西方现代性自我归纳出若干特征①，不妨引来

————————————

① ［加］查尔斯·泰勒《自我的根源：现代认同的形成》第十一章，韩震等译，南京：译林出版社，2001年，第280—300页。

略加比照。

西方早期现代性自我，主要有这样几个特点：（一）区位化。现代自我对各种客体事物、对客体与主体、对主体的身与心，一直在进行区分和序列化。其中最为要紧的，自然是主、客体之间的切分，这也是后面两个特征的导因。（二）原子式。主、客体之分产生了独立的原子式主体，它以自身为目的，而不是外在权威的附属物。（三）对话语塑造作用的关注。主、客体之间的鸿沟使二者的中介——例如语言——不再透明，而成为一种"重构"客体的塑形力量，这引向了对语言（及其他表现手段）的特殊关注。回到宇文所安教授笔下的中唐，我们同样看到了一个忙于作切分的、拥有内在自由无法化约为外在权威传声筒的、特别关注话语机制的"自我"。尽管存在种种细节差异，但就整体轮廓来看，中唐的这个"自我"，与西方17、18世纪的现代性"自我"，何其相似乃尔！由此也可以解释，宇文所安在做中西历史类比时，一个比较异常的处理。

假如说初、盛唐相当于西方的"中世纪"，那么，中唐作为"中国'中世纪'的终结"，对应的该是"西方'中世纪'的终结"，即文艺复兴。然而，此书论诠释一章，却明确告诉我们：

> 诠释以"个人"的面目出现，是中唐写作的最显著的特征之一。……我们可以将它与欧洲思想史上相对应的时期做一番比较：在文艺复兴及新教改革时期，教会和亚里士多德学派的传统文本权威受到了挑战；在这样的情形中，对传统文本权威的抨击是以对新权威的确认为后盾的，而新的权威来自于实际观察、理性、不通过教会而直接诉诸人心的上帝，等等。但是，尽管这些都构成了对传统文本权威的挑战，它们却都不是真正的"个人化"

诠释。从机智而充满奇想的十七世纪，到某一种诠释成为必须在注解里面加以承认的个人资产的现代世界——只有在这期间，"个人化诠释"才作为一种观念在西方生根。（第48页）

初读这一段，我很费解作者选择中唐对等的西方历史阶段，为什么不取顺理成章的文艺复兴，而一跳跳到了17世纪以来的现代。现在看来，这毋宁说是必然的，因为中唐的"自我"，本来就是宇文所安参照了西方17、18世纪现代性自我的尺度，构建起来的。

二　"自我"的内外课题

但若仅止于此，作者的意图，仍不能说得到了充分的贯彻。沿着宇文所安的思路继续走下去，有两个相关联的问题是不得不面对的：第一，自我与外在世界的交融与对抗问题。在园林中，自我仅仅绕开了公共世界，并未正面交锋。在爱情中，由于忽略经济制约，恋人的私人空间，依然是自足而不被公共世界渗透的。私人与社会的对抗，是区域之间，而不是同一区域内部的冲突。但是，私人空间难道永远与公共世界绝缘？假使二者有所交会重叠，叠影处又会上演怎样的争斗？第二，自我的内在深度问题。现代自我具有内在纵深，这是它胜过平面化的外在世界而得以独立的一个关键。而从某种程度上讲，这即是交叠的产物。自我若始终把外在世界拒之门外，那么也必然始终同后者处于同一层次，都不能不是平面的。只有自我栖身的私人空间与公共世界相叠合，在自我内部，私人性与社会性相互缠结，这时候，自我才获得了复杂的层次，获得了内在深度。只有内化外在世界才能超越外在世界，这是"自我"生成的秘密。在西方现代性框架下勾勒中唐的"自我"，能否解决这两个问题，是最大的考验。宇文所安此书最后一章，借助《莺莺传》对此做了集中的探讨。

张生和莺莺的关系中有一点比较特别，即他们门当户对，而且沾亲带故。爱情脱离了士人与低微女子的套路，发生在表兄妹之间。"《莺莺传》之所以成为唐代传奇故事中几乎独一无二的作品，在于它的浪漫叙事悄悄渗透进具有社会合法性的家庭空间"（第128页），交叠出现了。交叠处同时存在两种可能：既可以选择私人空间的浪漫法则，暗通款曲；也可以接受公共世界的价值规范，明媒正娶。何去何从？

张生"始乱之"的时节，求助于私人化的浪漫法则。"从浪漫法则的角度而言，激情的缺乏耐性是真实情感的保证"（第129页），因此他有权要求略过正式婚姻所必需的一整套繁琐手续，置社会主导价值于不顾，迅速接近莺莺。待到"终弃之"的时节，他又转而乞援于主流的儒家道德，开脱自己的薄幸。莺莺的情形更为复杂。张生开始频献殷勤，莺莺最初的反应是站在儒家传统的立场，拒而斥之，张生几乎就此绝望。这时关系是发展还是中断，全视莺莺的行为而定。直到她毫无预兆地主动委身张生，证明此前的道德教诲纯属掩饰，这才"重新拾起了浪漫叙事在彼时失坠的线索"（第131页）。但委身之后，莺莺便失去了故事的主导权，结局如何走向，不再由她控制。她想留住对方，唯一的手段却只能是扮演传统的柔顺女子，说些"始乱之，终弃之，固其宜矣，愚不敢恨"之类的话，试图以此打动张生。在故事的不同阶段，在不同的处境下，她一直言不由衷，表面话语与真实意图一再错位。传统道德与浪漫法则两套价值系统在整篇作品中不断地争斗。男、女主人公都分别为这种价值争斗所苦，"我们因此面对的是一个呈现了可信人性的故事，而不是规范的、由单一价值符号主控的文本"（第 125—126 页）。人性是复杂的，私人性与社会性在此中冲突激荡，这岂非内在深度之确证？

但问题在于：两套价值观之间，真的存在实质性争斗么？无论张生还是莺莺，谁都不曾把传统说教当真。宇文所安也承认，对莺莺来说，"她渴望拥有张生的爱，显然是真的"（第 136 页），浪漫法则是真实的底色，传统道德只是障眼法。两套价值观一实一虚，何来争斗？对张生来说，两者都是他应付一时之需的权宜之计，即用即弃，更谈不上什么冲突。对《莺莺传》的作者（元稹）来说，这种发掘人性深度的解读，恐怕也出乎他意料之外。据宇文所安说："与那些虚构创作或由流言修饰成篇的作品相比较，这一叙述文本从来不会在张生的视野之外，假装明了莺莺的所思或所为。"（第 142 页）对于莺莺人性的构成，就连元稹也是缺乏了解的。所谓莺莺人性中的争斗，显然不是元稹所能想见。宇文所安对此的解释是："这或许不是作者（按指元稹）有意如此，但文学史可以证明，在一个时代里被启动的问题，如何常常压倒了作者最热切的寻求一个简单解决答案的努力。"（第 123 页）通过设定一个"时代性"的问题，《莺莺传》从元稹的掌握下脱身出来，获得了远为广阔的阐释空间。但为什么价值争斗的问题在中唐是"时代性"的，通读全书，却仍缺少必要的论证。所以在对中唐"自我"内在深度的发掘方面，宇文所安的工作，在我看来终是不彻底的。

三 以西观中的转型说

宇文所安用以裁量中唐文学文化的那把尺子，实际上借自现代西方，对此我不无惊讶。这和我印象中那个对文化的时空异质性充满敏感、重视中国古代诗歌特殊经验的宇文所安，有点对不上号。但这又无疑是学界的大势所趋。无论在中国大陆，在港台，还是在海外学界，把唐宋转型定为中国现代性的开端，继而把宋代以后的历史发展与现代西方相比附，时至今日仍是一种时尚。宇文所安宣称中唐是唐宋转型的起点（第6页），用西方早期现代性框架来解读中唐，同这一时尚恰相接轨。但说实话，对这样一套解释，我始终心存疑虑。以我阅读唐宋文献的一点粗浅感受而言，中唐，尤其是宋代以来的历史发展，确实与此前有显著的差异，但这种差异，是否可以用现代性的产生来加以说明，尚须斟酌。至少，从中唐到明前期这一阶段，中国社会的性质还完全不是现代的，这意味着当时的政治结构、社会思潮、文化心理等，都处在与现代西方完全不同的历史脉络之中，要处理的问题也大不一样。就拿宋代来说，权力结构的分化制衡，不等于现代的三权分立；看重日常人情物理，不等于现代的世俗化；宋人所崇尚的理性，也不等于现代理性。从中可能不难挑选出一些看似相同的因素，与现代西方比附，但这种比附，实质意义不大，总的说来只能停留在貌合神离的层次上。宇文所安这部著作，是又一个典型的例证。尽管他论说了中唐"自我"种种合于现代性预设的特征，如对个性自由的张扬，对话语机制的关注，等等，然而一旦他要深入到"自我"现代性的核心，论证其内在深度，便力不从心了。这与研究者的个人能力无关，而是因为在中唐，本来就不可能找到这种现代式的"人性的深度"。用西方现代性框架来阐发唐宋之际历史变迁的意义，恐怕是无法做到切合无间的。

本书初版于1996年。从1977年的《初唐诗》、1981年的《盛唐诗》到这部专论中唐的著作，二十年左右过去了。细究三部书的理路，却是一以贯之，衔接紧凑。关于中唐的一些基本论断，在较早的两部书里已是呼之欲出。有兴趣的读者可以参看《盛唐诗》导言部分对初唐、盛唐以及中唐以后三个历史阶段的比较①。看来在学术生涯的早期，作者对唐代历史文化已经有了一个通盘的把握。《初唐诗》和《盛唐诗》同样是在这种把握下写成的，但其中潜含的认识框架，不如本书表现得明朗。对本书认识框架的揭示，或许也有助于更深入地理解前两部书的宗旨。我虽对这一框架有所保留，却绝无意否认宇文所安的成就，相反，即使从上面远不够周全的引述来看，作者切入角度的别具一格，具体分析的幽深曲折，也是十分惊人的。他的论述，可说已将这一框架的阐释力发挥到了极致。这对我们的历史想象力是一个巨大的挑战：如果我们对此框架意有未惬，那么，我们又能另外拿出一个什么样的框架，做出什么样的阐释，才无愧于宇文所安这样的学者已达到的高度？说到底，这才是问题的关键所在。

———————————————

① ［美］宇文所安《盛唐诗》，贾晋华译，北京：生活·读书·新知三联书店，2004年，"导言"第3—4页。

第二节　宋代诗人的理想范型：
内山精也《庙堂与江湖》的诗史建构

以赛亚·伯林尝区分两类认知方式：刺猬型与狐狸型。前者思绪集中，"凡事归系于某个单一的中心识见、一个多多少少连贯密合条理明备的体系"；后者思绪发散，"追逐许多目的，而诸目的往往互无关连，甚至经常彼此矛盾"①。内山精也先生的宋诗研究，近乎刺猬型。三十余年间，他的论述对象自北宋王安石、苏轼、黄庭坚诸家延展至南宋四灵、江湖派诗人，旨趣却一脉贯通。近来其部分论文，中译后集结成册，题为《庙堂与江湖——宋代诗学的空间》刊行②。内山先生的学术风貌，于此足窥崖略。

一　从士大夫到平民：宋代诗人范型的演变

书中首篇《宋代士大夫的诗歌观》，尤为提纲挈领之作。兹先以是为核心，旁参其他篇章，勾勒著者观念架构。

内山先生自言：力图"清理出有关'士大夫诗人'的理想范型"（第5—6页），后文又论及"脱离了士大夫的理想范型"的四灵和江湖派

---

① ［英］以赛亚·伯林《刺猬与狐狸》，［英］以赛亚·伯林《俄国思想家》，彭淮栋译，南京：译林出版社，2011年，第25页。
② ［日］内山精也《庙堂与江湖——宋代诗学的空间》，朱刚等译，上海：复旦大学出版社，2017年。以下引用此书，仅随文括示页码，不另出注。

（第34页）。准确说来，此篇所讨论的，是某种诗人范型由士大夫向非士大夫阶层流转之迹。宋代士大夫崭露头角，始于仁宗朝，推动力在"科举制度的改革和录取名额的增多"（第3页）。进士考科目对于政见、学养、文采皆有所要求，促使"官—学—文"三位一体型的知识人大量涌现。士大夫诗人的理想范型，即是兼具官僚、学者、诗人身份的三角结构（第7页）。官僚一端指向诗作的政治、社会维度，学者一端指向诗作的学问维度，诗人一端指向诗作的艺术维度。其中官、学两端，乃士大夫有别于普通诗人的特殊处。随着士大夫诗人群历时演变，三端迭相消长。消长之由，须从"围绕士大夫的作诗环境或者说言论环境"（第31页）找寻。北宋后期党争加剧，士大夫处于高压之下，作诗不便直接表露政治、社会关怀，"官"的一角退居次位。为了"在诗歌中强调其作为士大夫的姿态"（第24页），只有突显"学"的一角，黄庭坚及江西诗派由是而出。南宋自秦桧死后，言路稍开，加以面对中原沦陷，爱国题材天然拥有政治正确性，诗歌系心时事之风、或说"官"的一角衰而复振，"学"的一角退居次位，诗风趋向"放达和明快"（第26页），南宋三大家陆游、范成大、杨万里由是而出。

南宋后期，四灵与江湖诗人相继而起，除个别人物如刘克庄外，他们或沉沦下僚，或终生未仕，置身士大夫文化的边缘或界外，作风因之一变，写下许多"脱离社会、非学究式的诗篇"（第33页）。"官"与"学"携手隐退，只余孤零零的"文"。必须补充一句，这并不代表诗艺上的极意求工。本书第十二篇指出：消解政治、社会关怀造成题材缩减、限于近体造成表达方式单一，都降低了门槛，使得写诗人口增长，诗作通俗化（第303页）。"文"的一面，在此仅体现为一点小机智而已。

首篇所述，纲维略备，但也留有未尽之义，待后续篇章深化。就细节言，第五篇在南宋三大家中，比较陆游与杨万里，认为后者少写爱国题材，青睐缺乏学问底子的晚唐体，明诏大号，凡此种种，为四灵与江湖派导夫先路。"陆游更多地倾向于留在士大夫诗人框架之内，而杨万里身上却潜藏了从这个框架逸脱出去的倾向"（第112页）。对两人诗史角色之异同，辨析更为细致。就整体言，首篇未遑揭出的，尚有一重要论题：两宋民间刻书业的迅猛发展。内山先生对此研究有素，他上一部中译论文集，题目便是《传媒与真相——苏轼及其周围士大夫的文学》①。所谓"传媒"，即指刻书业。不过上一书侧重士大夫文学，还未下移至非士大夫文学，所论不若本书全面。本书第二篇讨论苏轼两度为官杭州诗作，指出元祐时期（1089—1091）作品，常次熙宁时期（1071—1074）作品之韵，或援用后者诗语。究其原因，熙宁诗作早有坊刻本《苏子瞻学士钱塘集》出售，在同时代广泛流播。苏轼可能切身体会到其影响力，故在后一任期，"自然地想起并运用起这种在他之前不存在的创作手法"（第58页）。简言之，刻书业介入了士大夫诗人的创作过程。及至南宋，书商陈起编刊《江湖小集》，陆续推出江湖诗人，介入程度更深。陈氏非士人，而亲自操刀编选，并且"为了制作出畅销诗集，对著者提出的要求越来越多"（第199页）。如果说士大夫和民间刻书业相遇，大体属于被动状态；那么非士大夫则与之更多即时互动。

综观上述架构，若干节点，承继之迹宛然。北宋经由科举造就新型士大夫，呼应内藤湖南的"唐宋转型"说②，本书第九篇引之（第

---

① ［日］内山精也《传媒与真相——苏轼及其周围士大夫的文学》，朱刚等译，上海：上海古籍出版社，2005年。
② ［日］内藤湖南《概括性的唐宋时代观》，［日］内藤湖南《东洋文化史研究》，林晓光译，上海：复旦大学出版社，2016年，第103—111页。

215 页）。南宋后期诗人的非士大夫化、平民化，呼应吉川幸次郎之
说①，本书第十一篇引之（第 280 页；其余或明或暗引吉川氏论点处甚
多，参看第 92、99—100、221、255 页）。吉川氏著作，一度流行于美
国汉学家间，逐渐构造出与内藤氏不同的"（南）宋元明转型"说②。
两说看似互不相下，却和谐共存于内山先生论著之中。盖因所异无非
两期变化，孰为本质性的，这是一个价值判断。然而两期皆变化显著，
却是一个事实。倘若悬搁价值判断，单考察事实，则两期变化，未尝
无声气可通。即以文学创作而论，内藤湖南所揭示的中唐以降贵族性
文学向庶民性文学转移态势③，与吉川幸次郎所揭示的南宋文学平民化
走向，便若合符契。此外，内山先生抽绎宋代士大夫理想范型，归于
"官—学—文"三位一体，也早由王水照先生提出④。本书意义则在于，
将这些不尽相涵的观点，融贯成一套自洽系统，用以研索诗史现象，
得出不少具体见解。

二　官位、文化与天下：诗人范型的阐释力

这套系统的轴心，乃是"理想范型"。"范型"一词，原文为"モ
デル"，对应"model"，也可译作"模型"。内山先生有意识运用这一
工具，分析两宋诗人，方法颇引人注目。今就此作一讨论。

宋代诗人的理想范型，在士大夫与非士大夫之间移步换形。这两

———————————————

①　［日］吉川幸次郎《宋诗概说》，［日］《宋元明诗概说》，李庆等译，郑州：中州古籍出版
社，1987 年，第 138 页。

②　参看 Paul Jakov Smith, Richard von Glahn eds. *The Song-Yuan-Ming Transition in Chinese History*,
Cambridge: Harvard University Asia Center press, 2003.

③　［日］内藤湖南《概括性的唐宋时代观》，［日］内藤湖南《东洋文化史研究》，林晓光译，
第 110 页。

④　王水照主编《宋代文学通论》，开封：河南大学出版社，1997 年，第 27 页。

阶层之分，构成论说的基本前提。内山先生给"士大夫"所下定义，是"科举出身的官僚"（第6页），不包括"从事举业的书生和累举不第者"（第219页注①）。他区别两个阶层，纯以中举与否为准。可是，方从事于举业者，身份虽为布衣，思维与知识的养成途径，却同中举入仕者并无二致。沟而外之，界限似乎太严。相比之下，史伟先生探讨南宋末年情形，分为科举士人与非科举士人两大阶层，思路似更合宜①。这是"士人基于谋生方式、手段上的不同而产生的阶层分化"②。准备赴考者别无谋生方式，也划在科举士人范围内。另谋生计者，则必然在思维与知识上重作准备。内山先生的分法，专注于研究对象的客观境遇；史伟先生则兼顾客观境遇与主观选择，视野更加立体。

说到理想范型本身，则是一抽象建构，撷取点滴现实特征，组成自身一致的系统，或用以赛亚·伯林的话说，"一个多多少少连贯密合条理明备的体系"。它有助于研讨与表达，但使用者要时刻注意分辨其与现实之离合，以防削足适履。内山先生构建的诗人范型，在运用得当时，确能推进对现象的认识。譬如陆游《剑门道中遇微雨》有句："此身合是诗人未，细雨骑驴入剑门。"小川环树视为他萌生诗人自觉的瞬间。内山先生则指出："陆游在剑门的发问自然是在他作为士大夫，面对理想与现实的差距时生发的"，无碍于他"一生成为士大夫"的姿态（第172、173页），解读更透入一层。无独有偶，钱锺书先生论这联句意，归纳两方面前代传统：一是李白、杜甫、黄庭坚居蜀而获诗艺滋养，二是李白、杜甫、贾岛、郑綮等诗家以骑驴见称，由此推阐："于是入蜀道中、驴子背上的陆游就得自问一下，究竟是不是诗

① 史伟《宋元之际士人阶层分化与诗学思想研究》所列"南宋末期士人阶层分化图"，北京：人民文学出版社，2013年，第62页。
② 史伟《宋元之际士人阶层分化与诗学思想研究》，第23页。

人的材料"①，着眼点也在诗人身份之自觉。后来赵齐平先生更献一解，结合陆游当时由南郑前线调任成都的背景，指出这两句诗"明明是以自我嘲弄的方式表现对内调的极大不满，悲愤痛切"②，着眼点则在政治层面，与内山先生所见略同。本书取"官—学—文"三角结构考察士大夫诗人，政治、社会关怀是其一角，自然备受重视。陆游诗"好谈匡救之略"③，这方面表现之突出，世所公认，又自然成为南宋士大夫诗人的典型。"此身合是诗人未"之问，若仅目为诗人的身份自觉，显然无法与上述形象切合；而一旦释为政治感慨，便即通体浃洽。这是内山先生别出新解的深层缘由。

然而另一方面，本书所提炼的理想范型，与历史现象又不无凿枘。譬如在著者看来，非士大夫诗人之作"脱离社会、非学究式"，舍弃了"官"与"文"两端。事实上，不合之例随在多有，江湖派诗人戴复古便可为证。他以布衣之身，偏多"闵时忧国之作"④。《论诗十绝》其五云："陶写性情为我事，留连光景等儿嬉。锦囊言语虽奇绝，不是人间有用诗。"吟咏期于"有用"，心香一瓣，常在"飘零忧国杜陵老，感寓伤时陈子昂"处（《论诗十绝》其六）。政治、社会关怀，较之士大夫诗人不稍逊色，便非内山范型所可涵盖。本书论析具体现象，也偶显此弊。譬如第五篇论南宋淮河诗，引释文珦《寄淮头家兄》，中有"故园松菊在，何必恋微官"之句。内山先生写道："文珦似乎忘记了自己的僧侣身份，担心远赴淮上的兄弟而劝他辞官归乡。若换成士大夫诗人，即便在相同的处境下，恐怕也不能写这样的诗。"（第121页）

---

① 钱锺书《宋诗选注》，北京：人民文学出版社，1997年，第178页。
② 赵齐平《宋诗臆说》，北京：北京大学出版社，1993年，第329页。
③ 钱锺书《谈艺录》，北京：生活·读书·新知三联书店，2007年，第334页。
④ （明）马金《书石屏诗集后》，戴复古《戴复古诗集》附录二，杭州：浙江古籍出版社，1992年，第331页。

非士大夫诗人的不问时事，与士大夫适成对比。然耶否耶？同篇前文引许及之使金返途作《临淮望龟山塔》："几共浮图管送迎，今朝喜见不胜情。如何抖得红尘去，且挽清淮濯我缨。"后半用孺子歌"沧浪之水清兮，可以濯我缨"（《孟子·离娄上》，又见《楚辞·渔父》）之典，流露弃官归隐意向。此为士大夫之诗，而宗旨与释文珦如出一辙。内山先生解作"因望见龟山塔……而感知淮河已近，顿时消除了紧张"（第106页），反而未达一间。又如第六、七、八篇，梳理唐宋两代诗人别集演变轨迹，描述为一个自觉意识日益滋长、与民间刻书业联系日益紧密的发展过程。在北宋初期，举王禹偁自编《小畜集》、杨亿"一官一集"两例，认为："从王禹偁对集子命名时体现出的讲究（引按："小畜"为《周易》卦名），以及杨亿一生都不断自编自撰集等行为来看，他们的主体意识比唐代诗人明显更进一步。"（第145页）但是一官一集，并非杨亿首创，南朝王筠已有之。《梁书》卷三三本传载："（王）筠自撰其文章，以一官为一集，自洗马、中书、中庶子、吏部佐、临海、太府各十卷"①，这一例早于唐代。杨亿之举，是否可理解成对唐人的踵事增华，恐亦难言。

　　归根结底，理想范型只是事物一部分特征的提取与放大，即便运用自如，也仅能照映出事物的某些面相。其他面相，依然暗昧不明。若欲接近"主伴交辉，理事齐现"②之境，惟有对同一事物，多构造几种理想范型，从不同方面反复切入，交互映射。内山先生的宋代诗人范型，已然发挥了它的解释力。另辟角度，建立新范型，则是后来者

---

① "吏部佐"，胡旭《先唐别集叙录》疑为"吏部、左佐"之讹，北京：中国社会科学出版社，2011年，第561页。
② （唐）法藏《华严金师子章·勒十玄第七》，方立天《华严金师子章今译》，成都：巴蜀书社，1990年，第65页。

的任务。

末了，有两个小问题。本书第六篇（初发表于2015年）纵论唐人别集，以万曼《唐集叙录》①为据（第130页）。此书早出，著录唐集108种；其后赵荣蔚先生又有《唐五代别集叙录》之作②，著录唐五代集257种，去除少许五代别集，唐集仍多出一倍有余。倘据赵《录》立说，论点或能更趋精细。第八篇（初发表于2016年）称宋代别集在作者生前梓行，当推元丰二年（1079）前后问世的苏轼《元丰续添苏子瞻学士钱塘集》为首例（第180页）。内山先生早持此说③，可是他本人后续研究，已加修正。第六篇所举庆历六年（1046）刻印的李觏《退居外集》（第146页），即远在苏《集》之前，而此篇犹袭旧说。殆因本书由论文编成，各篇观点偶未统一。附笔及之，谨供参酌。

①　万曼《唐集叙录》，北京：中华书局，1980年。

②　赵荣蔚《唐五代别集叙录》，北京：中国言实出版社，2009年。

③　［日］内山精也《苏轼文学与传播媒介——试论同时代文学与印刷媒体的关系》，［日］内山精也《传媒与真相》，第281页。

第三节　晚清诗的"现代性"：
施吉瑞《诗人郑珍与中国现代性的崛起》

　　施吉瑞（Jerry D. Schmidt）先生著《诗人郑珍与中国现代性的崛起》（以下简称"施著"）①，讨论郑珍诗而特以"现代性"标目，令人亟欲一探究竟。按通行看法，郑珍是偏于守旧的诗人。他身当晚清"三千余年一大变局"②之中，固不能无所触动，"清自道、咸以后，海禁已开，国家多故，时局的变乱，民生的凋敝，处处流露着动荡不安的情绪，故其表现于诗者，也成为乱世之音。黔中诗人莫友芝与郑珍，尤足为其代表"③；然而本质上，郑氏思想仍在传统范围内盘桓，"未能突破儒家（尤其是程朱学派）的根本局限"④。面对其人其诗，如何发掘个中现代性的面向？进而言之，著者所谓"现代性"究何所指？到旧派诗人身上寻觅现代性，只是著者个人选择，还是如今西方汉学的某种风习？本文带着上述问题，细读这部著作，尝试与之对话。

---

① *The Poet Zheng Zhen*（1806—1864）*and the Rise of Chinese Modernity*, koninklijke Brill NV, 2013. 中文本：王立译，郑州：河南大学出版社，2017年。以下引用此书均据中译本，随文括示页码，不另出注。

② 李鸿章《筹议制造轮船未可裁撤摺》（同治十一年五月十五日），李鸿章《李鸿章全集·奏稿》卷一九，海口：海南出版社，1997年影印本，第676页上。

③ 郭绍虞《中国文学批评史》，北京：商务印书馆，2010年，下册，第661页。

④ 黄万机《郑珍评传》，成都：巴蜀书社，1989年，第218页。

一　追寻"现代性"

施著除绪论与郑珍诗选注以外，主体凡三部分：先述郑珍生平，次言其思想与文学理论，末了，就其诗作风格与主题作一考察。现代性的命题，自始便贯穿其间。

在绪论里，著者开列出郑珍身上诸多"现代性"要素，分作积极与消极两大类。前者有：（1）实事求是的理性主义，来自清代汉学；（2）重视个体，质疑群体与传统；（3）思想富包容性，调和汉学与宋学；（4）较少种族偏见；（5）对女性的同情；（6）乐观的世界观；（7）留意利用科学技术改进社会下层生活；（8）不满现状，推动社会政治变革；（9）传播现代性观念给别人，包括弟子。后者有：（1）内疚与焦虑；（2）疏离与迷茫；（3）思想上的危机感；（4）察觉某些根本性的东西正在不可逆地流逝（页24—25）。所有这些要素，在介绍郑珍人生历程部分，几已悉数登场。

就积极面而言，郑珍在遵义府学，曾从阮元弟子、汉学家莫与俦问学，著者提到："莫与俦对汉学的提倡对郑珍的治学研究和人生观造成不可磨灭的影响"，特别在"汉学的逻辑思维和客观的分析方法"方面（页49）。这从师友渊源上，点出第一子项。郑氏晚年，"诗句独创性越来越强，总是体现对个体性的关注"（页115），这从创作上，点出第二子项。关于莫与俦及其所属学派，著者写道："清初，汉学家反对朱熹和其他宋代思想家，但莫与俦追随他的老师阮元和扬州学派——他们试图将宋学、汉学结合成新的学派"（页49）。郑珍汉宋兼采，可谓其来有自。这点出第三子项。郑氏生在贵州，长居于此。这里直到今日，依然住有大量少数民族，"而对郑珍现代性的形成至关重要的、他对其他民族的包容性部分来源于他长期和周围的其他民族频繁的接触"（页35）。这从生长环境上，点出第四子项。母亲黎氏对郑珍教诲备至，在邻里间颇著威望；一姊嫁遵义冯乐善，郑珍以为"事事肖先母"①。著者指出："郑珍有位可敬的母亲及郑珍与其姊关系紧密对郑珍对女性的尊重态度的形成至关重要，而这种对女性的尊重态度又和郑珍的现代性的形成有极大关联。"（页43）这从家庭关系上，点出第五子项。中英鸦片战争后，广东南海陈体元来游贵州，郑珍送他还乡时有诗相赠，"藉由宋诗派的乐观，郑珍希望这次入侵能和过去的一样逐渐平复下来，入侵者被击退"（页79）。这从对时局的反应上，点出第六子项。郑氏两度乡试落榜后，埋首苦读，但非仅治帖括之学，而是广涉小学、数学、天文学等领域，对秧马一类农具也抱有浓厚兴趣，"这成为他现代性的一个重要组成部分"（页54）。这从求学经历上，点出第七子项。待至云南平夷任幕僚期间，郑珍复抽暇阅读顾炎武《日知录》，写诗赞颂后者"揭示清帝国的'利病如列星'"，"他提到顾氏对清帝国的批评表明清朝如何变革的想法也占据了他的脑海"（页59—60）。这又从求学经历上，点出第八子项。郑氏三度会试失利，循例以举人大挑，选在二等，拜古州官学训导。在任上，他"真正贯彻了孔子主张的'有教无类'，无论对富有的还是贫穷的、汉族还是苗族的学生，郑珍都一视同仁，在教学上倾注了无限的热情"（页85）。这从教学活动上，点出第九子项。

就消极面而言，道光十八年（1838）郑珍答张琚诗，有"狐鼠敢跳梁，妖氛蔽山采"之句②，"狐、鼠、妖怪都象征了叛乱，郑珍和普

① 郑珍《腊月十七日冯氏姊还甕海》，郑珍《巢经巢诗文集·巢经巢诗钞》后集卷三，上海：上海古籍出版社，2016年，第239页。
② 郑珍《得子佩讯及诗仍次韵寄答……》，郑珍《巢经巢诗文集·巢经巢诗钞》前集卷五，第78页。

通的贵州民众一样，对贵州越来越动荡的局面（引按：指苗民反抗）感到惊恐"（页64）。这是对时局的反应，近乎第一子项。道光二十、二十一年，母黎氏、师莫与俦相继归道山，由郑珍不久后所撰《游城山记》，可知其心绪极其灰暗，"他们的离世似乎也带走了人世间的温暖和友爱"（页68）。这是对人生变故的反应，近乎第二子项。鸦片战争后郑氏送陈体元诗，还曾表示："战争的开始是由于经济原因，但其实战争是不可避免的，朝廷需要大量的军备经费去抵御抢夺国土的外侮和镇压由于政治腐败而群起不断的内乱，中国的政治和文化将会随之发生大的转变。"（页77）这也是对时局的反应，近乎第三子项。郑珍晚岁偕萧光远游遵义桃源山，此处经咸丰四年（1854）兵乱，已成焦土，荆棘丛生。郑氏对此残山，不禁慨叹："旧迹低徊待细量，后生宁复知其处。"①著者由此提出："'往昔不再'一直是郑珍现代性的一个消极方面。"（页140②）这又从对时局的反应上，点出第四子项。

要之，施著叙述郑氏生平，随处标举其中蕴含的现代性因素，问题指向明确而集中。换句话说，不止于单纯叙述，同时也在诠释上用力。这自然值得称道，而诠释得当与否，便成为一个要点。

细观上列诠释，不无令人生疑之处。譬如前后矛盾。郑珍赠诗陈体元，既期待击退英军，平定局势；又预期大变将至，沛然莫之能御。两种对立意见，齐聚一篇之内，似乎难以想象。譬如推导仓促。由郑珍上承扬州学派，不废宋学，便认为他具备现代包容精神。可是，既然清中叶扬州学派已如此，郑珍承流接响而已，何以独有他体现了现代性的

---

① 　郑珍《偕萧吉堂游桃源山，山经甲寅兵燹……》，施吉瑞《诗人郑珍与中国现代性的崛起》，第472页。本文引郑珍诗，凡施著中郑珍诗选注部分已收录者，均据选注，以与著者所用文本保持一致。
② 　这段引文来自施著探讨郑珍思想与文学理论之部。

"崛起"？况且汉宋兼收，也不始于扬州学派。清代江藩有言："近今汉学昌明，遍于寰宇，有一知半解者，无不痛诋宋学。然本朝为汉学者，始于元和惠氏，红豆山房半农人（惠士奇）手书楹帖云：'六经尊服郑，百行法程朱'，不以为非，且以为法。为汉学者背其师承，何哉？"①是清学前期，吴派即于宋学深致向慕。观此益见郑珍之说，意义不必夸大。譬如过度引申。再以赠陈体元诗为例，谈鸦片战争的是这样几句：

> 南楼日出见海东，五朝风静玻璃钟。何物蠓蠓一虮虱，不值半矢天山弓。富哉中华亿万镒，拱手掷向波涛中。君归试看五色羽，迩来恐化青蚨去。更寻暗虎今在无，终古衔碑奈何许。因君一喟暗伤神，五岳何须有外臣。②

所言无非三点：一是断定英军不堪一击。这大约是套话，然而至少反映出，此际郑珍对外敌之威胁，尚无充分感知。二是为赔款耗费国帑而痛心。三是仍持闭关锁国立场，欲斥西人于疆界外。由前两点可见，郑氏关注所在，仅限经济损失，对于战争的无可避免，对于来日大难，只字未及，皆为著者演绎所得。由末一点更可见出，将此诗所表露的态度称为现代性，怕是南辕北辙。譬如文献误读。郑珍《读〈日知录〉》诗推崇顾炎武："大运自秦来，治具几纷更。元元万古胸，利病如列星。"③是说秦始皇建立帝制以来，历代法令多有更张，而顾氏对此了如指掌。"利病如列星"泛指各代，不单指有清而言，且在此"利病"

---

① 江藩《宋学渊源记》卷上，上海：商务印书馆"丛书集成初编"本，1937年，第2页。
② 郑珍《五岳游侣歌送陈焕岩（体元）归南海》，郑珍《巢经巢诗文集·巢经巢诗钞》前集卷六，第99页。
③ 郑珍《巢经巢诗文集·巢经巢诗钞》前集卷三，第50页。

二字意思并重，也非偏指弊端。从中看出"顾氏对清帝国的批评"，并推见郑氏脑海中"清朝如何变革的想法"，俱属无源之水。郑珍答张琚诗，涉及贵州苗乱则说："狐鼠敢跳梁，妖氛蔽山采。吃足太平饭，自厌腹压腿。可怜一炬火，皋通究何在。以卵击泰山，思之何苦乃。"[①]明为戡乱后称庆之音，对乱党的轻蔑跃然纸上，何"惊恐"之有？类此之所，都值得商讨。

生平介绍之后，施著试图"从细微处更进一步地研究郑珍的思想，以期发现他诗作中显著的独创性的来源，阐明他和他的跟随者在中国现代思想史中所处的地位"（页119）。专注于诠释工作，书的长处与不足，遂更豁然呈露。

二 诠释与过度诠释

在著者进一步诠释中，上述几点特征，时一见之。譬如过度引申。郑珍早岁之作《夜深诵了坐凉》：

> 天外一钩月，晚风吹到门。开窗上灯幌，凉意幽无痕。展诵四五卷，炉火余温麤。举头不见月，知归何处村。惟闻溪水西，时时犬声喧。缓步肆闲散，披衣坐篱根。不觉花上露，盈盈浩已繁。此趣谁共领，欲说都忘言。[②]

出入陶诗之迹显然，末二句更直接脱化自《饮酒》其五"此中有真意，

---

① 郑珍《得子佩讯及诗仍次韵寄答……》，郑珍《巢经巢诗文集·巢经巢诗钞》前集卷五，第78页。
② 施吉瑞《诗人郑珍与中国现代性的崛起》，第371页。

欲辨已忘言"。著者已引陶渊明此作相参证，谓郑诗"符合早期自然诗的悠久传统"，却又别出心裁说："通过月亮忽明忽暗、阴森的犬吠声等细节描写，些许预示出郑珍诗歌未来展现出的惊悚的倾向。"（页261）见弯月而觉"忽明忽暗"，闻犬吠而感"阴森"，都是想象力过分丰富的结果，别无文本证据支持。

又如文献误读。郑珍为长女作《芝女周岁》诗，有句："生女信为好，比邻不远出。"第五章就此大加发挥："他（郑珍）并未将她的婚嫁视作谋生手段，也未将她视作一件能为他换取社会地位的商品，而是将她当作一个活生生的人，希望花很多时间陪伴她，甚至在她长大后也如此，这类在社会中尚不普遍的对家庭和孩子的态度的转变是郑珍对杜甫诗歌中'人境'的根本的继承，甚至是某种程度的超越，也与我们在第三章中已讨论的、郑珍在此方面新萌发的现代性——对于家族中的女性的新的认识有关。"（页217）中国传统社会，男尊女卑虽为常态，父亲尚不至于都把女儿看作商品。一旦流露父女之情，便称之为"态度的转变""新萌发的现代性"，本身即是刻板印象的产物。至于郑氏此诗，究竟表达什么意思，先节引如次：

> 忆我去年春，二月初四吉。将就礼部试，束装指京室。酸怀汝祖母，不忍见子别。……岂知出门后，慈念益悲切。前阡桂之树，朝暮指就啮。子身向北行，母目望南咽。旁人强欢慰，止令增感怛。所幸越七日，先生尔如达。半百甫为祖，欣忻那可说。乃令念儿心，渐为抱孙夺。吁嗟赖有此，不尔得今日。生女信为好，比邻不远出。为纪晬盘诗，悲欣共填结。①

---

① 施吉瑞《诗人郑珍与中国现代性的崛起》，第371—372页。

诗言道光六年（1826），自己离家应试。母亲十分不舍，别后郁郁寡欢。幸而不久长女阿芝诞生，母亲获抱孙女，注意力方始转移，变愁为喜。因而有"生女"两句，自愧不如女子，嫁与邻里，犹得时时承欢膝下。末称"悲欣共填结"，欣者在于长女生辰，悲者在于身为男子，无法长尽孝道。通篇借题生发，抒写对母亲的愧疚，意并不在女儿阿芝。在此谈论郑珍舐犊之情，其实文不对题。这些方面例子还有，兹不详述。

本节主要想探讨的，是施著另外两个特点：第一，以小代大。譬如上节所举，郑珍叹息遵义桃源山，恐不复为后生所知，著者持以为"往昔不再"主题之证。但"往昔不再"得以跻身现代性行列，是因特指整体性、根源性的事物消逝，一座桃源山决不足以当此。否则，一个人、一个地方、一段时光、一段情事去不复返，乃是古往今来诗人常吟咏的。像"弃我去者，昨日之日不可留"①，难道也反映着现代性？这样看去，现代性俯拾皆是，也不成其为区别性标志了。又如第七章解读郑氏《（咸丰四年）十一月二十五日挈家之荔波学官避乱纪事八十韵》："但与坚信皇帝能平息叛乱的杜甫不同，现代的郑珍却什么都不能确定。在诗的结尾他想到最近发生的事情时，他说：'梦梦如前生。'"（页316）此诗以"回思适来事，梦梦如前生"收束，不过是逃至避难地后，粗得喘息，回视早前兵戈间乱况的感受，并非绝望。前文明言："乱定当还来，天道陂则平。去去各努力，无徒泪纵横。"②恰恰相反，仍然满怀期冀。撇开这点不谈，即令对平乱毫无把握，此种关乎具体事件的迷茫，难道便可称作"现代的"？这样看去，像"俟

①　李白《宣州谢朓楼饯别校书叔云》，瞿蜕园、朱金城《李白集校注》卷一八，上海：上海古籍出版社，1980年，第1077页。
②　施吉瑞《诗人郑珍与中国现代性的崛起》，第436页。

河之清，人寿几何”①，岂非也充溢着现代性？凡此种种，对于"现代性"皆未免太浅乎视之。

第二，评价每每绝对化，刻意把郑珍提升到前无古人、甚至后少来者的高度。随手摘引几处："郑珍和郑知同的诗作中反映出的父子关系也许算是中国文学史中最丰富和动人的记述。郑珍在这方面再次超越他的唐宋宗师"（页233）；"在这首（引按：指《重经永安庄至石垤》诗）及其他相关诗作中，郑珍表达的对母亲的爱是中国诗歌中前所未有的"（页239）；"他确实从唐宋宗师那里获益匪浅，但他所创作出的现代的人境类诗作更真实，其中的内涵要比三千年中国文学史的同类题材更丰富"（页251）；"本节所讨论的他创作的关于黎安理、程恩泽和他对书籍的热爱的那些作品无疑可归入三千年中国文学史中最富有吸引力和最动人的诗作之列"（页338）。诸如此类，更仆难数。推重郑珍诗，可说无以复加。

著者下这类断语，态度到底有多认真？仍抄第五章一则注释以明之："诚然，在更多的研究工作展开之前，我们不应该评判郑珍多么不同于其同代诗人。不过也许可以确定地说，20世纪上半叶的诗人或小说家中没有谁的情感世界能像郑珍的这样复杂。"（页251）刚自承未作充分比较，不宜臆断，随即抛开顾虑，将郑珍扶上最高层级。翻手为云，覆手为雨，变化之快令人惊诧。这些定位，是否经过深思熟虑，读者自能辨之。

在定位时，著者反复提及的"唐宋宗师"，杜甫首当其冲。杜诗内容之丰，艺术之精，世所共知。施著为突显郑珍诗的地位，屡次取杜诗相较，最可怪者，几乎总是扬郑而抑杜。譬如说："尽管（妻子）黎

---

① 杜预集注《左传》襄公八年引逸《周诗》，上海：上海古籍出版社，1997年，第841页。

氏在郑珍人境类诗作中所占比重不大，但对她的形象远比唐代宗师杜甫或郑珍同朝的诗人袁枚对妻子的形象刻画得丰满"（页227）；"郑珍的叙事诗和杜甫的完全不同，郑珍的诗所写的并不是理想中的世界，而是和现实一样跌宕起伏、悲喜交加"（页306）；"是试图将这些信息（像杜甫那样）填入经典的格式，以使其令读者感到更美，还是应该尽量据实记录它们发生的情形？郑珍似乎是采用了后者"（页318），等等。无论是人物塑造更饱满，还是更贴近现实、无意美化，均强调郑珍诗写实程度之高，而贬低杜诗这方面的造诣。这是著者一系列杜、郑优劣论的主轴。他承用周杉（Eva Shan Chou）之说，称杜甫为"程式化写实"，而独推郑珍诗，誉为"更真实、具体"之作（页221）。

　　这真是一个大胆见解！须知杜诗向以真切著称，随物赋形，无施不可。张戒平议唐宋诗家，各有能与不能，"惟杜子美则不然，在山林则山林，在廊庙则廊庙，遇巧则巧，遇拙则拙，遇奇则奇，遇俗则俗，或放或收，或新或旧。一切物，一切事，一切意，无非诗者"[1]，即特重此点。这样一位诗人，反过来要证成他是"程式化"的，难度不言而喻。著者如何着手？此举一例。他拿杜甫《北征》写家人一节，与郑珍《度岁澧州寄山中四首》其三对比，主要分析两点：杜诗三十四句里，只用十二句写家人，且"俨然将自己定位为家庭的保护者和恩人"，"这说明尽管杜甫对妻儿的关爱在当时已经很不寻常，但他的作品关注的仍是他自己这位家庭的主要成员"（页220），此其一。杜诗甚至未道出儿女名字，"所以尽管他的描写是那么生动，我们对孩子们却所知甚少"（页221），此其二。不用说，这两点，郑诗是驾而上之的。是耶非耶？姑录杜诗相关段落如次：

---

[1]　张戒《岁寒堂诗话》卷上，丁福保辑《历代诗话续编》，北京：中华书局，1983年，第464页。

经年至茅屋，妻子衣百结。恸哭松声回，悲泉共幽咽。平生
所娇儿，颜色白胜雪。见耶背面啼，垢腻脚不袜。床前两小女，
补绽才过膝。海图坼波涛，旧绣移曲折。天吴及紫凤，颠倒在裋
褐。老夫情怀恶，呕泄卧数日。那无囊中帛，救汝寒凛栗。粉黛
亦解苞，衾裯稍罗列。瘦妻面复光，痴女头自栉。学母无不为，
晓妆随手抹。移时施朱铅，狼藉画眉阔。生还对童稚，似欲忘饥
渴。问事竞挽须，谁能即嗔喝。翻思在贼愁，甘受杂乱聒。新归
且慰意，生理焉能说。①

著者所言写家人的十二句，指第五至十句、第二十一至二十六句（见
画线部分）。首四句，他谓之"家人作为群体而非个体在团聚后哭泣"，
有杜甫本人在内，故不取；末八句自抒获见家人之欣慰，人我交错，
而著者但谓之杜甫"对自身的描述"，也不取。如此大幅芟夷，得出诗
人更关心自己的结论，近乎深文周纳。且杜诗自责无力使儿女免于饥
寒："那无囊中帛，救汝寒凛栗"，又何尝以"家庭的保护者和恩人"
自居？至于郑珍诗枚举儿辈小名，并非采用"杜甫开创的白描式家庭
诗的写法"（页219）。诗中尝言："阿耶十年来，慈祥喜渊明。"②陶渊
明《责子》诗历数五子之名③，郑诗衍其流风余韵，乃有是语，无须同
杜诗相拟。因此，这两点臧否未可凭信。退一步讲，即使著者分析在
理，仅据描写篇幅长短、提及名字与否，来衡量作品写实程度，也属
皮相之论。其他如称杜甫《赠卫八处士》"对自我感情的表达非常克
制"（页304），不似郑珍那样酣畅淋漓，更不知从何说起。杜诗"访

---

① 谢思炜《杜甫集校注》卷二，上海：上海古籍出版社，2015年，第227页。
② 郑珍《巢经巢诗文集·巢经巢诗钞》前集卷四，第67页。
③ 龚斌《陶渊明集校笺》卷三，上海：上海古籍出版社，2018年，第307—310页。

旧半为鬼，惊呼热中肠"等句①，直抒胸臆，炽烈逼人，陆时雍目为
"情胜乎词"之作②。著者当面错过，想是心执成见，以致选择性失明
了。杜甫作为历经时间淘洗、巍然屹立的诗史高峰，不是不可以指摘，
但下笔之际抱持敬意，慎于立言，还是必要的。

文献误读之类弊病，人常犯之，或系无心之失。施著尽管稍多，
倒也无足深责。可是，以小代大、刻意拔高，而且密集出现，便难以
全数诿为未知了。毋宁说，这更是著者一意发掘郑珍诗的现代性，立
场先行使然。推原溯本，理当就书中所说"现代性"作一探究。

三　何种"现代性"？

关于此一问题，著者表述耐人寻味。他承认："郑珍大多数时候也
是标准的儒生。"（页121）然则，郑氏何以能担起"现代性"的重任？
惟一办法，是重新定义"现代性"。绪论有条注释挑明立场："'文学
现代性'常被西方文论界用于描述1920年代西方文学界中的主流趋
势。重新定义能帮助'文学现代性'摆脱西方文学的阴影，从而有助
于更好地解读二十世纪的中国文学作品。"（页22）用意未始不佳，然
而实际情形，似不尽然。谈到宋诗，著者说："许多当代学者都认为彼
时已初见现代性雏形，因此十九世纪的文人们能从宋代的作品和思想
中汲取力量毫不令人惊奇。"（页184）默认"唐宋变革论"为一前提。
试举较早提出这一历史观察的内藤湖南为例，"他并不认为唐宋间所发
生的变化是中国固有的，也不认为这种变化是出于中国人之国民性的。

---

① 谢思炜《杜甫集校注》卷一，第78页。
② 引自陈伯海主编《唐诗汇评》，杭州：浙江教育出版社，1995年，第922页。

依照他的理解，这只不过是因为中国与其他国家之间在文化的成熟度上存在差异而已。也就是说，中国在文化上已经进入了老龄化的时期，人们已经过上了文化性的生活。"①某种意义上，内藤是持西方现代标尺，逆推宋代社会，"唐宋变革论"不妨说是西方现代性的一个变体。从此出发，达不成重新定义的目标。谈到郑珍的叙事诗，著者甚至说："可惜，大多数五四时期的作者都没有认识到郑珍已经掌握了他们所尊崇的外国大师们的写实和叙事的新手法。"（页321）采纳西方指标，更是彰彰明甚。所谓"重新定义"具有多大效力，令人不能无疑。

事实上，"现代性"概念源自西方，无论定义怎样修改，都必须引西方现代性以为参照。斯图亚特·霍尔（Stuart McPhail Hall）曾为之归纳出四项规定性特征：（一）民族国家与世俗政权；（二）市场、私有制与长期资本积累；（三）劳动的动态社会与性别分工；（四）世俗文化与物质文化②。这是一个政治、社会与文化相互啮合的总体化进程，无法碎拆下来。即便单就文化现代性（施著所谓"文学现代性"）看，同样如此。著者区别郑珍现代性的积极面与消极面，显然借鉴了马泰·卡林内斯库（Matei Calinescu）的经典思路。后者把"资本主义现代性"与"审美现代性"分开："一个是理性主义的，另一个若非公然非理性，也是强烈批评理性的；一个是富有信心和乐观主义的，另一个是深刻怀疑并致力于对信心和乐观主义进行非神秘化的；一个是世界主义的，一个是排他主义或民族主义的。"③郑珍积极面的理性、

① 傅佛果《内藤湖南：政治与汉学（1866—1934）》，陶德民、何英莺译，南京：江苏人民出版社，2016年，第231页。
② 斯图亚特·霍尔《现代性的多重建构》，吴志杰译，周宪主编《文化现代性精粹读本》，北京：中国人民大学出版社，2006年，第43页。
③ 马泰·卡林内斯库《现代性的五副面孔》，顾爱彬、李瑞华译，北京：商务印书馆，2002年，第343页。

包容、乐观等，近似资本主义现代性；消极面的焦虑、迷茫、危机感等，近似审美现代性。不同之处是，在卡林内斯库眼中，二者交互缠绕，"两种现代性之间一直充满不可化解的敌意，但在它们欲置对方于死地的狂热中，未尝不容许甚至是激发了种种相互影响"①；而在著者眼中，二者并无必然联结。他如是评说洪秀全的社会政治批判："他的反应和我们下文中详细讨论的郑珍的消极现代性类似。由于缺少郑珍那些积极的现代性，所以洪秀全的举动和郑珍的大不同。"（页90）足证积极面与消极面大可分道扬镳，不相勾连。而具体至各单项指标，也无妨各自为政，譬如留心科技。

施吉瑞先生以前指出，较郑珍晚一代的黄遵宪是"中国作家中拥抱19世纪末期国际科技文化的第一人"②。郑氏则较传统，只经历了"工业革命前的技术"（页350）。实则更应该说，无论究心唐、宋、元的代数著作，亲历家人种痘，抑或推广秧马等，郑珍所了解的，皆系前现代科技。而现代科学较之过往，有质的差异。在人为"设计出来"的条件下，进行可重复性试验，结果提炼成规律，必以数学方程的形式予以理论化，"有多少数学，就有多少科学。数学构成了科学的硬核"③。这类特征，未之前闻，厘定了现代科学的边界。郑珍的科技观，注定不可能与现代诗人相同。著者却轻易画上等号："他（郑珍）实际上并未与西方接触过，而他诗作中表述出的科技知识和丁尼生等西方诗人在诗作中表述的同样现代（某种程度上更现代）。"（页366）何以如此？无非因为丁尼生（Alfred Lord Tennyson）对现代科学的感受错综而矛盾，"丁尼生

---

① 马泰·卡林内斯库《现代性的五副面孔》，第48页。
② 施吉瑞《人境庐内：黄遵宪其人其诗考》，孙洛丹译，上海：上海古籍出版社，2010年，"前言"第2页。
③ 陈嘉映《哲学·科学·常识》，北京：中信出版社，2018年，第175、243页。

注意到了矿山、工厂，相信了达尔文尚未公布但已甚嚣尘上的进化论，却仍然不甘心做'兽'的后裔，而希望'猿性与虎性死灭'"①。郑珍与之相仿，"是彼时少有的几位既在诗文中推广新科技又理解科技可能带来负面影响的文人"（页362），态度也相当复杂。著者据以绾系两者，对他们所依托思想体系的本质差别却视若无睹。重新定义"现代性"落为实践，变成了取西方具体指标，割裂开来，逐项比勘郑珍表现，遇有相类处便引以为证，不究本质异同，不察整体结构。这样做，除了便于将前现代拉入"现代"的后门，别无用处。

探求晚清文学的现代性，非肇端于著者。王德威先生早在晚清章回小说间找到了它："以往'五四'典范内的评者论赞晚清文学的成就，均止于'新小说'——梁启超、严复等人所倡的政治小说。殊不知'新小说'内包含多少旧种籽，而千百非'新'小说又有多少诚属空前的创造力。"②学界对此耳熟能详。王先生注目及于章回小说中守旧一脉，视野已然尽力拓宽，可章回小说，毕竟是元末以降新兴的白话文学。再上推一步，便追到旧体诗文了。譬如郑毓瑜教授讨论过晚清中、日博物诗认知框架的更新③，但仅涉及特定题材，以新派士人为主。循此脉络继续发展，到了要从旧派文人求取现代性，堪称至矣尽矣。就施吉瑞先生本人说，先前探讨新派诗人黄遵宪，论断犹存余地。他虽然推举黄氏效法龚自珍的《己亥杂诗》"是属于新时代的"，"证明了像这样七绝的传统形式完全可以被用来传播现代概念和感受"；总体观点依旧谨慎："黄遵宪未能革新古典诗歌；他仅仅是写就了最后辉煌

① 王佐良《英国诗史》，南京：译林出版社，1997年，第352页。
② 王德威《被压抑的现代性：没有晚清，何来"五四"?》，王德威《想像中国的方法：历史·小说·叙事》，北京：生活·读书·新知三联书店，1998年，第4页。
③ 郑毓瑜《1870年代中、日汉诗人的视域转换——以博物知识、博览会为认知框架的讨论》，《淡江中文学报》第25期，2011年12月，第95—130页。

的一章"①。现今探讨更早期、偏旧派的诗人郑珍，反倒力证其现代性，为学迁变之迹，不难窥见一二。

值得注意的是，这并非孤例，而已形成西方汉学的某种风尚。林宗正先生主编一部论文集时撰写前言，也问道："有关中国文学现代性的研究一直都太偏重小说，多少晚清文人是不写小说的，他们那时候还在写诗、填词，并藉由诗歌、古文写出他们对那个时代的所见所闻所思所感。怎么会在这么重要的研究里忽略了绝对不可忽略的研究课题，怎么可能忽略了诗歌？"②追寻晚清旧体文学之现代性，热切溢于言表。这册集子内，寇致铭（Jon Eugene von Kowallis）《王闿运的诗歌与文学现代性》一文适可为例。王闿运是晚清著名的汉魏六朝派诗人，"盖其墨守古法，不随时代风气为转移"③。要在他身上求得现代性，也非易事。此文取径，与施著别无二致，只不过偏重后者所说消极一面。譬如宣称："从（王闿运）最早的 1862 年的作品到 1871 年的《圆明园词》，这些诗作可以说与马修·阿诺德的诗是相通的，甚至早于艾略特的《荒原》，它们表达出相同的认知，即世界正以一种复杂的方式改变着，过去的信仰体系不再有效。"④王氏《圆明园词》末言："词臣讵解论都赋，挽辂难回幸雒车。相如徒有上林颂，不遇良时空自嗟。"⑤作者解为"作为当权者必须采用以使国家走上正道的办法，但结尾的几句又对在这样的时代能否生出这样的希望表示了怀疑。"⑥按"词臣"句下，诗人自注："当国盛时，无敢建言移都者。及夷兵将入，

---

① 施吉瑞《人境庐内：黄遵宪其人其诗考》，第215、221、230页。
② 林宗正、张伯伟主编《从传统到现代的中国诗学》，上海：上海古籍出版社，2017年，"前言"第3页。
③ 陈衍编《近代诗钞》，上海：商务印书馆，1935年，第322页。
④ 黄乔生、孙洛丹译，林宗正、张伯伟主编《从传统到现代的中国诗学》，第175页。
⑤ 王闿运《湘绮楼诗》卷八，王闿运《湘绮楼诗文集》，长沙：岳麓书社，1996年，第1411页。
⑥ 林宗正、张伯伟主编《从传统到现代的中国诗学》，第170页。

欲往长安，而督抚言不便，至今益无可往矣。""挽辂"句下自注："余欲建言，及今迁都，以大臣庙谟皆无远略，两宫九重不得引对，徒上封事，无益众议也。"是支持迁都却回天乏术，以"（司马）相如"自指，为自己"不遇良时"、无用武之地而嗟叹，正合古来常见主题。此文对诗作理解有差。况且，即使像此文所说，是对时代不抱希望，那较之信仰崩坍的现代性感觉，也仍相距甚远。这是文献误读、又以小代大之例。又如因《晚行湘水作》其二末句"拊枕独旁皇"，遂展开申论："将'彷徨'完全解释为一种现代疏离意识是否适用于描述晚清的知识分子尚有争论。在这里我只是想提出，所谓现代为第三世界带来曙光的同时亦带来许多现代性的困境或曰'存在危机'，在直面'恐惧'的过程中，包括第一代在内的非西方（尽管重视传统的）知识分子成为像爱默生说的，真正的'现代人'。"①按原诗写道："秋气本寥亮，助之群动鸣。夜深转激烈，满舫生孤凉。不敢久伫立，夜露侵我裳。惊心感节候，拊枕独旁皇。"②是传统惯有的悲秋思绪，身世之感、家国之忧，或皆打并入内，但是升格为"现代性困境"，却无甚依据。这是过度引申之例。寇致铭先生倒不讳言，自己所谈现代性是西方带来的。此点比之施吉瑞先生，还更直接一些。

综观近年西方汉学家在晚清旧体诗——尤其守旧派诗人之作——中发掘现代性的努力，坦白讲，总觉不像读书得间之言，更像当前学术生产机制下，着意翻新出奇的产物。晚清旧体诗里，未必不存在现代性因子，但至少，迄今研究实绩，远不足以服人。证实或者证伪，尚须俟诸异日。

———————————

① 林宗正、张伯伟主编《从传统到现代的中国诗学》，第161页。
② 陈衍编《近代诗钞》，第340页。

第四节　海外汉学研究近况一瞥：禅宗与宋代文史

一　如何证明女词人不是女词人：艾朗诺《才女之累》

提到女词人，第一个想起的，自然是李清照。作为中国古代惟一跻身一流作家行列的女性，生前身后，她都相当引人注目。然而存世作品无多，生平资料寥寥，与其巨大的声名，形成一种反差；加以名满天下，谤亦随之，毁誉纷纭，更使其形象扑朔迷离。历经近千年探讨，李清照生平与创作的诸多问题，似乎有了定论，可必须承认，某些结论，依据未必坚实。艾朗诺先生著《才女之累：李清照及其接受史》①，对此展开系统反思，尝试提出一家之言，是晚近李清照研究的一大收获。

如书名所示，这部著作同时在两方向用力：梳理李清照的接受史，还原李清照的本来面目。在某种程度上，前者构成后者的出发点：正因为剥落了接受过程中的种种涂饰、扭曲，寻绎原貌方成为可能。

就作品接受而言，李清照在世时，诗词文便颇受赞誉。晚明以降，女性写作盛行，词体复兴，这两项原因促使论者将她塑造为前代的女

---

① ［美］艾朗诺《才女之累：李清照及其接受史》，夏丽丽、赵惠俊译，上海：上海古籍出版社，2017年。以下引用此书，仅随文括示页码，不另出注。

词人典范，其声望因而更上层楼，牢固树立起来。就生平接受而言，李清照的问题，是在赵明诚殁后改嫁张汝舟。这在当日原无不可，但随着南宋后期以来，理学家对于夫死守节的大力倡导；元代以来，朝廷法令的推波助澜，再嫁逐渐变成一件不名誉的事。既是备受推崇的才女，又是妇德有亏的妻子，褒贬左右为难。为摆脱这一困境，自清代起，掀起一场替李清照"辩诬"的运动，否认她曾再婚。直至1957年，黄盛璋再度提出改嫁说。迭经争论，进入21世纪，学界才"基本上接受了再嫁这一事实"。此前关于李清照接受史，不乏研究成果，著者未满足于就事论事，而自南宋以下的观念与社会背景入手，解释李清照形象的演变轨迹，深度遂远迈以往。

面对李清照的诗文与词作，本书采取截然相反的解读策略：一方面，努力把诗文置入其生平脉络，审视具体语境，推求纸背深意；另一方面，又努力把词作与生平隔断，限就作品本身立论。在著者看来，易安诗风格与题材的"男性化"、《词论》所探索的全新词体观、《打马图经序》与《打马赋》的政治及军事指涉，皆系一位女作家抵抗男权社会歧视，捍卫创作权利，"以刚克刚"的奋斗。李清照性格伉爽，不类寻常女子，前人早已言及。缪钺先生即称她"有胆、有识、有魄力，独能冲破封建藩篱，以一弱女子而关心国家大事，纵论文学，臧否人物，发抒己见，无所顾忌，这是很难能而可贵的"[①]，论据也约略相近。本书借鉴女性主义视角，不惟赏其性格，抑且探其心曲，将这些表现归因于男权社会施加的精神压力，所论更透入一层。《金石录后序》自述同赵明诚的婚姻与收藏生活，娓娓动人。著者却注意到，这篇文

————————————————————

① 缪钺《论李清照词》，缪钺、叶嘉莹《灵谿词说》，上海：上海古籍出版社，1987年，第333页。

字写于李清照再婚张汝舟又迅即离异之后，由此专辟一章，抉发字面下的隐秘动机：赢取世人同情，保护剩余文物；提醒读者不可把文中所述当成事实，无条件接受下来。此文复杂面向，宇文所安已有所察觉①，不过他只细绎文本，未及联系作者经历。本书知人论世，思考更为全面，故而又读出不少新见。

李清照主要以词名家，本书最关键的创获，也在这一方面。易安词集久佚，南宋文献里仅存三十六首，其余均见于元以后文献。从流传有绪的角度考虑，著者只认南宋所见之作为真，就中复去除疑点重重的黄大舆编《梅苑》所收六首，凡得三十首，此外一概存疑。李清照词历来有真伪之辨，本书标准大约最是严苛。至于词作内容，以女性生活与爱情为主体，论者一向多从作家生平求解，著者却指出，主流读法值得商榷。词在当时，多数情形下属代言体，易安词也不例外，篇中女性难以遽目为作家本人。这一观点极具开创性。各家自传式解说，先撷取词里若干生活印象，譬如夫妻久别，而后证诸生平。每逢书阙有间，便"用最琐碎的线索，做最大胆的推断"（第96页），曲折以赴之。纵如此，推演的景象仍不能尽符词作所言，跋前疐后，摇摇欲坠。而一旦破除既有思维定势，视词为代言体，与李清照的生平分离，所有窒碍顷刻迎刃而解。女词人在作品中不是女词人，这个创见的价值即在于此。

本书思路整体观之，或承继旧说而力破余地，或独辟蹊径而益趋合理，在每一方向皆有开拓，诚属难得。落实到具体论断层面，则不无可商之处。譬如著者认为，清人辩称李清照未尝再婚，背景在女性守节的严格化，大体可从。麻烦出在，第一位广罗文献论证此说的俞

---

① ［美］宇文所安《追忆：中国古典文学中的往事再现》，郑学勤译，北京：生活·读书·新知三联书店，2004年，第94—112页。

正燮，恰是思想开明，主张"其再嫁者不当非之"①的。其《易安居士事辑》明言："是非天下之公，非望易安以不嫁也。不甘小人言语，使才人下配驵侩，故以年分考之。"②他反对再嫁论，与其说出于贞节立场，毋宁说出于对结缡双方雅俗悬殊的惋惜。本书力求把一切"辩诬"者，纳入单一背景之下，对此文的阐释，遂未免失之迂曲。又如考察易安诗文，不仅诠释方式迥异于词，真伪判断也大相径庭。对词严加甄辨，对诗文则全盘接受，绝无疑议。实则诗文和词一样，均系后人辑得。其间有无赝品，字句有无窜易，并非不言自明。举《词论》为例，早在20世纪80年代，马兴荣先生已质疑其著作权③，至今尘埃未定；或又谓此篇"在传闻过程中字句原意难免改动失真"④。倘与词作一视同仁，似也应下一番考辨工夫，而非不假思索，坦然据以为说。再如代言体之论，固然极富意义，但是，著者太珍视自己的新解，倾向于把易安词统一划归代言体。即便发现"李清照甚至允许在词中时不时地出现与她生平有关系的细节"，依然强调，这类作品"还是必须和李清照本人相区分开来"。如是处置，恐怕难餍人意。以常理度之，易安词一部分系代言，一部分系自传，两者兼有，方为正常状态，无须偏取一端。展望未来，在可能范围内，尽量辨明多少词作属于前者，多少词作属于后者，或将变为讨论李清照的一项新议题。

昔日郑昕先生《康德学述》弁言有云："超过康德，可能有新哲学；掠过康德，只能有坏哲学。"⑤本书一些具体论断，终究会被"超

---

① （清）俞正燮《癸巳类稿》卷一三《节妇说》，上海：商务印书馆，1957年，第494页。
② （清）俞正燮《癸巳类稿》卷一五，第609页。
③ 马兴荣《李清照〈词论〉考》，马兴荣《马兴荣词学论稿》，上海：上海古籍出版社，2013年，第55—67页。
④ 孙望、常国武主编《宋代文学史》，北京：人民文学出版社，1996年，第471页。
⑤ 郑昕《康德学述》，北京：商务印书馆，1984年，第1页。

过", 这也是学术发展的题中应有之义。然其思路多有创新, 示来者以轨辙, 却不容"掠过"。仅此一点, 足以保证它在李清照研究史上, 占据无可替代的一席之地。

二 花朵、树叶与真理: 伊吹敦《禅的历史》

"如何是祖师西来意", 乃禅僧最常拈举的一则话头。相传达摩自西徂东, 引来印度禅, 是为中土禅宗初祖。"祖师西来意"即达摩所授禅宗要义。这样看似理所当然的问题, 回答却五花八门, 或曰"问取露柱去"(石头希迁), 或曰"与我将床子来"(沩山灵祐), 或曰"庭前柏树子"(赵州从谂), 或曰"久雨不晴"(云门文偃)……总之是顾左右而言他。何以如此? 皆因禅宗——严格说来, 马祖道一以降禅宗——修行的终极目标, 质言之, 即绝对专注于当前一境。而一问达摩之意, 注意力便投向过往, 脱离了当前, 故须截断、扯回。

伊吹敦《禅的历史》[①]指出, 日本禅从中国接受的, 主要是宋朝禅, 正属马祖道一系统。

本书综合中国与日本禅宗, 作一连贯的历史叙述, 凡分三部: 禅的足迹(中国)、禅的足迹(日本)、禅的现状。禅宗在古代亚洲流布颇广, 又传入朝鲜、越南等地, 这些概置不论; 现状部分, 更只单述日本禅宗, 可见著书宗旨实在于, 为本国鉴往而知来。

伊吹先生认为, 达摩"二入四行论"同后世禅宗迥然有别, 但已显出鲜明的如来藏(佛性)思想。由是梳理中土禅史, 围绕怎样修证

---

① [日]伊吹敦《禅的历史》, 张文良译, 北京: 国际文化出版公司, 2016年。以下引用此书, 仅随文括示页码, 不另出注。

佛性，观察到两种相反走势：内向化与实践化。"二入"包括经思考悟入的"理入"、在事上悟入的"行入"。后者又细分为四种，谓之"四行"，包括报怨行，受苦时自念系以往恶业所致而"甘心受之"；随缘行，得意时自念系以往善缘所感而"心无增减"，等等①。"理入"是内向化的，"行入"是实践化的。

禅宗四祖道信、五祖弘忍提倡"守心"；北宗神秀承流接响，提倡"观心"，均为"理入"之延续。"理入"须"凝住壁观"，借助打坐来开悟，道信、弘忍、神秀等人亦然。坐禅是特定时空的特定修行法，非随时随处可为，与日常生活界线分明。及至南宗神会提倡顿悟，一举否定打坐修行，内向化走势遂告消歇。直到南宋临济宗形成公案禅（看话禅），曹洞宗形成默照禅，前者以参详昔人公案为入道手段，后者重拾坐禅，这一走势方稍稍复振。

中唐神会以还，实践化走势占据主流。之前达摩教人"行入"，弘忍门下禅师参与农业劳作，禅宗早和日常生活相联结。及至神会主张顿悟，修行无须特殊方式，但从行坐言笑间得道，日常生活乃成为禅僧经验的唯一内容。不过，神会要求在日常中，体悟超越日常之上的"知"，仍未尽然认同日常。马祖道一更进一步，标举"平常心即道"，彻底否认超越性理念，始与日常生活贴合无间。在另一篇文章里，伊吹先生因而称其为"禅宗之完成者"（《马祖的思想与时代精神》）。

在著者看来，宋元之交蒙哥可汗座前，佛教与道教的公开辩论（1255—1258），标志着二教信徒"完全失去了对各自宗教固有教义的坚持"，嗣后再无突破性发展。故南宋以前，内向化与实践化的消长起伏，足可概括中国禅宗的思想变迁。就每章末所列文献观之，本书讨

---

① （唐）道宣《续高僧传》卷一六《菩提达摩传》，北京：中华书局，2011年，第566页。

论中土禅史，多参考日本学界成果，然而在若干问题上，也不难窥见中国学者的影响。譬如断言六祖慧能《坛经》曾被神会一派"大幅度改变"，淡化慧能的历史地位，显然采纳了胡适《荷泽大师神会传》的特见。又如强调牛头宗的重要性，则系印顺《中国禅宗史》的发明。伊吹先生担纲是书日译，对这一观点印象极深（**参看日文本译后记**）。耐人寻味的是，印顺法师勾勒牛头禅思想的整体结构：道本虚空，无所不在。因为虚空，所以不必刻意修证，"高卧放任"便是行道；因为遍在，所以连无情的草木之类也蕴有佛性[1]。不事修行恰合乎实践化走势，原可织入叙事主线，伊吹先生却只字未提，仅举"无情佛性"一点为说。他大约依然希望将中国禅的成熟，归功于南宗神会、马祖一系。至于后一点，则确为牛头宗的特色所在。

日本奈良时代，禅宗已然东传，以北宗禅为主。平安时代，最澄融合圆、密、禅、戒四种教法，其中禅学除北宗外，又加入牛头禅的成分。但这时对禅的接受，尚停留在非系统、不自觉的地步。平安末年山雨欲袭，人心不宁，禅的现实意义首度突显出来，下开镰仓时代禅宗兴起之先声。

镰仓前期当中国南宋，伴随中日僧人往来，宋朝禅大举涌入，临济与曹洞之争也延烧至东瀛。两宗离合变化，构成日本禅史一大线索。临济宗特征相对稳定：修公案禅，向当权者弘法。江户中期白隐慧鹤把公案按内容分类，重新编排，更"将公案禅的思想推向了极致"。相比之下，曹洞宗的走向则一波三折。镰仓前期，道元学成归国，举以授人，修默照禅，传法取精英主义。镰仓后期，莹山绍瑾一反其所为，导入公案禅，向普通民众弘法。前者已有接近临济之势，后者则为

---

[1]　释印顺《中国禅宗史》，北京：中华书局，2010年，第106—122页。

曹洞宗的新特点。下及室町中期，即在曹洞内部，公案禅也占了上风，几与临济泯然无别。至江户时代，一方面向道元回归，重修默照禅，运用公案日少，复与临济分流；另一方面，却又和后者共同推动学问研究长足发展，偏离一直以来的民众路线。明治维新后，现代禅宗继续学术化进程，著者批评这与信仰易生抵牾。倘使问其意见，大概从镰仓到江户时代，是日本禅最具活力的阶段。

伊吹先生并非信徒，可是服膺马祖道一的"平常心是道"，注重日常世界①，实践性格明显。临济之公案、曹洞之坐禅，都偏于内向化，站在他的立场，未必足观。本书写到日本禅的成立，专辟"日本接受禅的问题点"一小节，下了一个总判断："在中国，禅宗创立的契机是向日常回归、力图以俗语来进行思想表达，而日本禅宗的情景则正好相反。"（第166页）态度不言自明。唯有曹洞宗向庶民说法，为其所许。回归日常生活，普济众生，也是他寄望于将来日本禅宗者。

前言交代，本书原计划通论禅的历史、思想、文化，后因兹事体大，乃先写出历史之部，单独付梓。尽管著者努力"从思想史的视角撰写"（"前言"第3页），统观全书，仍觉历史的解释有余，思想的解释不足。日本禅为何承续马祖道一系的宋朝禅，而非其他？本书答案是，镰仓时代禅宗突起，适逢南宋禅学流入，因缘际会使然。这是历史层次的理由。然而不妨追问，既然镰仓以前，北宗禅与牛头禅早已进入，为何日本禅不表现为旧禅学的自微达显，却表现为新禅学的拔帜易帜？对此，还须给出思想层次的理由。

著者叙及平安时代，注意到比叡山天台宗本觉思想之确立，"不仅

---

① 沈艺、孙乙《社会学视角的禅宗研究——日本著名佛教学者伊吹敦教授访谈录》，《国际汉学》2016年第4期，第16—17页。

对佛教而且对整个日本文化都带来很大影响"，可惜语焉未详。本觉思想倡言众生当下便是开悟的显现，不假外求。所谓当下，无分善恶；所谓众生，包含无情草木，具有强烈的肯定现实意味。镰仓时代，"不问净土、禅或日莲系，新佛教全体的基盘——也就是新佛教的祖师们都是出身比叡山，且接受比叡山系的学问"①。此乃日本禅生长的思想风土。反观马祖道一，绝对专注于当前，不作他想，必然对当前无所拣择，故同样有"不取善，不舍恶"之论②。不过，他虽无分善恶，却分有情无情，未言草木可以成佛。后一说为牛头宗所独有。马祖禅与牛头禅，同本觉思想各有契入处。但本觉思想无条件认可当下，推至极点，便消解了修行的必要，镰仓新佛教又有所反思。牛头宗唐末已渐衰歇，思想未及新变。而马祖禅传衍至南宋，创设公案禅与默照禅，提供具体的修习方法，正可对治本觉思想之流弊。只有在这个层面方能说明，接受宋朝禅，何以成为镰仓禅宗的最终选择。

　　本书横跨中日，纵贯古今，是禅宗史写作的一项尝试。台湾诗人杨牧编译《叶慈诗选》，有首《睿智随时间》，这样写道："树叶虽然很多，根柢惟一。/青春岁月虚妄的日子里/阳光中我将叶子和花招摇；/如今，且让我枯萎成真理。"③叶芝（台译叶慈）向往"超自然的世界"④，他的真理，要待花朵与树叶枯萎后浮现。而依马祖道一以降禅宗之见，会心当下即是。真理就在日常世界之中，就是禅在中国的开花，在日本的散叶，是每一次的滋长甚至——枯萎本身。

---

① ［日］末木文美士《日本佛教史——思想史的探索》，涂玉盏译，台北：商周出版公司，2002年，第163页。
② （南唐）静、筠二禅师编《祖堂集》卷一四《江西马祖》，上海：上海古籍出版社，2011年影印本，第260页。
③ ［爱尔兰］叶慈著、杨牧编译《叶慈诗选》，桂林：广西师范大学出版社，2016年，第69页。
④ ［美］韦勒克《近代文学批评史》第五卷，杨自伍译，上海：上海译文出版社，2009年，第9页。

三 怎样理解宋代《诗经》学的新变：种村和史《宋代〈诗经〉学的继承与演变》

《四库提要》卷一五"经部·诗类"小叙称："《诗》有四家，毛氏独传，唐以前无异论，宋以后则众说争矣"[①]，以两宋为《诗经》学一大转折，殆成定论。种村和史先生将自己十余年研索宋人《诗》说的文章裒为一辑，题曰《宋代〈诗经〉学的继承与演变》[②]，一反成说，特意点出宋儒与前代连续性的一面，书名便令人兴味盎然。

本书以欧阳修《诗本义》、王安石《诗经新义》、苏辙《诗集传》、程颐《诗解》、朱熹《诗集传》为中心，上勾下连，旁及其他。书分五大部分：第一部分透过历代《诗经》学对两个具体而微问题的阐释，略窥其演变轨迹；第二部分分论欧阳修至程颐四人；第三部分探讨两宋《诗经》学的解读原则与方法；第四部分追索宋代道德观及政治、社会状况施加于《诗》解的影响；第五部分以陈奂《诗毛氏传疏》对欧阳修的隐性接受为例，发掘清代经学与宋学一脉相通之处。专题研究与专人研究相结合，编织出一幅相当细密的画面。

倘撮述其要旨，大体如下：汉唐经说与宋代经说共享一个基本前提，即《诗经》是道德文本，旨在风教。就价值观而言，唐孔颖达《毛诗正义》有时和之前毛传、郑笺持同一观念，至宋代欧、王、苏、朱而一变，譬如对君臣之义的态度，汉唐宽容而宋人严苛；有时异乎毛传、郑笺，而接近于欧阳修、苏辙等宋人，譬如对后妃干政的态度，

① （清）纪昀等《钦定四库全书总目》，北京：中华书局，1997年，第186页。
② ［日］种村和史《宋代〈诗经〉学的继承与演变》，李栋译，上海：上海古籍出版社，2017年。以下引用此书，仅随文标示页码，不另出注。

毛、郑容许而孔疏以降反对。

注重道德，会牵引出若干文本问题。譬如，怎样看待一部分诗篇中不道德的内容？郑笺不在乎主人公的品德缺陷，寄望读者自行从中领受教训。孔疏以至欧、苏、朱则极力开脱解释，赋予诗中人物道德性。孔、欧区分叙述者与作者，前者身在诗中，后者处于旁观地位；嗣后朱熹等人则无此区分。在叙述者之外另立一作者，诗中人物不道德，固无损于诗歌的道德；合二为一，则失去了这点方便。宋人《诗》说愈来愈倾向于否认主人公德行有亏，同这一趋势正相呼应。又如，诗篇内容是否具有历史真实性？汉唐论者"以诗附史"，孔颖达略有调整，承认某些内容出自虚构，欧阳修、程颐、黄櫄等张大其风，进一步突破了历史主义的解《诗》框架。孔疏虽承认虚构，犹未使之成为诗作解读尤其是结构分析的出发点，朱熹始完成这一任务。朱氏弟子辅广、与朱氏立场相反的严粲，不约而同加以承接发展，足见其流布之广。诗作与具体人事脱钩，道德教诲因而更获得了一种普适性。

文本层面的问题尚不止此。面对一首诗，欧阳修开始强调其叙述的一贯，内容的紧凑。王安石进而发明"层递法"，不再如前人般，视诗里各章为单纯复沓，而认为意思逐章递进，步步深入。同时苏辙、程颐至南宋吕祖谦，解法皆与之相似。将诗歌结构与逻辑复杂化，构成两宋《诗经》学有别于汉唐的一大特色。再看比喻这种具体修辞。汉唐注家主张主体与喻体全方位适配，孔颖达首先提出，两者之间或仅取一端相似，不必推及他端，欧阳修论比喻即承此而来。欧氏又把比喻置于整首诗系统内，不孤立作解，为王安石与朱熹所延续。不过王氏以为，比喻非仅修辞而已，也是诗中实际发生的事。这点却接近郑笺，而与孔疏以下各家迥不相侔。

著者最后顺流而下，借《诗》说之递嬗，稍窥清学与宋学之关联。统言之，"宋学对于汉学、清代考据学对于宋学，后者都是对前者的反拨，是用与前者不同的理念与方法构筑起来的，但实际上却不能将其间的关系看作单纯的反拨，不可将它们完全分裂开来看待"（第 642—643 页）。而本书重心，实在于论证孔颖达《毛诗正义》的过渡作用："《正义》既是汉唐《诗经》学的一部分，同时又为后代《诗经》学准备了解释的方法。"（第 388 页）当然，孔氏序言自承以隋代刘焯《毛诗义疏》、刘炫《毛诗述义》为底本，所释多袭自二刘①。准确说，这是隋唐《诗》学共同的过渡作用。

从以上远非完备的介绍，已不难发现，本书呈现的汉唐与宋代《诗》说异同，犬牙交错，情形较此前认识复杂得多。这获益于后记总结的"穿凿比较法"。所谓"穿凿"，指细读具体经说，就中提炼论点；所谓"比较"，指取各家之言反复比勘，审其从违，这其实便是细读之一法。正因紧扣每一细节从容游弋，牛毛茧丝，无不辨析，故所得独厚。即在局部问题上，同样创见迭出。譬如分辨欧阳修对二《南》之《小序》始信终疑，前后有所变化；又如论证苏辙在政治上与王安石对立，而说《诗》颇取资于后者；朱熹虽称"程先生（颐）《诗传》取义太多，诗人平易，恐不如此"②，不乏批评，实践中却"不仅采用了程颐对具体诗句和文字的解释，也继承了他用来理解诗篇结构的方法"（第 307 页），类此皆一新耳目。同时，论述也不回避芜杂与矛盾。一边指出，苏辙的诠释与欧阳修相比，更切合诗句客观含义，不似后者带有自身常识与道德判断；一边又指出，苏氏对《小序》的取舍，渗透着其价值观。一边指出，朱熹对诗篇叙述者与作者无所区隔；一边

---

① 参看乔秀岩《义疏学衰亡史论》，北京：生活·读书·新知三联书店，2017 年，第 40—61 页。

② （宋）黎靖德编《朱子语类》卷八〇，朱杰人等主编《朱子全书》，上海：上海古籍出版社，合肥：安徽教育出版社，2002 年，第十七册第 2764 页。

又指出，他认为《小雅·四牡》乃"臣劳于事而不自言，君探其情而代之言"①，则叙述者是臣，作者是君，偶又析而分之。治学大凡考察过细部，都知史实原非泾渭分明，有如国境线，参伍错综反为常态。这是著者思虑深沉的地方。

由于分析力破余地，故而求之过深，偶亦难免。譬如欧阳修《诗本义》卷三《王风·丘中有麻》本义："（周）庄王之时贤人被放逐，退处于丘壑。国人思之，以为麻、麦之类，生于丘中，以其有用，皆见收于人，惟彼贤如子嗟、子国者，独留于彼而不见录。……子嗟、子国，当时贤士之字，泛言之也。"本书但因子嗟、子国之名非实指，便说："其内容并非特定历史情境中发生的特定事情，而是不限时代、场所和人物，极其普遍出现的世情常态"（第363页）。其实若依欧氏之见，既言"周庄王时"，则时空皆固定；以子嗟、子国代称被逐贤人，可能也有特指，诗作委婉，不欲直言而已。在此发见时、地、人的普遍性，推论似乎过度。

这自然只是小节，我更想谈的在另一问题：怎样理解宋代《诗经》学的新变？种村先生概括既有论调："汉唐《诗经》学是一个整体，且宋代《诗经》学与汉唐《诗经》学直接对立"（第44页）。他发愿纠补，寻绎唐宋之同，用力甚勤。可是上述论调，本身并不恰切。欧阳发等《先公事迹》载，欧阳修"尝曰：'先儒于经不能无失，而所得已多矣。正其失可也，力诋之不可也。尽其说而理有不通，然后得以论正，予非好为异论也。'……为《诗本义》，所改正百余篇，其余则曰：'毛、郑之说是矣，复何云乎？'其公心通论如此"。本书两引之（第49、427页）。苏辙《诗集传》卷一论《毛序》自谓："独采其可者见

---

① （宋）朱熹《诗集传》卷九，北京：中华书局，2018年，第157页。

于今传，其尤不可者皆明著其失。"①朱熹《吕氏家塾读诗记序》提倡《诗》义"不专于毛、郑"，但也未曾一概弃绝，其《诗集传》即有采于《毛序》②。要之，在具体观点层面，宋人从未尽与汉唐注疏对立。关键是在他们那里，注疏首度丧失了天然权威，须经他们自出眼光，淘洗拣择一番。在这个意义上，依然可说，宋代《诗经》学发生了质的变化。而旧权威陨落后，重建说《诗》标准，便成了当务之急。故在具体释义上沟通唐宋，殊非必要；探究宋儒《诗》解背后的理念，方是从入之途。本书未区别这两个层次，为前者抛掷不少心力，否则，行文会更省净，问题意识也会更集中。

无论如何，种村先生以空前的精细，把相关论题推进了一大段。想再就此写点什么，必先认真消化本书乃可。会有后来者接力前行么？我期待着。

四　珠箔银屏迤逦开：许曼《跨越门闾》

西方研究宋代妇女生活者，前有伊沛霞（Patricia Ebrey）《内闱：宋代的婚姻和妇女生活》，聚焦于家庭之内。许曼女士新书《跨越门闾：宋代福建女性的日常生活》③，则偏重家庭之外，恰可补前著所未及。

著者坦承："女性史研究能否置于地方史背景下，很大程度上取决于可用史料的范围"（"鸣谢"第2页），选择福建一地，主因在原始材料较丰，且相信所得结论"适用于整个宋帝国"（第310页）。换言

---

① 曾枣庄、舒大刚主编《三苏全书》，北京：语文出版社，2001年，第二册第266—267页。
② 参看姜广辉主编《中国经学思想史》第三卷第六十九章第一节，北京：中国社会科学出版社，2010年，第786—793页。
③ 许曼《跨越门闾：宋代福建女性的日常生活》，刘云军译，上海：上海古籍出版社，2019年。以下引用此书，仅随文括示页码，不另出注。

之，本书希望以局部见整体，与地域视角殊少关联。第一章论述女性
在住所中门内外的游走，闾门匾额对女性能动性的塑造，儿辈奉母颐
养之室赋予女性的权益等。第二章以下，便不为家门所囿。本章论述
女性外出代步工具与行迹，第三章论述女性经济活动与社区工作，第
四章论述女性在诉讼等事务上与地方政府的交涉，第五章论述女性宗
教信仰，第六章论述女性身后墓葬情形，几于应有尽有。每一方面，
也极敷陈之能事。譬如考察信仰生活，即遍及静修、典籍抄诵、宗教
刺绣、教徒交往、寺观参拜、布施、葬仪诸般话题，内容周匝完备。
白居易《长恨歌》写临邛道士晋谒杨玉环，"珠箔银屏迤逦开"处，一
位丽人疾趋而来，衣袂飘举。本书意趣略相仿佛，给尘封于历史的宋
代女性注入生气，但见她们自内而外，次第迈出中门、外门、闾门，
投身丰富多样的社会领域，一幅长卷由是展开。

所涉如此之广，史料功夫自非泛泛。旧时女性地位次要，文献正
面记载有限，元代以前尤然，散金碎玉，待人掇拾。著者"上穷碧落
下黄泉"，诗文、碑刻、方志、法律文书乃至考古材料，靡不网罗。特
别是在福建省博物馆档案室，发掘出大宗20世纪50—70年代的未刊宋
墓考古报告（第六章注［8］，第369页），为描摹女性墓葬打下了坚实
基础。更可贵处在于，她并非简单陈列现象，而是仔细比对宋人言与
行之异同，以透显历史的复杂。譬如朱熹立志推广儒家葬仪，众所周
知，著者却指出，当母亲希望子女举行佛教葬礼时，朱氏通常建议，
以不拂亲意为重，"在具体的情境下做出了妥协"（第248页）。这无疑
有裨于读者体会，儒家原则在女性生活上的弹性表现，也接续了罗莎
莉（Li-Hsiang Lisa Rosenlee）《儒学与女性》①等著述的努力。

———————————————————————————

① ［美］罗莎莉《儒学与女性》，丁佳伟、曹秀娟译，南京：江苏人民出版社，2015年。

著者服膺乃师高彦颐教授之言："任何女性史和社会性别史研究，都应是分阶层、地点和年龄的"（第306页）。对女性细予分疏，不笼统视作一体，见解相当成熟。本书"涵盖了普通女性和精英女性，以期呈现出一幅相对广阔的宋代女性日常生活画卷"（第9页），而在具体叙述里，并不一概而论。譬如观察女性的治生行为，即点出其阶层差异（第115—117页）。女性主义演变至后现代阶段，方始有此意识，"利奥塔或福柯的后现代认识论能够引起人们对不同肤色的妇女之间、不同种族和不同阶级的妇女之间、不同性偏好的妇女之间以及来自世界不同地区的妇女之间的种种差异的关注，从而能够维护并阐明种种妇女的特殊性，避免将这些特殊性还原为普遍的概念图式"①。两相印证，足见著者思想之新锐。

本书左右采获、往复辨析，令人钦敬，但这些，宜于开卷细品，无待烦言。通读各章，另有若干想法，姑言之如次。

第一，许是文献不足征的缘故，著者有时单凭只言片语，推演发挥，论点难免脆弱。譬如黄裳为章存道之妻叶氏撰墓志，称美其足迹罕至中门以外，本书议论道："叶氏顺从地隐身于中门之后的刻意写照表明，宋代女性处于闺阃内不可能是一种标准的做法——否则，她如何能被推崇为一种特定的模式？"（第53页）赞许一人优点，遂意味着，这类优点为旁人所少有？从前项飞跃至后项，近乎有罪推定。依此逻辑，褒甲适足以贬乙，后之来者，惟有缄口不语了。

第二，著者力图证明，宋代女性相对拥有自由空间，观念先行，偶亦见之。譬如宋代民间扼杀初生女婴，颇成风气。地方官员每使用

---

① ［美］道格拉斯·凯尔纳、斯蒂文·贝斯特《后现代理论》，张志斌译，北京：中央编译出版社，1999年，第235页。

两种办法挽回：一是申请政府救济，以免民户因经济负担而杀婴；二是借重邻里监督与当地耆老影响力，加以拦阻。关于前者，本书认为，这样"没有挑战女性在家中杀婴行为上的自主权"（第185页）；关于后者，本书认为，这样"有意避免直接侵入人们的'家'，至少是避免有形介入"（第188页）。结论称，两者皆体现出官府"对（家庭）内外界限理论上的尊重"（同前）。借杀婴这件事，论证女性的自主权，似乎奇特。何况前文刚注意到，宋王朝"颁布了反对杀婴的法律法规"（第184页）。法律具备强制性，面对家庭内部空间，无所用其尊重。只不过法条向下推行，效力有时而穷，故不得不出以上述两途，济国法之未逮。二者是实践智慧，也是无奈举动，和女性自由渺不相涉。

第三，本书带有论辩色彩，倾向于淡化宋代女性所受束缚。贯穿始终的线索，是强调"性别区隔"多停留在理想层次，未尽落为现实。但著者所理解的"区隔"，稍嫌绝对化，削弱了持论合理性。在她看来，空间划分是"性别区隔"核心内涵，即中门为界，男性居外，女性居内。主要依据在司马光《司马氏书仪》卷四："凡为宫室，必辨内外。……男治外事，女治内事。男子昼无故不处私室；妇人无故不窥中门，有故出中门，必拥蔽其面"云云①。这原不成问题，只是著者将区隔原则扩大，似乎它笼盖万有，不允许任何例外。譬如介绍两宋女性出行史实之后，写道："虽然宋代女性本应端居在家中，充当家庭价值观的守卫者"，可是"随着她们的身体在'家'外范围内移动，宋代女性不断重新定义内外之间的界限"（第105、106页）。女子一旦外出就是"重新定义"内外，意义阐发至此，可谓无以复加。然而，《书仪》明言妇人若确"有故"，无妨踏出中门；且这段话置于"居家杂仪"

---

① （宋）司马光《司马氏书仪》卷四"居家杂仪"条，上海：商务印书馆，1936年，第43页。

条，仅针对家居生活而发，出行不在此限。在宋代，不，所有时代，女性因某些缘由外出，事属寻常，未必均构成反抗。附带一提，司马光这段话源自《礼记·内则》，后者泛言内、外分别。著者基于冉文铄（Lisa Raphals）之见，断定截止唐五代，"没有提出任何具体的物理界限来实现这种区分"（第40页）。实则三十年前，学者便指出，先秦立寝门分隔内、外①；而以中门划界，决不晚于东汉。《内则》"阍、寺守之，男不入，女不出"句下郑玄注："阍，掌守中门之禁也"②，即表明中门的区划作用。类似物理界限，是古已有之的。

第四，著者取"宋元明转型"框架，将两宋至清代看成一个历史段落。她概括全书宗旨，在阐扬"与明清时期的女性相比，宋代所有阶层的女性都享有的相对自由"。由此张望后世，勾勒谱系："自主性和流动性——在传统上被归于明清女性的这两种属性，无疑可以追溯到宋代。"（第311、312页）西方的中国妇女史研究，自20世纪90年代末以降，"非常注重发掘女性的能动性和主体意识"③，本书分享着同一学术氛围。不过，如何定位宋代妇女的活动自由，或许犹可斟酌。对于传统女性地位变迁，学界通行看法是："汉代以后，男女之防逐渐严格，妇女贞节观念受到社会的提倡。从魏晋南北朝到隋唐，礼法松弛，妇女地位有提高的趋势，在行动上享有较多的自由，但基本上，妇女在家庭中仍处于附属的地位。宋代以后，礼法恢复严峻，于是妇女的社会地位又再下降，所受到的束缚也愈加紧密。"④宋代女性正处

① 杜正胜《官室、礼制与伦理——古代建筑基址的社会史解释》，陶希圣先生九秩荣庆祝寿论文集编辑委员会编《国史释论》，台北：食货出版社，1987年，第18页。
② （清）阮元校勘《十三经注疏》，上海：上海古籍出版社，1997年影印本，第1468页下。
③ 姚平主编《当代西方汉学研究集萃·妇女史卷》，上海：上海古籍出版社，2012年，"前言"第3页。
④ 梁庚尧《中国社会史》，上海：东方出版中心，2016年，第273页。

在约束由宽而严的转捩点上。而明、清妇女的少许特定活动空间，譬如江南精英阶层女性写作，产生于种种时代背景：经济发展、刻书业兴盛、都市文化繁荣、社会结构变动等①，与宋代不尽相衔。宋代妇女的社会空间，究竟是上承六朝隋唐、垂垂欲尽的自由残焰，抑或照亮未来的一束强光？盼有心人共商讨之。

　　无论如何，著者系统绵密地刻画宋代女性社会生活，终是一项突破。陈东原先生筚路蓝缕的《中国妇女生活史》②论及宋代，重点只在贞节观念与婚姻；方建新、徐吉军两先生近著《中国妇女通史·宋代卷》③，主体则在婚姻、生育、艺文修养与服饰妆扮。倏忽百年将过，两宋女性在外部社会的身影，仍属研讨薄弱环节④。本书拾遗补阙，蔚成大国，想当成为今后学者常备案头的参考著作。

---

① ［美］高彦颐《闺塾师：明末清初江南的才女文化》，李志生译，南京：江苏人民出版社，2005年，第21页。
② 陈东原《中国妇女生活史》，上海：商务印书馆，1928年，第129—172页。
③ 方建新、徐吉军《中国妇女通史·宋代卷》，杭州：杭州出版社，2011年。
④ 徐规《宋代妇女的地位》（1945年写成）论述颇详，而于女性社会生活也介绍较略。徐规《仰素集》，杭州：杭州大学出版社，1999年，第315—403页。

第四章　儒家伦理与韦伯命题

——以杜维明为例

　　马克斯·韦伯的比较宗教研究，其基本逻辑是：新教伦理促成了西方资本主义现代化的产生，世界其他文明传统中的宗教伦理（当然包括他专门讨论过的儒家伦理），均不具备同样的功能。由此顺利地得出一个推论：其他文明要发展现代化，必须从西方引进。随着东亚经济的腾飞，这一命题开始遭受质疑。从20世纪70年代末起，美国学者首先发难，如赫尔曼·康恩（Herman Kahn）认为儒家伦理更适合于经济增长，彼得·柏格（Peter L. Berger）形塑出一个迥异于西方的东方式现代化模式①。中文世界最早的例子，当推1983年金耀基的《儒家伦理与经济发展：韦伯学说的重探》②。此后相关论述层出不穷。这里择取影响较大的杜维明加以考察，以点观面，考察对于儒家伦理与现代经济发展之间结合点的追寻，究竟呈现了几许有价值的正面成果。

　　杜维明以韦伯学说为立论基点，若要正确审视其说法，前提是必须准确把握韦伯的主旨。为了行文的方便，以下首先概述韦伯相关理论，一方面利于后文的比照，另一方面可借此初步框定我们的问题域。

---

① 参看罗荣渠《现代化新论——世界与中国的现代化新论》第七章第三节，北京：北京大学出版社，1993年，第220—221页。
② 收入《金耀基社会文选》，台北：幼狮文化事业公司，1985年。

第一节 马克斯·韦伯的资本主义发生学

在韦伯看来，新教伦理不同于前此基督教派的根本一点，是其世俗化倾向。"天职"观念随新教而兴，引出了贯穿新教各派的核心教义："上帝应许的唯一生存方式，不是要人们以苦修的禁欲主义超越世俗道德，而是要人完成个人在现世里所处地位赋予他的责任和义务，这是他的天职。"①这一教理主要有两层含意：（一）专业化。人应安于"个人在现世里所处地位"，专注于自己本职，这肯定了社会专业化分工的必要。而就商人、企业家之职分而言，以获利为工作目的。从宗教角度来看，这即是其"责任和义务"，由此赋予商业活动一种道德价值。用韦伯的话来说："强调固定职业的禁欲意义为近代的专业化劳动分工提供了道德依据；同样，以神意来解释追逐利润也为实业家们的行为提供了正当理由。"②（二）理性化。这是韦伯理论的一个重点③。以获利活动为例，此既为天职，则教徒受到信念驱使，必殚精竭虑以获取最大利润。为追求最高效率，自然发展出一种有条不紊的理性工作方式。这一方式包含两个方面："按照资本主义方式合乎理性地组织

①　[德] 马克斯·韦伯《新教伦理与资本主义精神》第三章，于晓、陈维纲等译，北京：生活·读书·新知三联书店，1987年，第59页。
②　[德] 马克斯·韦伯《新教伦理与资本主义精神》第五章，第128页。
③　哈贝马斯《现代性的哲学话语》第一章："在韦伯看来，现代与他所说的西方理性主义之间有着内在联系。这种联系并不是偶然出现的，而是不言而喻的。"曹卫东等译，南京：译林出版社，2004年，第1页。

劳动"与"合乎理性地使用资本"①。后者又有两种体现：一是经济事务与家庭相分离，二是合乎理性的簿记方式②。

世俗化是专业化与理性化的前提，其根源却在宗教性之中。新教禁欲主义"开始把自己的规矩条理渗透到生活的常规之中，把它塑造成一种尘世中的生活，但这种生活既不是属于尘世的，也不是为尘世的"，获利只是一种责任和义务，"因而首先就是完全没有幸福主义的（更不必说享乐主义的）成分搀在其中"③。信徒尽管或许积累了大量财富，生活上却普遍表现出勤俭等品质。在这个阶段，目的理性与价值理性是相统一的。

但是，韦伯心里清楚，这种统一状态是暂时的，根本说来，目的理性与价值理性在结构上并不完全协调，目的理性只有充分独立发挥作用，才可能为资本主义的持续发展提供稳定的条件。它必然进一步要求摆脱价值理性的纠缠④。于是，"寻求上帝的天国的狂热开始逐渐转变为冷静的经济德性；宗教的根慢慢枯死，让位于世俗的功利主义"。⑤专业化、理性化乃至勤奋、俭朴⑥之类品质仍然是资本主义的活动准则，其道德价值却荡然无存。这些准则自身作为不容更改的客观化秩序，宰制了人类生活，韦伯悲观地形容为"一个人生在其中的广漠的宇宙"⑦。

对此结局，韦伯一方面极度反感，一方面又确信这是大势所趋，

---

① ［德］马克斯·韦伯《新教伦理与资本主义精神》第二章，第41页。
② 参看［德］马克斯·韦伯《新教伦理与资本主义精神》导论，第11—12页。
③ ［德］马克斯·韦伯《新教伦理与资本主义精神》第四章，第120页；第二章，第37页。
④ 参看哈贝马斯《交往行为理论》第一卷相关分析，曹卫东译，上海：上海人民出版社，2004年，第二章第三节，第218—220页；第四章第一节，第333页。
⑤ ［德］马克斯·韦伯《新教伦理与资本主义精神》第五章，第138页。
⑥ 这里仅指所获利润主要不用于生活挥霍，而是投入再生产。
⑦ ［德］马克斯·韦伯《新教伦理与资本主义精神》第二章，第38页。

无可挽回，"并且认为承认当前时代没有前景乃是理智上正直老实的标志"①。所以他仍以这一系列规范为标尺，来衡量中国的宗教伦理。在《儒教与道教》的结论部分，他进行了全面的中、西对比：（一）形而上学和宇宙论层面。西方是神中心主义式的，神意与世俗生活之间出现了断裂和紧张；中国是宇宙中心式的，相信世界本身即拥有其意义。相应的，西方人不是逃避尘世就是改变尘世，新教显然走后一条道路；中国人则总是适应尘世。（二）伦理和社会层面。西方重专业式、技术式教育，中国重通识教育。西方个人独自对上帝负责，上帝面前人人平等；中国伦理以血缘关系为基础，认同等差式的社会结构②。结论自然是：儒家伦理中不含有资本主义现代化的原动力。

纵观韦伯这一系列分析，至少有两点值得注意：

第一，他是在严格的发生学意义上寻绎新教伦理与现代资本主义之间的亲缘关系的③，对应的，他并没有判定儒家伦理与资本主义现代化不能相容，相反，"从一切迹象看，中国人有能力，甚至比日本人更有能力吸收在技术和经济方面都在近代文化领域中获得全面发展的资本主义。……中国有大量十分有利于资本主义产生的条件，可是，中国也同西方或东方古代，或印度及伊斯兰世界一样，没有造就这样的资本主义，尽管上述国家和地区似乎都有过不同的有利于资本主义产

---

① ［匈］卢卡奇：《理性的毁灭》第六章第四节，王玖兴等译，济南：山东人民出版社，1997年，第555页。

② ［德］马克斯·韦伯《儒教与道教》第八章，王容芬译，北京：商务印书馆，1995年，第279—301页。韦伯原来的比较工作，相对缺乏明晰的条理，我们概述的架构参考了石元康《韦伯的比较宗教学：新教、儒教与资本主义》，见所著《从中国文化到现代性：典范转移?》，北京：生活·读书·新知三联书店，2000年，第122—145页。

③ ［德］马克斯·韦伯《新教伦理与资本主义精神》导论："我们的当务之急就是要找寻并从发生学上说明西方理性主义的独特性，并在这个基础上找寻并说明近代西方形态的独特性。"（第15页）

生的条件。"①他所否认的只是儒家伦理内部自发生长出现代资本主义的能力。后者必得从外部引入，但可以为儒家伦理顺利吸收。从中并不必然推导出现代化等于全盘西化的论点。论者若欲彻底否证韦伯的中国命题，一定要在发生学层面上着力。

第二，韦伯借由个人内心的"天职"信仰而构造出一个具有内在深度的"自我"。在他那里，这一内在自我必然导致个人主义。每个人都独立面对上帝，故而西方人重视人、神纵向关系，相对忽略人与人之间的横向关系，这是个人主义的起源。随着市场运作与价值领域的脱钩，个人主义丧失了其道德内涵，成为纯粹功能性的。个人在外在市场规范制约下相互竞争，其内在深度在某种意义上被夷平，人际关系成为一盘散沙。韦伯对这样一幅社会图景持批判态度，但从资本主义发展的角度来看，他坚持个人主义是不可或缺的，所以中国那种以血缘关系为基础的人际伦理，绝不适合现代资本主义。韦伯强调经济事务与家庭的截然分离，认为此一因素"绝对地支配着现代经济生活"②。儒学弘扬者一方面在儒家个人观中发掘对等的内在深度，从而有限度地认同个人主义（如对个人尊严、权利的肯定）；另一方面接受韦伯对西方个人主义弊端的批判，力图以此为据论证血缘式伦理的疗救作用，以确立其存在价值。为使血缘式伦理和个人主义融为一体，便把外在人际关系内在化，既保留了其社会性，又突出了其个人性。社会性内在于"自我"之中，在儒家学者看来，也能够有效地避免内在深度被夷平的命运。在韦伯学说框架之下弘扬儒学价值，外在关系内在化几乎是唯一的选择。杜维明的"作为各种关系之中心的自我"

---

① ［德］马克斯·韦伯《儒教与道教》第八章，第300页；着重号原有。
② ［德］马克斯·韦伯《新教伦理与资本主义精神》导论，第12页。

说，根源实在于此。

指出这两点，同时也就明确了我们的问题：（一）从正面看，学者倡言儒家伦理对经济发展的推动效应，能否在发生学层面确认其原动力作用？（二）从反面看，以儒家价值疗救西方资本主义的弊端，其说服力究竟有多大？需要说明的是，这两个问题都是基于韦伯的理论提出的，属于内在性反思，自身有其限度，并不足以涵盖韦伯命题以及儒家学者的反应所引发的各种争议。接下来绍述杜维明的观点，为免削足适履，我们将首先力争充分地铺展他本人的论说脉络，以求尽其曲折，而后再从上述两个问题着手加以考量。

第二节　杜维明：商业中的个体与人际关系

关于杜维明，我们的论述将围绕着其著作《新加坡的挑战：新儒家伦理与企业精神》①展开。一方面，杜维明1982年新加坡之行"基本上成为他在儒家学理的深度开掘与儒家理念的普世实践之间比较倚重于后者的开端"②，这时他的学理思考已完全成型；另一方面，"他在新加坡对儒学作出的阐释成为他以后倡扬儒学的基础"③，此一既定基调历亚洲金融危机而未之或改④，相当一贯。这就使得我们选择的这一文本具备了很大的代表性。

杜维明公开表示以韦伯对于新教伦理与资本主义之产生二者关系的研究为出发点⑤，并采用大卫·利特尔（David Little）之说，将韦伯体系化为三个相关联的命题：（一）现代社会各个领域是相互分化的；（二）每一领域都要求从事者完全献身（专业化）；（三）宗教是二者的中介环节⑥。这样一来，无形中筛掉了在韦伯那里十分关键的理性化概念，而专注于专业化一点。理性化仅涉及资本运作方式，专业化则有

---

① 高专诚译，北京：生活·读书·新知三联书店，1989年。
② 胡治洪《全球语境中的儒家论说：杜维明新儒家思想研究》第一章第三节，北京：生活·读书·新知三联书店，2004年，第33页。
③ ［美］阿里夫·德里克《边界上的孔子：全球资本主义与儒学的重新发明》，郝田虎译，见所著《后革命氛围》，王宁等译，北京：中国社会科学出版社，1999年，第247页。
④ 参看杜维明《从亚洲危机谈工业东亚模式》（访谈），收入所著《东亚价值与多元现代性》，北京：中国社会科学出版社，2001年。
⑤ 杜维明《新加坡的挑战》，第87页。
⑥ 杜维明《新加坡的挑战》，第98—99页。

关乎个人修养。于是资本主义发生学，便顺畅地和作为杜维明学说中心的"做人主义"勾连起来。

按照杜维明的理解："儒家最关心的一个方面是我们如何学会做人"，而儒学视野中的自我"是它的所有关系的总和。同时，它又被看作各种关系的一个中心，不能被归纳于这些关系本身"①。自我一方面有其独立性，一方面又不是封闭的，而"总是向着人类经验和人类关系的其它层次开放"②。自知识层面言之，理想的人应同时是艺术的存在、社会的存在、历史的存在、政治的存在甚至宇宙的存在③；自人际层面言之，自我理解内含了对家庭、族群、国家、世界乃至自然、天道的理解。因而实现"做人"这一儒家核心价值的过程，包含了相反相成的两个方面：自我内向的深度开掘和外向的由家庭直至天道的层层拓展，"我们越是能够拓展自己去包容他人，我们就越是能够深化我们的自我觉解。"④这一开放结构"要不出于《大学》所谓家、国、天下的框架"⑤，只不过为反对人类本位主义，在此之上又加了自然、天道两个范畴，究其实际，论述重点仍在社会性，"儒家的要旨是在人类关系的范畴以内的道德的自我认识"⑥。

知识层面和人际层面相互依存，既不同于韦伯的专业化景象，也不同于韦伯的个人主义立场。这是儒家文化的特殊处。杜维明曾分疏资本与科学的区别："科学是绝对普遍化的。……可是，如果把资本的形成，放在涉及一种动力结构的复杂网络的关系中来理解的话，它就

---

① 杜维明《新加坡的挑战》，第11、12页。
② 杜维明《新加坡的挑战》，第13页。
③ 这五层分别对应儒家经典《诗》、《礼》、《春秋》、《书》、《易》。
④ 杜维明《何为儒家之道?》，彭国翔译，见所著《东亚价值与多元现代性》，第123页。
⑤ 胡治洪《全球语境中的儒家论说》第二章第二节，第89页；参看杜维明《新加坡的挑战》，第273—274页。
⑥ 杜维明《新加坡的挑战》，第272页。

可能演化出不同的方式。"①资本不是纯客观的，其形成必然受到文化因素的影响而发为不同的形态。因此儒家文化在东亚发展出的资本运作形态不同于西方资本主义，这是一种"把自我理解为关系中心的新型的经营气质或企业精神"，具体内涵包括注意自律、修身，重视义务而非权利，强调合作，珍爱传统，接受信用社区和政府的领导，等等，"根据惯例，我把这些关切总称为儒家伦理"②。

不难看出，他的儒家企业精神，与韦伯式图景的别异，主要集中在个人主义一点。在韦伯眼中，个人主义是构成现代资本主义的必要因素，不可或缺。杜维明既以韦伯理论为出发点，自不可能彻底否认这一点。他面临的任务是协调人际关怀与个人主义。自我的开放性保证了前一点，自我的独立性可以转化出后一点。不妨看几段论述：（一）"从理论上讲，从儒家的个人尊严、自主和独立的思想出发，发展权利的意识是不成问题的。"（二）"任何一个人都是关系网络的中心点。从这个中心点来看，每一个人都有尊严，都有它不可消解的人权，都可以有他的内在的价值。"（三）"如果有人说，一个六十多岁的中国商人或者实业人士唯一感兴趣的就是人际关系的和谐，说他没有竞争心，或者说他从来没有关切个人利益的倾向，那么这样的一种品格将会使许多人感到不安。在某种方式上，西方的竞争性和经典的儒家伦理的勤奋结合到了一起。"③由个人主义而来的个人尊严、个人权利以至竞争性等倘若在资本运作中绝无踪影，那是令人不安的。从理论上说，儒家伦理内部完全可以发展出这样一套观念，但也只是从理论上

① 杜维明《新加坡的挑战》，第103页。
② 杜维明《新加坡的挑战》，第104—105、109页；参看第256页。
③ 分见杜维明《新加坡的挑战》，第84页；《全球化与本土化冲击下的儒家人文精神》，见所著《东亚价值与多元现代性》，第103页；《新加坡的挑战》，第210页。

说而已，实际上传统儒家伦理当然不曾特别强调这些方面，杜维明的
解读显然是受西方观念的启发。他自己亦直言不讳："我承认我对儒学
的理解确实受到了我所接触的西方文化的切磋琢磨。"[1]然而在杜维明
心目中"重要的是让儒家思想以具有其内在逻辑的、完整一致的思想
体系的面貌而出现"[2]，他倾力证成的还是这些观念原已存在于儒学内
部。东、西文化的异质性，主要是体现为侧重点的不同："从儒学立场
看，更重要的是平等而非自由、同情而非合理性、市民生活而非法律、
人情而非个人主义，这看起来与启蒙运动的价值取向直接相悖"，不过
"这些所谓的亚洲价值或儒学价值同启蒙运动价值一样，也是普遍
的"[3]。这一系列二元对立的两造均具普遍性，儒家传统重视这些对立
关系中的前项，而亦未尝略过后项：自由、合理性等范畴在儒学内部
原已略见端绪，不难通过创造性的现代转化而彰显出来；平等、同情
等范畴则是儒家伦理向来的重心所在，在现代仍有其积极作用。杜维
明理想的现代儒家伦理，兼有前项、后项之长，从而既是现代化的原
动力，也是现代化的批判力量。他标举儒学的双向功能时，又皆以
韦伯理论为出发点[4]，这就回到我们上面提出的两个问题上来了。

　　第一，儒学能否成为现代化的原动力？杜维明持肯定态度："工业
东亚的兴起既是导致儒学进一步发展的动因，又是儒家伦理现代转化
的结果。"[5]思路尽管较为复杂，不主张单线因果关系，却始终没有放

①　杜维明《新加坡的挑战》，第28页。
②　杜维明《新加坡的挑战》，第213页。
③　杜维明《儒教东亚兴起的涵义》，朱志方译，见郭齐勇、郑文龙编《杜维明文集》第四卷，
　　武汉：武汉出版社，2002年，第589页。
④　参看杜维明：《从亚洲危机谈工业东亚模式》（访谈），见《东亚价值与多元现代性》，第87页。
　　在另一次访谈中，杜维明认可韦伯理论是"解释现代化的一个重要模式"，见《儒学的超越
　　性及其宗教向度》，同书第54页。
⑤　杜维明：《儒学第三期发展的涵义（提纲）》，见《杜维明文集》第四卷，第439页。

弃论证儒学的原动力作用①；而且明言这是"现代转化的结果"，则他所见到的作为现代化原动力的那一部分儒学价值，乃是上述一组二元对立中的后项，属于西方启蒙价值观，而在传统儒学系统内地位比较次要。既如此，为何不直接借鉴西方，而要坚持传统转化？说到底，只是为了维持文化认同使然。②

第二，儒学对于西方资本主义的疗救是否有力？儒学的纠偏功能是杜维明强调的重点，推广儒家伦理"是要有意识地、认真地把整个规划化为反对猖獗的物质主义、极端的个人主义、享乐主义和自我陶醉的各种群体努力"③。可以看出，杜维明努力把东、西两套价值系统并置在观念层面加以论述。但是西方的物质主义、个人竞争有其具体的社会现实表现，并非一个简单的观念问题。一旦涉及社会现实，儒学能否给出独特的实践方案，才是衡量其疗救作用的关键。而杜维明偶然涉足现实问题，依然完全依靠观念效应以求补救，其论说就不免缺乏说服力。例如个人自由竞争有成有败，必然造成一部分社会成员边缘化，这是一个很现实的利益分配问题。杜维明提出的解决之道却只是填补其心理落差，使"那些不能完全参与占统治地位的、把财富和权力与社会地位结合起来的价值体系的人"借助"敏感的道德教育"，来"与社会达成一体化"。④实际利益层面的不满足，能否纯粹由精神层面的教育弥补，令人不能无疑。

作为原动力而在实际经济运作中发挥效用的儒学价值在儒学系统

———————————————————

① 韦伯本人也是这个交互影响的复杂思路，参看菲利普·西格曼《〈奢侈与资本主义〉英译本导言》，见维尔纳·桑巴特《奢侈与资本主义》附录，王燕平、侯小河译，上海：上海人民出版社，2000年，第242页。
② 杜维明《新加坡的挑战》："在现代社会，我们一方面觉察到全球意识，另一方面也觉察到对文化认同的需要。"（第139页）
③ 杜维明《新加坡的挑战》，第287页。
④ 杜维明《新加坡的挑战》，第216页。

内地位比较次要，而作为疗救力的儒学价值又难以在实践层面得到落实，则杜维明倡导的现代儒家伦理的效力，未免大打折扣。再回到本文第一节最后设定的两个问题上来：杜维明力求证明经过转化的儒家伦理可以成为现代化的原动力，也就是说，此一儒学形态可以落实于实践。但他描述的作为推动力的儒学价值，和西方启蒙价值观几无二致，而作为西方资本主义发展弊端之疗救力的儒学价值在实践中是否可行又颇可疑，这给他的论说造成很大窒碍。若求推论无碍，恐怕发生学这个层面是一定要舍弃的。

第三节　韦伯思想对儒学阐释的激发与挑战

　　像任何一种作用深远乃至具有典范意义的理论一样，韦伯学说也经受了学界各式各样的反思；再加上这一思路为儒学弘扬者所用而引发的一些质疑，问题更趋复杂。限于见闻，笔者提到的例子只能是举隅性质的，难辞挂一漏万之讥。我们所能做的只是尽力照应到这些争论涉及的各个方面，以呈现此一问题的丰富层次。

　　韦伯和中国历史现实的结合顺理成章地激起了这样的反拨："语言与所指的相对稳定的关系是经由语言共同体的生活历史和交往实践而形成的，而'理性化'或其它概念与中国的政治、经济及文化内容之间根本不存在这样的历史约定"①，因此倡导回归中国本身，构造更为切合的新的概念范畴和架构。但是很快人们就认识到，作为现代化的后发国家，中国对西方现代性的理解，必然极大地影响甚至制约着其自身的现代性规划："现代中国学人的知识结构和论述方式主要是由西学塑造而成的，比较研究既无可回避，则不仅要把中国经验历史化，也要把西学概念历史化，即确定这些概念的建构条件和使用方式。"②这就把我们的目光重又引向韦伯。

　　从理论层面和现实层面探讨韦伯命题的建构条件和使用方式，都

————————————

①　汪晖《韦伯与中国的现代性问题》，王晓明主编《批评空间的开创：二十世纪中国文学研究》，上海：东方出版中心，1998年，第36页。

②　单世联：《韦伯命题与中国现代性》，《开放时代》2004年第1期。

取得了相当细致的成果。在理论层面，保罗·明希的研究表明，对于教派与经济生活关系的注意始于17世纪，经17世纪末重商主义的推波助澜和18世纪民族、教派成见的潜移默化，人们开始认为新教促进了经济发展，而天主教恰恰相反。"马克斯·韦伯决不是站在这场讨论的起点上。他充其量就是根据新的原创新观念（引者按：指理性化等）进一步深化了一个由来已久的论证过程。"①此文提到韦伯命题所固有的民族、教派成见，已触及其现实层面。韦伯的现实关怀在于洞察到德国当时的历史处境：一方面，崛起的中产阶级要与贵族争夺领导权；另一方面，面对英、法等现代化的先行者，中产阶级又要与贵族协力对外，高自标置，张扬德意志民族的特殊崇高性及其历史使命。新教既为英、美、德中产阶级所普遍信仰，又是德意志帝国的官方意识形态，正好处在这两种要求的交汇点上。②韦伯学说在理论和现实两个层面的历史化、相对化，动摇了理性化等范畴与现代性之间向来被当作是不言自明的联系，引发出自命告别了现代性自我理解的新保守主义和无政府主义两种后现代理论形态。③韦伯理论框架是否普遍到可以作为儒学现代阐释的出发点，由此也成了问题。

关于儒学弘扬者的韦伯取向之具体批评，亦可分理论与现实两层

---

① 保罗·明希《韦伯之前的命题：追根溯源》，见［美］哈特穆特·莱曼、京特·罗特编《韦伯的新教伦理：由来、根据和背景》，阎克文译，沈阳：辽宁教育出版社，2001年，第32页。

② 较为详细的分析，参看弗里德里希·威廉·格拉夫：《德国的神学渊源和新教的教会政治》，［美］哈特穆特·莱曼、京特·罗特编《韦伯的新教伦理：由来、根据和背景》，第1—28页；托马斯·尼普尔戴：《马克斯·韦伯、新教和1900年前后的争论背景》，同书第54—63页。关于韦伯个人的亲英倾向，参看京特·罗特：《准英国人韦伯：亲英情感与家族史》，同书第64—111页。一度是韦伯学生的卢卡奇，早已讨论过韦伯理论的现实色彩，见所著《理性的毁灭》第六章第四节，第539—557页。晚近的相关分析，参看张旭东《全球化时代的文化认同：西方普遍主义话语的历史批判》第六讲，北京：北京大学出版社，2005年，第272—274页。亦可参看［英］D.G.麦克雷：《韦伯》第四章，第56—57页。

③ 参看哈贝马斯的相关分析，见所著《现代性的哲学话语》第一章，第3—5页。

述之。先看理论层面。儒学倡导者肯定个人尊严、权利等个人主义价值，前提是不假思索地接受了西方式的内在深度自我作为理论地基。杜维明在儒家传统中看到了"个人尊严、自主和独立的思想"，本章第二节已经征引过。他把中、西对个人尊严之注重相提并论，未曾思考儒家的"己"是否能直接等同于西方的"self"。刘禾对中、西语汇内涵异质性的敏感促使她从这个角度就杜维明的论说提出质询。而非专业人士如汪晖偶尔弄弄宋明理学，虽然沿用"内在超越"的特征描述，却也发现这种"内在"是以物观物，而非以人观物，因此"与我们今天称之为具有内在深度的自我这一概念有着重要的区别"①。

再看现实层面。学者在回顾和展望两个方向上重估了儒家伦理的现代作用。回顾"二战"之后所谓儒学地区即东亚的经济起飞，不少人感觉到其与西方迥不相侔。它是对西方现代化效仿的结果，"不能把二次性模仿能力混同于一次性发生动力"②。而且"二战"后东亚部分地区的经济发达依赖特殊的政治、经济、历史背景，即美国的控制、保护和适当的世界经济时机。③在这一过程中儒学究竟占据多么重要的地位，是不易确指的。尤其重要的是，韦伯学说是基于西方的现代化历史而构造出的解释模式，由于东、西方现代进程的这些差异，使得

———————————————

① 参看刘禾《跨语际实践》，宋伟杰等译，北京：生活·读书·新知三联书店，2002年，第一章，第10—11页、59页注［16］；第三章，第116—117页。汪晖《现代中国思想的兴起》上卷第一部第一章第三节对邵雍之学的解读，北京：生活·读书·新知三联书店，2004年，第181—182页。

② 单世联《韦伯命题与中国现代性》，《开放时代》2004年第1期。

③ 参看萧新煌《东亚的发展模式：经验性的探索》，尹保云译，见谢立中·孙立平编《二十世纪西方现代化理论文选》，上海：上海三联书店，2002年，第1055页。S.艾森斯塔德《传统、变革与现代性——对中国经验的反思》一文（孙立平译）对台湾的个案研究也得到了近似结论，同书第1094—1095页。杭之（陈忠信）《走出形式主义的迷雾——"韦伯理论与东亚发展"的解析》，见《一苇集》，第183—189页。罗荣渠《现代化新论——世界与中国的现代化进程》第七章第三节，第227—228页。

其对于东亚发展的适用性大打折扣，以之为基点来倡言儒学价值，本身就是令人怀疑的。还有，"就东亚社会本身而言，日本的现代化和四小龙的'现代化'无论在历史阶段或结构形态上都大异其趣"①，亦不宜一概而论。展望未来，有论者指出西方正经历工业经济向知识经济的转型。在知识经济中，资本和劳动力的主从关系颠倒了过来，劳动力在生产流程中变为主导。由于技术革新最终要落实在创新性的个体身上，西方个人主义对此更具亲和性，而亚洲集体主义的企业组织则适应性较弱，不免步履蹒跚。②20世纪90年代以来世界经济形态的进一步新变，形成了和杜维明立言之时不一样的现实背景，但是儒家伦理的提倡者似乎在学理上并无相应的推进，顶多只是重复强调在新的发展阶段上，儒学的群体意识、合作精神仍有可为。③

自外而来的种种批判触动了儒学与现代经济发展之间一度构建起来的关系。另外，即使同样以韦伯方式提问中国传统宗教伦理的经济功用，也可能得出相反结果。1994、1995年葛兆光相继对道教、佛教做过相关的学理探究和田野调查，就主张儒、释、道思想中伦理和宗教因素始终存在，极大地制约了其世俗化走向，因而也无法刺激出资本主义精神。④

综上所述，以韦伯学说为立论框架而发掘儒家伦理对于经济发展

---

① 杭之（陈忠信）《走出形式主义的迷雾——"韦伯理论与东亚发展"的解析》，见《一苇集》，北京：生活·读书·新知三联书店，1991年，第184页。杜维明也注意到了东亚内部的地域差别，参看所著《新加坡的挑战》，第79—80、109—111、126—127、144页。

② 黄河《再论"韦伯命题"——儒教伦理与亚洲金融危机》，《中国社会科学季刊》（香港）1999年夏季号。

③ 例如陈来《世俗儒家伦理与后发现代化》，《二十一世纪》（香港）1994年4月号。

④ 葛兆光《道教与中国民间伦理——以道教戒律与善书为中心的考察》、《佛教伦理与中国民间生活——关于一个韦伯式问题的讨论》，均见《葛兆光自选集》，桂林：广西师范大学出版社，1997年，尤可参看第77—83页、103页。其关注重点虽在释、道两家，其实也涉及了儒家伦理。

的正面价值这一举措，引来的批判和反思，其覆盖层次实在广泛。然而反过来说，韦伯理论对现代性不但具有惊人的阐释力度，而且具有深刻的批判力度，双向地控导着西方关于现代性的叙事①，所以尽管面对各种责难，其主导地位仍无可取代。以之为出发点来寻绎新教伦理的儒学对等物，尽管在多个层面遭到了质疑以至否定，犹不失为迄今为止最为自觉、系统地发掘东亚传统之现代精神的努力。批判者的许多质疑和否定言之成理，却未构筑出足以取而代之的正面叙事。而如果在持保留态度的前提下依从韦伯理论的角度，询问儒家伦理对于现代经济发展究竟有多少正面功用，能够获得的成果也并不多。论者赞赏儒家对传统、对人际关系的注重在很大程度上是对西方式个人主义的纠偏，并非视之为现代经济发展的正面推动因素。而在正面因素中，杜维明完全没有提起儒家伦理对于理性化进程有何促进功用，损之又损，得到的只是：儒家伦理中提倡的敬业、勤俭、诚信等品质符合现代经济发展的要求。倘若仅有这点正面成果，等于琐碎地在传统中找寻一些合用的枝节因素，根本放弃了对自身现代化整体进程的阐释和预见，从而遗留下了巨大的空白，显然是不能够令人满意的。但空白不仅仅是消极的责备，它还意味着积极的吁请，吁请我们进一步探索下去，以发现对传统的更有效的阐释途径。对于新的可能性、新的希望，空白永远是敞开的。

---

① 韦伯理论批判向度的当代影响，参看汪晖《韦伯与中国的现代性问题》，见《批评空间的开创》，第1页。

附录一 基于凿实的精微

——论施鸿保《读杜诗说》的艺术阐发

清代施鸿保（"保"一作"宝"，1804—1871）撰《读杜诗说》二十四卷，以纠仇兆鳌《杜诗详注》之误为主，间亦独阐己见。其书仅存稿本，后为张慧剑先生购得，校点印行①。此书流布以来，学者时加称引②，然而以之为对象的专题研究，迄今尚无。施氏解释诗义，校正文字，多依赖于他对杜甫诗艺的体认，其说确否可另探讨，但从艺术阐发角度看，则不无启发。本文试分思力、字面、意脉三个方面，就此作一考察。

第一节 论思力：深而不凿

杜甫思力之深，早已为人习知。晚唐孟棨《本事诗·高逸第三》说："杜（甫）逢（安）禄山之难，流离陇蜀，毕陈于诗，推见至隐，殆无遗事，故当时号为'诗史'。"③所谓"推见至隐"，即点出杜诗揣

---

① 上海：中华书局上海编辑所，1962年初版；上海：上海古籍出版社，1983年重版。本文简称施《说》，引用均据1983年版。

② 例如钱锺书《管锥编》，即曾引述此书卷七论《潼关吏》语，北京：生活·读书·新知三联书店，2008年，第48页。

③ （唐）孟棨《本事诗》，（近代）丁福保辑《历代诗话续编》，北京：中华书局，1983年，第15页。

摩情事，抉发无遗的特色。清代赵翼《瓯北诗话》卷二说："盖其思力沉厚，他人不过说到七、八分者，少陵必说到十分，甚至有十二、三分者。"①所谓说到"十二、三分"，则不仅题中应有之义搜掘净尽，又能由此引申发挥，自辟新境，较之孟棨所言更进一步。

施鸿保解说杜诗，也常注目于此。如《茅屋为秋风所破歌》结尾："安得广厦千万间，大庇天下寒士俱欢颜，风雨不动安如山。呜呼何时眼前突兀见此屋，吾庐独破受冻死亦足。"仇《注》引白居易"安得布裘长万丈，与君都盖洛阳城"②之句，认为"即祖此意"③。施氏进而辨其差异："今按白诗，犹但祖上二句耳。此诗更足三句，语尤雄健，笔力尤破余地矣。"④指出杜甫末三句为白居易所未及，思理更深。此诗收笔，论者多注意及之。如浦起龙说："结仍一笔兜转"；宋宗元说末二句："有意必尽，惟老杜用笔喜如此"⑤。浦氏关注末句，谓其又回转切合上文自身苦况；宋氏关注后两句，自另一面着眼，前云愿得广厦蔽人，此云若得偿所愿，虽独自受冻而不惜，也可理解为推进一层写法。相比之下，施《说》统论三句，最是全面。"风雨不动安如山"承上，缴足广厦所起效果，正是赵翼所言"说到十分"；"呜呼"两句回转或推进，拓开一笔，正是赵翼所言"十二、三分"。这三句包含杜诗运笔"破余地"的两种方式，惟施鸿保兼括无余，足见他对杜

① （清）赵翼《瓯北诗话》，北京：人民文学出版社，1963 年，第 16 页。
② （唐）白居易《新制绫袄成感而有咏》，朱金城《白居易集笺校》卷二八，上海：上海古籍出版社，1988 年，第 1986 页。《笺校》"安"字作"争"。
③ （清）仇兆鳌《杜诗详注》卷一〇，北京：中华书局，1979 年，第 833 页。本文简称仇《注》，引用均据此版。
④ 施《说》第 93 页。施《说》针对仇《注》而发，分卷全同后者，故本文通常不再逐一标明施书卷数。
⑤ （清）浦起龙《读杜心解》卷二之二，北京：中华书局，1961 年，第 270 页；（清）宋宗元《网师园唐诗笺注》，清乾隆三十二年（1767）尚絅堂刻本，卷五第 19 页。

甫思力的敏感。

由这种敏感出发，施《说》对杜诗艺术思维，时有精辟独到之论。如《入奏行赠西山检察使窦侍御》有句："炯如一段清冰出万壑，置在迎风露寒之玉壶。蔗浆归厨金碗冻，洗涤烦热足以宁君躯。"施鸿保解释道："此因窦器宇之清，比之于冰，遂言其可以涤烦热、宁君躯。"①依此说，杜甫本以冰之"清"拟窦氏器宇之"清"，而冰作为喻体既已生成，则又联想到其另一特征"冷"，由是延伸，称其"冷"可以涤热宁躯。这超出普通比喻思维，多了一层曲折伸展。钱锺书先生尝拈示李贺诗善用"曲喻"之一端，谓其"往往以（作比二物）一端相似，推而及之于初不相似之他端"②。经施氏此处分析，可知这种思维方式，杜诗中早有之，李贺只是发扬光大而已。其论发人之所未发，确能增益对杜甫诗艺的体会。

施《说》解杜的求深倾向，也表现在推究用字之细。如《前出塞九首》其四："路逢相识人，附书与六亲。哀哉两决绝，不复同苦辛。"仇《注》出校："同"一作"问"。施鸿保云："今按作'问'似胜，即承上附书言。但两相决绝，不复问及苦辛，知问亦无益也。作'同'字，与附书意即无涉。"③理由一是承接上文，另一即是作"问"，有从军以后，家中苦辛问亦无补，索性不问之意，相较单纯说今后难与家人同苦，措意更为透析。又如《新安吏》："府帖昨夜下，次选中男行。""次"字一般释为其次，施鸿保独出新解："次为挨次之次，言壮丁已死，挨次及中男也，言外尚有不止中男之意。"④观末句可见，其

---

① 仇《注》卷一〇，第867页；施《说》卷一〇，第95页。
② 钱锺书《谈艺录》，北京：生活·读书·新知三联书店，2007年，第133页。
③ 仇《注》卷二，第121页；施《说》第12页。
④ 仇《注》卷七，第523页；施《说》第60页。

说如此，正为再发掘出一层言外之意来。类似之处，旧说原自可通，且基本成为共识，新说并无确据，施氏着意改用，更见出他穷探力索之勤。

施鸿保尽管注重探求杜甫思深笔锐的一面，却明确反对假"诗史"名义，将杜诗与时局、身世过分紧密联系起来。论《九日》有云："公诗必求有关系（按指关系时事），则穿凿附会之弊滋矣"①，乃其立场之一概括。如《同诸公登慈恩寺塔》前十六句写登塔所见，"回首叫虞舜，苍梧云正愁"以下，始转入抒怀。仇《注》引两宋之交胡舜陟说②，认为前一部分写景，不乏寓意在内，例如"'秦山忽破碎'，喻人君失道也；'泾渭不可求'，言清浊不分也"，等等。施氏批评道："通首皆作喻言，琐屑牵合，不独气多扞格，于'七星在北户'等句，又无附会，仍就塔上说，亦夹杂甚矣"，把这类解读一笔抹杀③。实则杜甫登高远眺，对此茫茫，有关时政的忧思，往来胸中，与景色相凑泊，乃情理中事。将景物与心思逐一比附，固嫌过于凿实；若谓二者绝不相关，也觉违反常情。故今人注此诗，虽不通首牵合，但也间取时事寓意解释之④。相比之下，施《说》明言"前十六句，皆但写景"，完全否定有时局之思，足见其态度之坚决。其书偶亦刺求寓意，如论《江头五咏》其四《鸂鶒》"故使笼宽织，须知动损毛"句，以为恰合杜甫境况："天使之终老不遇，正宽闲其身，得以振风骚于百代，而不以簪裾缨绂拘束之，致损涵天负地之才也。"此类阐释，在物象与身世间寻找共同点，建立联结，思路和胡舜陟如出一辙。然而施氏声明在

---

① 施《说》卷一二，第116页。
② 施《说》误为清人胡夏客。胡舜陟语，原见（宋）胡仔《苕溪渔隐丛话》前集卷一二引《三山老人语录》，北京：人民文学出版社，1962年，第80—81页。
③ 仇《注》卷二，第106页；施《说》第10页。
④ 例如萧涤非《杜甫诗选注》，北京：人民文学出版社，1979年，第39页。

先："在公固无心自喻，后人读而引伸者，不俨然自写一生乎?"①澄清所谈非杜甫原意，便始终守住了他自己的界限。

世所周知，善陈时事，感慨深沉，系杜诗主要特点之一，施鸿保自不会否认。然则读杜之际，怎样知人论世，算是合理，怎样算是"穿凿附会"? 细绎施《说》，他所反对者皆为借喻，即只出现喻体，不出现本体。这时候，由字面意象求言外之思，其间无路径直达，思维必须作一跳跃，施氏对此特为矜慎。反观他所求取的杜甫深旨，则与字面义紧相贴附，即便求诸言外，也是扣住字面义外推，步步有迹可循。要之，解读必同杜诗字面直接关联，乃是施鸿保立论的一个标准。

---

① 诗见仇《注》卷一〇，第878页；施《说》第97页。

第二节　论字面：严而不纤

就造语而言，杜甫有其精严的一面，所谓"属对律切"；也有率意的一面，所谓"独拙、累之句，我不能为掩瑕"①。范温《潜溪诗眼》说："老杜诗，凡一篇皆工拙相半"②，撇开每篇皆然这点不谈，诚可视为执中之论。施鸿保不讳言杜诗率意处，屡次指摘其一篇之中，用字重出，末卷更专辟"重字"条，综论其事③。不过，一般而言，他更强调杜诗用笔之严谨。如《兵车行》前有"君不闻汉家山东二百州，千村万落生荆杞"，后有"君不见青海头，古来白骨无人收。新鬼烦冤旧鬼哭，天阴雨湿声啾啾"之句。施氏点出"见""闻"二字，应前后互倒，因为结合各自下文来看，"村落荆杞当云见，不当云闻；鬼哭啾啾当云闻，不当云见也"④。实则原诗"君不闻"承上"道旁过者问行人"而来，乃问答之词，下一"闻"字非不可通。"君不见"后接言白骨遍地，下一"见"字也非不通，鬼哭啾啾附在其后，此亦歌行常用写法。岑参名作《走马川行奉送出师西征》："君不见走马川行雪海边，

---

① （唐）元稹《唐故工部员外郎杜君墓系铭并序》，（唐）元稹：《元稹集》卷五六，北京：中华书局，1982年，第601页；（明）王世懋《艺圃撷余》，（清）何文焕辑《历代诗话》，北京：中华书局，1981年，第777页。

② （宋）胡仔《苕溪渔隐丛话》前集卷九引，第61页。

③ 施《说》卷二论《陪郑广文游何将军山林》十首其三、卷六论《送许八拾遗归江宁觐省……》、卷八论《秦州见敕目薛三璩……》、卷一七论《秋兴八首》其五、卷二一论《送田四弟将军……》、卷二四"重字"条；第15、52、71—72、165、204、239页。

④ 诗见仇《注》卷二，第114—116页；施《说》第11页。

平沙莽莽黄入天。轮台九月风夜吼，一川碎石大如斗，随风满地石乱走。"①九月风吼诉诸听觉，却和其他视觉形象一道，放在"君不见"领起范围内，即为一证。施鸿保改所不必改，适足见出他对用语精确的特别追求。

这种追求，更集中体现在讨论对句时。施《说》有一习惯，取舍异文，尽量向对偶精整的方向靠拢，甚或本无异文，也为凑成严对，改动原作。如《陪章留后侍御宴南楼》："朝廷烧栈北，鼓角漏天东。"仇兆鳌出校："漏"旧作"满"，复引《寰宇记》，释"漏天"为地名。施氏谓："今按此说，则'烧'字义虚，当侧解；'漏天'地名，是实字，不当侧解，已觉近偏"，转而仍取"满"字②。又如《游龙门奉先寺》句："天阙象纬逼，云卧衣裳冷。""阙"字自唐宋起，便有"关""阅""窥"等多种异文③。之所以众说纷纭，钟惺一语道破缘由："'天阙'、'云卧'不偶，故有'天阅'、'天窥'之谬论。"④施鸿保也取"天窥"字样，称各本"俱同下《望岳》诗连编"，"《望岳》诗中四句皆对，不应此诗独以古体，不必拘于作对也"⑤。可知他以此首为古体，但也因求偶对之故，改从另一说⑥。更甚者如《草堂即事》："雪里江船渡，风前竹径斜。""竹径"诸本皆同，施氏则说："疑二字传写误倒，风来径中，竹因斜耳，与'江船'字亦对。"⑦"江船"与"竹径"本亦成对，只是改后以"江"对"径"，以"船"对"竹"，更为铢两悉称。

① 廖立《岑嘉州诗笺注》卷二，北京：中华书局，2004年，第323页。
② 仇《注》卷一二，第1016页；施《说》第113页。
③ （宋）陈岩肖《庚溪诗话》卷上，（近代）丁福保辑《历代诗话续编》，第169页。
④ （明）王嗣奭《杜臆》卷一引，上海：上海古籍出版社，1983年，第1—2页。
⑤ 诗见仇《注》卷一，第1页；施《说》第3页。
⑥ 其实原作"天阙"不误，王夫之已辨之。（清）王夫之《夕堂永日绪论》内编，戴鸿森《姜斋诗话笺注》卷二，北京：人民文学出版社，1981年，第123—124页。
⑦ 诗见仇《注》卷一〇，第860页；施《说》第94页。

故他虽无版本根据，依然改之不恤。

施鸿保对杜甫的"借对"，也颇有体会。《垂白》诗："垂白冯唐老，清秋宋玉悲。"仇《注》出校："垂白"一作"白首"。施《说》取后者："今按此是对起，作'白首'乃借对'清秋'，题亦当作白首，公诗多以首二字为题也。"①五律首联例不必对，施氏仍以偶俪求之，并连带在无异文的情况下，并诗题而改之。他点出"借对"，则不失为一种敏锐见解。借对是实际字义不对，而借助同字另一义或另一同音字，构成对偶。杜诗常有此类对法，俨然成为一个特色。如"酒债寻常行处有，人生七十古来稀"②等联，堪称借对之名句。在施鸿保看来，借对亦是促成偶对工整之一法。如《奉赠鲜于京兆二十韵》："学诗犹孺子，乡试忝嘉宾。"仇《注》出校："孺子"一作"子夏"。施氏以为"子夏"不妥："公诗固有泛用人名作对者，如子云、今日之类③，然必取云、日字面。若以'子夏'对'嘉宾'，不如是偏率也。"④"子夏"、"嘉宾"是名词对名词，按宽对的标准，也非失对。可前者系专有名词，后者系普通名词，仍有差异，所以他嫌对得偏率。不像"子云"、"今日"，同是专有名词对普通名词，只因在借对的意义上，云、日对得切近，故而为其所取。此等议论，足可看出其对偶要求之严。甚至有时明非对句，施氏也尽量向对句靠近。如《天育骠图歌》："毛为绿缥两耳黄，眼有紫焰双瞳方。矫矫龙性含变化，卓立天骨森开张。"仇《注》出校："矫矫"一作"矫然"。施《说》云："今按集中七言歌行，中间多用对句。此诗上'毛为绿缥'二句亦对，下五字亦

---

① 仇《注》卷一七，第1462页；施《说》第161页。
② 杜甫《曲江二首》其二，仇《注》卷六，第447页。
③ 指杜甫《送杨六判官使西蕃》诗："子云清自守，今日起为官"之句。仇《注》卷五，第376页。
④ 仇《注》卷二，第142页；施《说》第14页。

对，似从别本作'矫然'为是。虽尚不对'卓立'，究与'矫矫'叠字不同。"①改从"矫然"仍非枝对叶比，然而"矫矫"与"卓立"之不对，字面上一目了然，改后至少不如是明显，施氏因即改之。由这个例子益可看出，他所理解的杜诗，是字面力求严整的。

借对是一种巧对。以是观之，施鸿保似也认同，杜诗对句有特为精巧的一面。但他对此，心中自有尺度。后人所归纳的，杜甫超出借对之外的其他纤巧对法，施氏一概弃置不取。其书卷二四"借对"条总结说：杜诗借对，"有字对义不对者"，有"借音对者"，此外至如偏旁对、叠韵对，"似皆后人过求新义矣"②。除这里所举外，还有双声对等，也为他所摒弃。如《陪郑广文游何将军山林》十首其二："卑枝低结子，接叶暗巢莺。"仇《注》引朱瀚，称此联乃"古人所谓叠韵诗"，指"卑枝"与"接叶"分别叠韵，相互成对。施《说》驳之："今按此乃后人纤解，公诗未尝如此琐屑用意"③，这是反对叠韵对之例。《赠田九判官梁丘》："宛马总肥秦苜蓿，将军只数汉嫖姚。"仇《注》引朱瀚："苜蓿从草头，嫖姚从女傍，又皆叠韵，亦属对法。"施《说》驳之："今按此等说，皆近纤巧，公当日决不有意，后人偶尔悟出耳。然或有意效之，诗必不工。"④这是反对偏旁对兼叠韵对之例。《田舍》："杨柳枝枝弱，枇杷对对香。"仇《注》引王观国《学林新编》，谓"枇杷"双声，"杨柳"非是，"相对未工"。施《说》驳之："诗之工拙，亦不系此。若拘此作诗，必无好诗。"⑤这是反对双声对之例。

---

① 仇《注》卷四，第253页；施《说》第31页。
② 施《说》第238页。
③ 仇《注》卷二，第148页；施《说》第14—15页。
④ 仇《注》卷三，第186—187页；施《说》第22页。
⑤ 仇《注》卷九，第745页；施《说》第82—83页。

　　施鸿保反对叠韵、双声、偏旁之对，原因是纤巧琐屑。他所承认的借对，运思同样较巧，然则施氏的态度，为何截然相反？区别就在于，借对若不如此理解，便不形成对句；而前面这些对法，即令把叠韵、双声、偏旁等因素置之不论，本身亦不妨其为对句。质言之，任何巧思，唯有成为对偶的必要条件，方会纳入其考虑范围。就算借对，一旦不成为对句必要条件，也会被他否决。如《宿府》次联："永夜角声悲自语，中天月色好谁看。"仇《注》引胡夏客："角本列宿，故借'角声'对'月色'，殊巧。"施《说》驳之："今按角声、月色，对本明称，若以宿名故对，公诗不屑用此巧也。"①他反对胡氏借对之说，理由便在对偶原本明白对称，无须此解为助。观此足证，施鸿保所言诗歌技巧之"纤"，即是在艺术上无此必要。

---

① 　仇《注》卷一四，第1172—1173页；施《说》第132页。

第三节　论意脉：畅而不杂

施《说》论杜诗，又极注重前后意脉贯串。如《渼陂行》：

> 岑参兄弟皆好奇，携我远来游渼陂。天地黯惨忽异色，波涛
> 万顷堆琉璃。琉璃汗漫泛舟入，事殊兴极忧思集。鼍作鲸吞不复
> 知，恶风白浪何嗟及。主人锦帆相为开，舟子喜甚无氛埃。凫鹥
> 散乱棹讴发，丝管啁啾空翠来。沉竿续缦深莫测，菱叶荷花静如
> 拭。宛在中流渤澥清，下归无极终南黑。半陂以南纯浸山，动影
> 袅窕冲融间。船舷暝戛云际寺，水面月出蓝田关。此时骊龙亦吐珠，
> 冯夷击鼓群龙趋。湘妃汉女出歌舞，金支翠旗光有无。咫尺但愁
> 雷雨至，苍茫不晓神灵意。少壮几时奈老何，向来哀乐何其多。

施鸿保串讲整首脉络：前六句乃言初时"天色阴黑"；"鼍作"以下中
段，"皆喜风平浪静之词"；至"咫尺"句，"则其时天又阴黑，似仍欲
雷雨者，夏日阴晴不定然也"。全诗循阴→晴→阴的次序推进，"开合
变化，如游龙在霄，倏忽万状，真极构也"①，剖析明白。此作意脉，
论者前已有之。仇《注》引朱鹤龄，见解便同施氏大致无二，只是末
节释为"仙灵冥接，雷雨苍茫"，而原诗云"但愁雷雨至"，并非实有

---

① 诗见仇《注》卷三，第179—182页；施《说》第21页。

雷雨。相较而言，施氏"欲雷雨"之说更为确当①。

后一说不仅更确，且与起首写天阴欲雨相勾连，针脚也更绵密。施鸿保相当强调这点。论《鸡》一则提及："今按诗末开说，公诗常然，然必与题仍有关会。如《孤雁》云：'野鸦无意绪，鸣噪亦纷纷'②，用'亦'字，即合到题。"③所谓"开说"，指自所咏内容宕开一笔，另道其他事物，如咏孤雁，转而涉笔及于野鸦。施氏有取于"亦"字，是因其咏鸦而暗示一参照系在先，意中依然有雁。诗末宕开，确为杜甫善用的一种技巧，但未见得像他所断言，宕开之际，仍必有回身照应之笔。如《缚鸡行》著名的结尾："鸡虫得失无了时，注目寒江倚山阁。"④末句弃缚鸡一事不顾，倚阁观江，俞玚评其"有举头天外之致"⑤，就不曾回扑上文。施氏之说非尽可据，然而，由此不难发现，他对于细密意脉的偏爱。

施鸿保寻绎杜诗脉络，虽然讲变化，讲关锁，可在他看来，一诗之内若含数意，基本是每意自为起讫的。一意写罢，另一意方起，绝无两意或多意相互缠绕而下的情形。上引《瀼陂行》，即是单线轮替而非双线交叉，施氏已许为"极构"。因而其眼中杜诗之意脉，相对单纯。杜甫《独酌成诗》："灯花何太喜，酒绿正相亲。醉里从为客，诗成觉有神。"仇兆鳌批评第四句："突于半腰中插入作诗，题意已尽，而语气亦伤，后面重叙，便脉络不贯矣。"他认为上下叙事而中间杂入一句"诗成"，打破了一线直下的意脉。施鸿保在此，罕见地同意仇

① 浦起龙说："纪一游耳，忽从始而风波，继而天霁，顷刻变迁上，生出一片奇情"，则仅剖出前两层，未及后一层，不若朱、施二家分析完整。（清）浦起龙《读杜心解》卷二之一，第234页。
② 诗见仇《注》卷一七，第1530页。
③ 施《说》卷一七，第170页。
④ 诗见仇《注》卷一八，第1566页。
⑤ （清）杨伦《杜诗镜铨》卷一五引，上海：上海古籍出版社，1998年，第735页。

氏："今按此说极是，学诗者不可不知。"①可见这在他是一诗学基本原则，非独说杜诗为然。出于这个原则，他对若干诗句作了自己的判断。如《乐游园歌》有"长生木瓢示真率，更调鞍马狂欢赏。青春波浪芙蓉园，白日雷霆夹城仗。闾阖晴开诀荡荡，曲江翠幙排银牓。拂水低回舞袖翻，缘云清切歌声上"一段，仇《注》释"鞍马"，引《抱朴子外篇·君道》"马不调，造父不能超千里之迹"语，视之为马鞍与马匹。施《说》独持异议："今按既方酌酒，不应即说调马，下文仍说饮酒；且园即宽广，似亦非可调马而行，注甚牵强。"②其理由之一，即在前后文皆写饮酒，此句若阑入纵马游园意，脉络便夹杂不纯③。于是施氏别出新意，引白居易《东南行一百韵……》"鞍马呼教住"四句自注，指"鞍马"为酒令之一种④，见解甚锐。这在某种意义上，可以说是由其对意脉单一的执着逼出来的。又如《秋兴八首》其六："珠帘绣柱围黄鹄，锦缆牙樯起白鸥。"仇《注》释云："因想边愁未入之先，江上离宫，珠帘围鹄；江间画舫，锦缆惊鸥。曲江歌舞之场，回首失之，岂不可怜？"理解为追怀往日繁华。施《说》驳之："今按上句'芙蓉小苑入边愁'，已说到由盛而衰，不应此二句复说盛时。诗意即承上句说衰时景象：珠帘绣柱之间，但围黄鹄；锦缆牙樯之处，亦起白鸥也。意本衰飒而语特浓丽"，理解为白描乱后荒废⑤。这两句系写盛时抑或衰时，向有异说。主张写衰时者，前亦不乏其人。吴乔已经指出："又曰珠帘绣柱，不围人而围黄鹄；锦缆牙樯，无人迹而起白

① 仇《注》卷五，第385页，施《说》第44页。
② 仇《注》卷二，第102页，施《说》第9页。
③ 此说对诗意的理解妥切与否，也可斟酌。浦起龙谓"'长生'二句，牵上搭下"，恰认为"更调鞍马"启下"青春"数句，换言之，这一段本来即非单写饮酒的。（清）浦起龙《读杜心解》卷二之一，第230页。
④ 参看朱金城《白居易集笺校》卷一六，第966页。
⑤ 仇《注》卷一七，第1493页；施《说》第165—166页。

鸥，则荒凉之极也"①。施鸿保则明确围绕意脉来论证：此联之上一句，已从盛时转入衰时，这里若复写盛时，则盛衰夹杂，线索便不单一。因而他宁取衰时一说，并由是出发，觉察到此二句命意和造语之间，背道而驰的张力。所言较诸吴乔，更加透彻精辟。

出于同样考量，他还时常移易杜甫古体诗的句序，以使意脉一线相承②。兹举一例。《新婚别》有句："誓欲随君去，形势反苍黄。勿为新婚念，努力事戎行。妇人在军中，兵气恐不扬。自嗟贫家女，久致罗襦裳。罗襦不复施，对君洗红妆。"施《说》云："今按此诗，'妇人在军中'二句，当在'誓欲随君去'二句下，再接'勿为新婚念'二句，词意方顺。若以此二句横隔其中，便解不去；且此二句下，即接'自嗟贫家女'二句，上文亦无了结。当亦传写误倒者。"③"妇人"两句，如萧涤非先生所解，"正申明'反苍黄'之故"④，提前直承"苍黄"句，脉络更紧。这四句写夫妇共赴戎机，势有不能；接下来，"勿为"二句后接"自嗟"四句，分写各自别来境况，句意也更融贯。经过施鸿保乙正，前后区划分明，原先两意的交错互绕，一扫而空。

这样重排句序，于理未必不合，但缺乏版本依据，终究略嫌武断。而他另一些驳正，则更陷于单意自为起讫的思路，致生胶执之论。如《李监宅二首》其一：

> 尚觉王孙贵，豪家意颇浓。屏开金孔雀，褥隐绣芙蓉。且食双鱼美，谁看异味重。门阑多喜色，女婿近乘龙。

① （清）吴乔《围炉诗话》卷四，郭绍虞编选《清诗话续编》，上海：上海古籍出版社，1983年，第587页。
② 例如施《说》卷五论《述怀》、《彭衙行》、卷一五论《谒先主庙》，第42、47、152页。
③ 仇《注》卷七，第532页；施《说》第61页。
④ 萧涤非《杜甫诗选注》，第118页。

次联上句，仇兆鳌引唐高祖射窦氏门上所画孔雀，因娶窦女一事释之，认其有选婿得人意。施鸿保则说："诗但言李监宅之奢侈，故次句即言豪家。此二句上言其陈设，下言其服御；下二句则兼言是日宴馔之盛也，至收二句方言得婿。序次本明，亦不应此句已先杂入。"①依他之见，前六句皆铺陈宅邸之豪贵，末联才写到女婿，前后两意截然分开。若第三句先已暗示得婿，则是两意间杂，有损于诗作线索的单纯。实则一诗上下，相互映射吞吐，乃系常态，必谓上下不相关涉，反而失之机械。又如《送裴五赴东川》：

> 故人亦流落，高义动乾坤。何日通燕塞，相看老蜀门。东行
> 应暂别，北望苦销魂。凛凛悲秋意，非君谁与论。

仇兆鳌说："时史朝义未平，故云'何日通燕塞'。"施鸿保反驳道："今按诗意，通首叙别，不应此句独杂入时事；……疑裴本燕人，其家尚陷贼中，故云燕塞不知何日可通，而此身恐终于蜀，不得还家也。"②诗第三句，仇氏释为时势之感，施氏改释为思家之情。之所以改释，理由即在叙别一意之内，不应复杂入他意。实则此首正将时局与身世两意打并，杜诗常用这种写法，如《登岳阳楼》之类③，意味遂更深厚。按施氏所说，意味反淡薄许多。且仇氏引顾宸论第二句："裴必负匡时之志者，故以'高义动乾坤'称之"，所言甚是。若"高义"仅指朋友之谊，则以"动乾坤"形容，过于夸张，故这句当是形容裴五匡时之志，下文"何日通燕塞""北望苦销魂"，均承此而来，自不

---

① 仇《注》卷一，第30—31页；施《说》第6页。
② 仇《注》卷一〇，第828页；施《说》第92页。
③ 仇《注》卷二二，第1946—1947页。

能不同时局相关。施鸿保的新见，既难以理顺句意，又削弱了艺术效果，足见他对一意必不与他意相混杂的坚持，不无胶固之嫌。

沈德潜说："杜诗近体，气局阔大，使事典切；而人所不可及处，尤在错综任意，寓变化于严整之中，斯足凌轹千古。"[1]他指认错综变化，为杜甫律诗最特出的所在。上引两例中，施氏恰恰相反，竭力否认意脉的错综缠绕，等于把杜律最具特色的一面抹除净尽。其故安在？实际上，这类解释的局限固一望可知，但其优势，一在简单明快，另一则在标准客观。倘使承认每意自为起讫，不含杂质，照此原则，要理解每句句意，仅须把它放入上下文脉络即可。由于前后意脉一线直贯，诗句置于其中，只可能有一种意思。相反，倘使承认不同意思相互缭绕，则每句所指，便无法借助上下文直接获得定位，必须依赖说诗者阐释，这就为主观心意作用留下了发挥空间。所以施鸿保的取向，乃是以整体释局部，期为解读提供一客观标准的尝试。至于其具体解读确当与否，则是另一问题了。

---

① （清）沈德潜《唐诗别裁集》卷一〇，上海：上海古籍出版社，1979年，第343页。

第四节　余　论

　　施鸿保关于杜诗思力、字面、意脉三方面的解读原则既如上述，不妨探讨一个饶有兴味的问题：若遇这几项原则相互冲突，对他来说何者优先？

　　试举两例以明之。《成都府》："初月出不高，众星尚争光。"杜田以为"初月，喻肃宗；众星，喻史思明之徒"，仇《注》引朱鹤龄，斥其"曲说"。施《说》则为杜田辩护："今按诗上云：'鸟雀夜各归，中原杳茫茫'，此二句即承中原说。初月、众星，正借言中原事，以为喻肃宗、安史等正是。下云：'自古有羁旅，我何苦哀伤'，亦即承此二句，言我之哀伤，不为羁旅也（按此解似误）。公诗说者固多附会，此说似尚不然，故王伯厚（应麟）亦取之。"①此处施氏一反常态，承认杜甫摹景乃系暗喻时局，原因在这两句前后直接写到"中原""羁旅"，语脉恰好一线贯穿。可证在他心目中，意脉与思力两原则相较，前者是大于后者的。

　　《咏怀古迹》五首其三："画图省识春风面"，仇《注》引朱瀚："省，乃省约之省，言但于画图中略识其面也。"施《说》另出新解："今按此说，与下'环珮空归月夜魂'句意不相应。《（康熙）字典》

---

① 仇《注》卷九，第726—727页；施《说》第80页。参看（宋）王应麟《困学纪闻》卷一八"评诗"，上海：上海古籍出版社，2008年，第1910页。

'省'字引《广韵》：'审也'。审犹详审之意，言于画图中，虽详审识之，而夜月魂归，终无人见也。"①依朱瀚之说，"省"为副词，与下句"空"字对得工整；依施鸿保之说，则"省"为动词，与下句对得显然不称。施氏宁肯放宽对偶要求，释为动词，原因在这样和下句意更相应。可证在他心目中，意脉与字面两原则相较，前者依然大于后者。

思力、字面在这里，都属于字句层面的局部问题，意脉则涵括一个更大的整体。这进一步证实，施氏说诗，注重整体远胜于局部。

张慧剑先生已然注意到，施《说》立论"平实"，甚至时而"从浅常处求解"②。可另一方面，施鸿保本人也认同，杜甫诗主要以"精深雄厚"见长③，对此并不缺少阐发。换言之，他并非不求深微，只是自有上限，不会过分钻下去。所以关键任务，乃究明其上限何在。释意求透析，但拒绝思维凌空跳跃；字面尚严整，但拒绝非必要的对偶技巧；语脉讲起伏变化，但拒绝交错缠绕。合而观之，施氏所追求的，实为推论步步相扣，无中空环节，易于坐实。在此范围之内力求精微，之外则一概不取。这是左右其立说的最深层法则。

就艺术趣味言，施鸿保上述看法，大抵接近宋诗派的立场；其凿实的思维方式，更与之同一趋向。不过两者仍略有出入。譬如字面问题，宋元之际宋诗派理论总结者方回，也推重杜甫近体属对之工，且已拈出其借对技巧，多有阐说；同时却又指摘晚唐、江湖等派，律对太过组丽之弊④。其严而不纤的取向，与施氏颇相契合。不同者在，方回所言限于律体，至于古诗，他则悬"建安风味"为理想，虽不排斥

---

① 仇《注》卷一七，第1502—1503页；施《说》第167页。
② 张慧剑《关于〈读杜诗说〉》，施《说》卷首，第2、3页。
③ 施《说》自序，第1页。
④ 詹杭伦《方回的唐宋律诗学》，北京：中国人民大学出版社，2002年，第85—86、166—167页。

偶对，但偶对不崇尚工细①。一般宋诗派论者，会觉古体对句太工，流于卑靡，有伤气格。施鸿保却同样求对偶之精整于古诗，此其特殊之处。又如意脉问题，清代论诗偏于宋调的方东树②，所言也较其复杂。方氏《昭昧詹言》谈五古，谓杜、韩"不肯平顺说尽，故用离合、横截、逆提、倒补、插、遥接"；谈七古，谓"李、杜、韩、苏四大家，章法篇法有顺逆开阖展拓，变化不测，着语必有往复逆势，故不平"；谈七律，谓"杜公所以冠绝古今诸家，只是沉郁顿挫，奇横恣肆，起结承转，曲折变化，穷极笔势，迥不由人"③，无不突显杜诗意脉交错映发的一面，与施鸿保的单意自为起讫，互不相混有别。兹举两例。杜甫七古《渼陂行》，施氏以天气变幻为标准来分段，已如上述；方东树则另从宾主几度行止角度分段。值得注意的是，后者一面称："起句'好奇'二字，乃一篇之章法"；一面又称："以'哀乐'二字总束全篇"④。在他看来，对所见物象之瑰奇的层层渲染，情感哀与乐的反复切换，这两条脉络贯穿全篇，始终并行不悖。另一首七古《骢马行》又有这样几句：

　　朝来少试华轩下，未觉千金满高价。赤汗微生白雪毛，银鞍却覆香罗帕。卿家旧赐公取之，天厩真龙此其亚。昼洗须腾泾渭深，夕趋可刷幽并夜。

---

① 詹杭伦《方回的唐宋律诗学》，第207—208页。
② 黄霖《近代文学批评史》称方东树论诗"兼收并蓄"，确然；但方氏特为推崇李、杜、韩、欧、苏、王（安石）诸家，实更倾向于宋调；上海：上海古籍出版社，1993年，第166页。
③ （清）方东树《昭昧詹言》卷八、卷一一、卷一四，北京：人民文学出版社，1961年，第214、238、379页。
④ （清）方东树《昭昧詹言》卷一二，第258页。

仇兆鳌疏通句意："此言才力之特殊，就初试时写骢马。流朱汗而被银鞍，此见其高价；昼泾渭而夜幽并，此见其真龙。"①这一节诗"赤汗"二句，描摹马之外表；"昼洗"二句，夸饰马之神骏，正合蝉联而下，中间却横亘入"卿家"二句，将其打成两橛。仇氏大约难于处置，串讲时只得略过"卿家"两句不提。方东树则敏锐拈出，说："'朝来'四句夹叙。'卿家'句点叙，他人必接在'昼洗'二句下；'昼洗'句又接写，他人必接在'香罗帕'下"，目为"此篇章法迷奇"之一例②。施鸿保于此诗无说，故其观点如何，不得而知。可方氏两言"他人必接在"云云，颇合乎其常移易句序以求一线直承的作风。方氏显与之相反，虽也看出"昼洗"两句当接续"赤汗"两句，却不但不乙而正之，反倒承认这样中途截断的写法别有意趣。要之，在方东树心目中，杜诗意脉往往既非单线，又非不同线索之间各行其道，而是相互离合间杂，以造成章法的奇突不常。这同施鸿保之见已然相去甚远，灵活得多。

　　总体来看，施《说》基本从"宋调"的角度析论杜诗，而思维方式较一般宋诗派更为质实，推衍至极，甚至打破古近之别，将对律体的读法，部分移用于古体。其书定位与特色，即当于是求之。

---

① 仇《注》卷四，第257页。
② （清）方东树《昭昧詹言》卷一二，第258—259页。

附录二　西方当代批评中的"文学性"追求

第一节　一出英雄剧：哈罗德·布鲁姆的批评生涯

哈罗德·布鲁姆（Harold Bloom）去世了。

他毕生维护文学经典，只身与潮流战斗，从新批评到解构主义、文化研究、后殖民主义、女性主义、新历史主义等，上演了一出旷日持久的英雄剧——或者荒谬剧，随你立场而定。如今剧终幕落，点检他的遗产，不难发现，他划定的经典范围，其实流动不居。布鲁姆的核心思想，是"影响的焦虑"①。后来者笼罩在前代强力作家的影响下，陷入宿命的焦虑，于是竭力挣脱，通过"误读"前代作家，释放出自身的创造性。而每一次挣脱，反更确定了前代作家的经典地位，因为他们的影响力足够强劲。某种意义上，经典作品是由后来者追认的。后来者持续加入，前代作家的影响力或升或降，其经典地位随之浮沉不定。在《西方正典》附录《经典书目》里，布鲁姆勉为其难地列入罗伯特·洛威尔和菲利普·拉金。尽管他认为这两位诗人被高估了，但是谁知道呢？"后世的诗人们可能会发现罗伯特·洛威尔及菲利

---

① ［美］哈罗德·布鲁姆《影响的焦虑》，徐文博译，南京：江苏教育出版社，2006年。

普·拉金的作品具有经典性，因为它们有着无可逃避的影响。"①

这一切是否算得戛戛独造？毕竟，T.S.艾略特的名言犹在耳际：
"现存的艺术经典本身就构成一个理想的秩序，这个秩序由于新的（真
正新的）作品被介绍进来而发生变化。"②唯一的不同在于，艾略特强
调传统对个人的滋养，布鲁姆强调个人对传统的反抗。后者让人自然
联想到弗洛伊德的"俄狄浦斯情结"（布鲁姆更愿称为"哈姆莱特情
结"）。作家总是渴望杀死自己精神上的父亲，有意识或无意识地，一
如俄狄浦斯杀死自己的生身父亲。正是弗洛伊德，构成布鲁姆立论的
思想支柱。

然而最伟大的父亲，任谁也损伤不了。布鲁姆所推举的，经典作
家中的经典作家，大体有但丁、莎士比亚、弥尔顿、布莱克、惠特曼。
莎士比亚的位置，尤其无可动摇，即令是面对弥尔顿。"我怀疑弥
尔顿遇见了莎士比亚那些英雄兼恶棍的陌生影子，吓得向后退，于
是意识到英语英雄史诗依然向他敞开大门，至于英语悲剧，已永远被
关闭了。"③

莎士比亚的权威建立在两点上：一是他无与伦比的艺术表现力，
这点无须多言；二是他对于人类心理无与伦比的洞察。其洞察不仅仅
是深透的，烛照人心每一处皱褶，"莎士比亚读你，要远远比你读他更
充分"④；更重要的是，引导了此后西方人的精神走向。没有他，西方
文化不会呈现目前的面貌。"如果福斯塔夫和哈姆莱特只是错觉，那你

① ［美］哈罗德·布鲁姆《西方正典》，江宁康译，南京：译林出版社，2005年，第438页。
② ［英］T.S.艾略特《传统与个人才能》，卞之琳译，王恩衷编译《艾略特诗学文集》，北京：
国际文化出版公司，1989年，第2页。
③ ［美］哈罗德·布鲁姆《如何读，为什么读》，黄灿然译，南京：译林出版社，2011年，第
120页。
④ ［美］哈罗德·布鲁姆《如何读，为什么读》"序曲"，黄灿然译，第13页。

我又算什么呢?"①这已经不能叫作影响,只能叫作奠基。

所以归根结底,在文学创造力诸要素间,深掘心理是最根本的一项。而读者翻开文学作品,归根结底,也是为了和自我的内心相遇,扩展它,守护它。相比之下,任何社会目标,都不是文学阅读的宗旨。"审美批评使我们回到文学想像的自主性上去,回到孤独的心灵中去,于是读者不再是社会的一员,而是作为深层的自我,作为我们终极的内在性。"②

同时不要忘记,布鲁姆还是犹太教徒。他曾与戴维·罗森伯格(David Rosenberg)合著《J之书》,试图推测《圣经》最早期的部分为何及其作者。他如何看待宗教?下面一段话耐人寻味:

> 在我看来,诗与信仰是两种对立的认知方式,但它们有着共同的特性,即都是发生在真理与意义之间,同时二者在某种意义上又都疏离于真理和意义。只有依凭或经由一种过量,一种泛出或流溢,即我们所谓的原创性,意义才得以产生。没有这种过量,不管情调多么雅致,诗只是一种重复,信仰就更不用说了。③

依布鲁姆之见,宗教与文学各有畛域,但都因原创性而获得意义。信仰不再是对真理的皈依,而是真理的重新创生。这里,我们再次看到对创造力的注重。准确地讲,他是把信仰给文学化了。另一方面,生活也被文学收编,"对我而言,文学不仅是生活中最好的部分,它本来

---

① [美]哈罗德·布鲁姆《影响的剖析》,金雯译,南京:译林出版社,2016年,第32页。
② [美]哈罗德·布鲁姆《西方正典》"序言与开篇",江宁康译,第8页。
③ [美]哈罗德·布鲁姆《神圣真理的毁灭》,刘佳林译,上海:上海人民出版社,2013年,第13页。

就是一种生活，而生活也没有任何其他形态"①。布鲁姆手持一柄大锤奋力砸下，把彼岸世界与此岸世界一道砸扁，嵌入文学这个二维平面。"文之为德也大矣"②！

热爱文学诚然令人动容，热爱到这等程度，就令人警惕了。《如何读，为什么读》出版当年，布鲁姆的论敌特里·伊格尔顿发表了一篇书评，挑剔讽刺，无所不至，语气近乎轻佻，不过有一句话却切中要害："如果文学就是处于我们和自杀之间的东西，那么我们也许也会去自杀。"③伊格尔顿的意思是，假如生活的意义唯有诉诸文学，别无出口，这样的生活不值得过。或许不妨加一句，这样的文学也将枯涸。

我们不禁好奇，布鲁姆本人能否满足于这个纯然审美的、回向内心的文学世界？有位读者评说加缪："《局外人》与《鼠疫》是壮丽的时代剧，典型地反映 1940 年代，也就是纳粹解放前后的法国和西方社会的心气和关切。一个时代的强劲有力的表现，自有其用处和存在的正当理由，并提供审美以外的价值。"猜猜这段话出自谁的笔端？布鲁姆读到一定痛心疾首：表现时代与社会，怎能成为一部小说的存在理由？可是，你应该猜到了，这恰是他自己写下的④。一个孤绝的文学世界，并非摇摇欲坠，而是从未存在。

在这个虚幻的世界，布鲁姆充任着先知。他不但把信仰给文学化了，也把文学给信仰化了。这位先知只负责裁量千古，不负责分析与论证。他有时不无夸大，比如谈《神曲》："令读者感觉艰难无比的是《炼狱篇》，而这困难代表了但丁最不容置疑的天才时刻，它凌跨了想

---

① ［美］哈罗德·布鲁姆《影响的剖析》，金雯译，第 6 页。

② （南朝梁）刘勰注、詹锳义证《文心雕龙义证》，上海：上海古籍出版社，1989 年，第 2 页。

③ ［英］特里·伊格尔顿《异端人物》，刘超、陈叶译，南京：江苏人民出版社，2014 年，第 190 页。

④ ［美］哈罗德·布鲁姆《文章家与先知》，翁海贞译，南京：译林出版社，2016 年，第 275 页。

象文学的界限。"①有时索性是武断，比如说："海明威是本世纪美国散文小说家中唯一一位文体造诣可以比得上重要诗人的"②。有时更像真正的先知一般口吐预言，无从验证："爱默生，而不是马克思或海德格尔，才是我们将来的想象文学和批评的指路灵魂。"③换个角度看，布鲁姆本不是为多数读者写作的，他只关心理想读者的小圈子，追求禅宗式的"以心印心"。这位畅销作者的发声姿态，偏偏有如禅家常言所道，是"路逢剑客须呈剑，不是诗人不献诗"④。

　　无论如何，在这个文学世界，布鲁姆是自在的，充盈的，愉悦的。当剧终幕落，点检他的遗产，也可以说，能够相对单纯而坚定地沐浴在经典阳光之下，终究是受祝福的一生。

① ［美］哈罗德·布鲁姆《史诗》，翁海贞译，南京：译林出版社，2016年，第77页。
② ［美］哈罗德·布鲁姆《短篇小说家与作品》，童燕萍译，南京：译林出版社，2016年，第177页。
③ ［美］哈罗德·布鲁姆《文章家与先知》，翁海贞译，第144页。
④ （宋）普济《五灯会元》卷一一《临济义玄禅师》，北京：中华书局，1984年，第648页。

第二节　细读与文学之问："X射线阅读"

西尔维娅·普拉斯的小说《钟形罩》这样开头："那是个奇怪的、闷热的夏天，那个夏天他们把罗森堡夫妇处了电刑，我不知道当时我在纽约正在做什么。"其间有何妙处？我们看到，整句话由一个季节转向一个时代，又转向一个困惑的单身年轻女子，快速推进。然而某些成分吸住了读者眼光。"奇怪的"是抽象判断，"闷热的"突降至具体可感的层次，搭配饶有张力。从季节接到"我"，本来自然而然，可是不相干的罗森堡夫妇偏横亘在中间，使得句子不尽平坦。直待后面回想，我们才恍然大悟：这对夫妇并非多余，而是预警信号。他们被控间谍罪，处以电刑，是美国麦卡锡时代轰动一时的新闻。这对应着"我"被诊断为精神病患，遭受电击治疗的命运。一句不长的开头，隐然预言了整部小说。

上述分析来自罗伊·彼得·克拉克（R.P.Clark），他称之为"X射线阅读"——就是深层细读的意思。其《25堂文学解剖课》[①]持这种射线透视各类文本，传授阅读方法，也启迪写作技巧。

这是一本实践手册。即便谈到"陌生化"（第159—161页）、"互文性"（第314—316页）之类术语，所言也都驻留在实际可行的操作

---

① 原名 The Art of X-Ray Reading，王旭译，郑州：大象出版社，2020年11月。上述分析见第70—75页。以下引用此书，仅随文括注页码，不另出注。

层面。大到构造情节的普遍模式，小到一个意象、一种声音效果，著者靡不关注。他告诉我们："诅咒变祝福，或祝福变诅咒，是文学和新闻写作中历史最长的一种叙事方式。"（第109页）雪莉·杰克逊《摸彩》和苏珊·柯林斯《饥饿游戏》，可以共享这同一模式。他也带我们发掘菲茨杰拉德《了不起的盖茨比》中，循环连络的绿灯意象（第15—18页）。关于纳博科夫《洛丽塔》那个著名的开篇"my sin，my soul"（我的罪恶，我的灵魂），他则提示我们："sin和soul这两个不同的词互相摩擦着，但又好像在试图逃脱对方。"（第24页）读者不只要拿眼睛去看，还要开口念诵。

统观全书章节，不见明显规划。著者一部又一部作品分析下去，年代、类型纷然杂陈，论题也错落无序。这似乎更接近文学阅读的理想状态：在杰作之间即兴游弋，无问西东。兴到处，他甚至单辟一章，品读M.F.K.费雪的美食书写，并建议我们"去研究一些非文学的表达形式，比如菜谱。学习一些可以应用到文学和新闻报道中的东西，比如列表、排序和命名等"（第275页），涉猎之广足见一斑。

在广泛多样的文本中，许多写法反复回响，印证着自身的有效性。譬如著者研读海明威时指出，句子长短不同，效果大异："短句子听起来像是福音书中的真理，长句子则带着读者踏上一段旅途。"（第47页）于是我们发现，乔叟《坎特伯雷故事》总引部分，果然有一个主句收尾的长"圆周句"，因为"在表达故事的'朝圣'主题之前，乔叟要求读者先踏上征途，去感受四月冬季的英格兰"（第177页）。而麦尔维尔《白鲸》则用"请叫我以实玛利"这一短小精悍的祈使句揭幕，赋予整部鸿篇巨制以神秘感和寓意（第222页）。唯一令人稍存疑惑的，是写法这东西需要考究，却不宜执着。借吕本中的话说："是道也，盖有定法而无定法，无定法而有定法。"①著者过分强调个别写法，偶然近乎拘泥。譬如他再三叮嘱，应将核心词语放在句子或段落结尾（第19、44、82、176页），"千万不要把重要的短语藏在中间部位"（第205页）。话虽不错，其奈千篇难以一律衡之。讲到《愤怒的葡萄》，他不得不承认："我一直都认为，副词是语言中作用非常弱的部分，但斯坦贝克竟然在这部名作中用'神秘地'这个词作为小说的最后一个词"（第152—153页），而成品倒也不差。观乎此，我们对于如何看待书中所授技巧，即可思过半矣。

写作是门手艺。在西方，实打实、手把手教人读写之术的书籍层出不穷，本书只是其中一册。流风所及，不少文学从业者均具细读本领。诗人布罗茨基能就奥登长诗《1939年9月1日》句栉字比②，理论家特里·伊格尔顿也能写出《如何读诗》《文学阅读指南》这样的导引著作③。批评家自不待言。詹姆斯·伍德既不吝指出索尔·贝娄怎样打开感官，看见冰柱底端欲滴的水珠似在燃烧④；又不惮揭破约翰·勒卡雷小说中，"细节的选择只不过刚好凑够数量可以说服读者这是'真的'"，不妨称之为"商业现实主义"⑤，褒贬各得其所。反观中国，抽绎文术之作原不匮乏。南朝《文心雕龙》已可视为《文章

---

① （宋）吕本中《夏均父集序》，（宋）刘克庄《江西诗派小序·吕紫微》引，丁福保辑《历代诗话续编》，北京：中华书局，1983年，第485页。
② ［美］布罗茨基《论W.H.奥登的1939年9月1日》，［美］布罗茨基《小于一》，黄灿然译，杭州：浙江文艺出版社，2014年，第262—308页。
③ ［英］特里·伊格尔顿《如何读诗》，陈太胜译，北京：北京大学出版社，2016年；［英］特里·伊格尔顿《文学阅读指南》，范浩译，郑州：河南大学出版社，2015年。
④ ［美］詹姆斯·伍德《索尔·贝娄的喜剧风格》，［美］詹姆斯·伍德《不负责任的自我：论笑与小说》，李小均译，郑州：河南大学出版社，2017年，第268页。
⑤ ［美］詹姆斯·伍德《真相，传统，现实主义》，［美］詹姆斯·伍德《小说机杼》，黄远帆译，郑州：河南大学出版社，2015年，第167页。

作法精义》[①]。宋元以降评点兴起,有些更是擘肌分理、契入微芒。如今这传统似乎渐行渐远。说起文本解读与写作,玄思妙论时一遇之,度人金针却罕闻消息。居常想望,倘若我们也有一群精通写作技艺的作者,撰写导读以接引后学,那该多好!在这个意义上,《25堂文学解剖课》不失为又一次提醒。

总有人天真地质询:文学有什么用?也是,作者精心建造纸上楼阁,读者潜心玩索,大家所为何来?本书主旨虽在谈写法,无意间也道出了缘由。众所周知,普拉斯的《钟形罩》自传色彩甚浓,那个患上精神疾病被电击的"我",便是普拉斯的文学替身。赏析到一半,克拉克不禁停下感慨:"如此阴郁、如此有自我毁灭倾向的一个精神体,怎么还会找到一个地方,去玩语言游戏呀?这真是艺术上的一个谜。"(第79页)我以为,这一问本身,已然是个完满无缺的回答了。

———————————————

① 王运熙《〈文心雕龙〉是怎样一部书》,王运熙《文心雕龙探索》,上海:上海古籍出版社,2014年,第3页。

后 记

我的专业是唐宋文学，写完博士后出站报告，偶欲换换脑筋，翻阅晚清民国学人著述，遂有若干习作。就中较正式的论文，拟另裒辑成书。其他一得之愚，悉陈于此。

在这前后，又受友人怂恿，开始对一些学术新著有所评议。经年累积，构成本书"当代学术"与"海外汉学"两章。

第四章是博士生期间，参与一项教育部重点基地项目的成果之一。当时颇费气力，交稿在 2006 年初，其后相关动态未及梳理。然而同类讨论，后续声光不显，所失似也无多。存此痕迹，倘亦堪为读者之一助乎？这章原有一节，介绍台湾地区情况，因故暂时刊落。

附录一研析清人施鸿保著《读杜诗说》，越出现当代范围。关于清代杜诗学，学界已有系统考论，拙作拾遗补阙而已。附录二考察西方当代文学批评，越出古典文史研究范围。考虑到这些多少也算学术史文字，故而一并阑入，以就教于方家。

本书获华东师范大学国际汉语文化学院学术著作出版资助，谨表谢忱。各章节撰写，大都有赖师友促成，名单颇长，心照不具。宋旭华老师编辑书稿，多所諟正，也致以衷心感谢。

成 玮

2021 年 7 月 31 日

海上双遣斋